KB242255

간화선 창시자의 禪

하권: 대혜의 간화선

간화선 창시자의 禪
하권: 대혜의 간화선

초판 1쇄 발행일 2011년 12월 1일

지은이 김태완

펴낸이 김윤
펴낸곳 침묵의 향기
출판등록 2000년 8월 30일, 제1-2836호
주소 411-804 경기도 고양시 일산서구 대화동 2199
　　　신동아노블타워 635호
전화 031) 905-9425
팩스 031) 629-5429
전자우편 chimmukbooks@naver.com
팩스 http://blog.naver.com/chimmukbooks

ISBN 978-89-89590-26-2 03220

간화선 창시자의

대혜의 간화선

下

禪

김태완 엮고 지음

침묵의 향기

머리말

도(道)에는 말이 없다고 한다.

이 말도 30대 맞아야 할 소리다.

헤아릴 수 없이 말하는 것이 한 마디도 하지 않는 것이며, 한 마디 말도 하지 않으면서 헤아릴 수 없이 말하는 도리를 어찌 모른단 말인가?

말해도 옳고 말하지 않아도 옳다면, 무엇 때문에 애써 많은 말을 하는가?

병이 있으니 약을 처방하는 것이다.

오늘날 수많은 사람들이 참선(參禪)을 하고 도(道)를 닦는다고 하지만, 안타깝게도 열에 아홉은 엉뚱한 짓을 하고 있다.

도는 본래 닦을 것이 없음에도 닦는 행위에만 몰두하고, 선에는 본래 들어가고 나옴이 없는데도 오로지 선정에 들어가려고만 한다.

도는 본래 숨겨져 있는 것이 아닌데도 무슨 비밀이라도 있는 양 수수께끼 같은 허황된 말을 하면서 저 혼자 아는 척 하고, 선은 본래 특별할 것이 없는데도 무슨 신비스러운 일이 있고 남다른 능력을 얻는 듯이 괴상한 말을 한다.

도는 본래 얻거나 잃는 것이 아닌데도 얻으라고 가르치고, 선은 본래 생각으로 헤아릴 수 있는 것이 아닌데도 생각으로 헤아릴 수 있어야 한다고 주장한다.

도는 본래 행복하거나 불행한 것이 아님에도 행복을 얻으라고 하고, 선은 본래 고요하거나 시끄러운 것이 아닌데도 고요한 곳에서 푹 쉬어야 한다고 가르친다.

이런 수많은 병이 있으니 어찌 말을 하지 않을 수 있으랴?

선량한 남녀가 공부하려고 하다가 이런 삿된 견해에 물드는 것은 무슨 까닭인가?

바른 가르침을 만나지 못했기 때문이다.

여기 대혜종고의 바른 가르침을 소개하여 선량한 남녀들이 바른 법을 들을 기회를 제공하고자 한다.

우리 부처님의 법을 가장 알맞게 베풀어 부처님의 가르침을 다시 크게 부흥시키신 분들이 육조혜능과 그 문하의 선사들이시다.

혜능 조사께선 단지 불이법(不二法)인 견성(見性)만 말씀하시고 이법(二法)인 선정해탈(禪定解脫)은 말씀하지 않으셨고, 마조 선사께선 도는 닦을 것이 없으니 오염되지만 말라고 하셨고, 백장 선사께선 닦아서 부처가 된다고 하면 이것은 죽은 말이라고 하셨고, 황벽 선사께선 모든 것은 오직 한 개 마음이라고 하셨고, 임제 선사께선 지금 눈앞에 드러나 움직인다고 하셨고, 대혜 선사께선 깨달음을 기다리면 모두가 삿되다고 하셨다.

이분들이 이렇게 분명하고도 확실하게 가리키셨는데도, 또 무엇을 닦아서 무엇을 얻으려고 하는가?

그러므로 다만 삿된 견해가 없어지면 그뿐, 달리 얻을 깨달음은 없다고 하였다.

그대들 선량한 남녀들은 삿된 스승들의 말에 속아 엉덩이에 굳은살이 박이도록 앉아서 수행한답시고 죽을 고생을 하는 어리석은 행동을 하지 말라.

여기 올바른 가르침이 있으니, 잘 듣고 잘 보면 한 마디 말에서 문득 깨달아 천년 동안의 어둠이 일시에 사라질 것이다.

진지하게 잘 살펴볼 뿐, 쓸데없이 의심하고 헤아리지는 말라.

어허, 말이 많구나!

그렇지만 온 우주에 말이 가득하여도 다름이 없고, 온 우주에 침묵이 가득하여도 다름이 없도다.

2011년 11월

해운대 무심선원에서 김태완 합장

일러두기

1. 본『간화선 창시자의 禪』은 상, 하 두 권으로 나뉘어 있다. 상권(上卷)은 〈대혜의 깨달음과 가르침〉이라는 제목이고, 하권(下卷)은 〈대혜의 간화선〉이라는 제목이다. 상, 하로 된 본『간화선 창시자의 禪』은 필자가 번역한『대혜보각선사어록』(2011년 4월 소명출판사 간행)의 해설판에 해당하는 책이지만,『대혜보각선사어록』에 나타난 대혜의 선을 넘어서 중국선(中國禪)의 본질적인 특징과 한국선(韓國禪)과의 관계에 관한 문제까지 함께 다루었으므로, 이 두 권의 책으로써 선(禪)의 핵심적인 내용을 조망할 수 있도록 하였다.

2. 상권에서는 먼저 대혜 이전의 선(禪), 즉 육조혜능에서 비롯되어 전개된 임제종(臨濟宗) 선사들의 선이 어떤 것인지를 소개하여, 선의 본질인 직지인심(直指人心)·견성성불(見性成佛)이 무엇인지 또 선에서는 본래 어떤 방편을 사용하는지를 알 수 있도록 하였다. 다음으로 대혜의 공부와 깨달음을 소개하여, 대혜가 어떻게 공부하여 어떻게 깨달았으며, 대혜의 깨달음이 어떤 것인지를 알 수 있도록 하였다. 다음으로 대혜의 가르침

을 소개하여, 대혜의 법을 보는 안목, 공부에 대한 조언, 잘못된 공부에 대한 경고, 방편에 대한 올바른 이해, 본보기가 되는 공부 등과 대혜가 조실에서 어떻게 학인들을 지도하였는지를 알 수 있도록 하였다. 마지막 은 부록인데, 필자가 어떻게 공부하여 대혜종고를 알게 되었으며 대혜에 게서 무엇을 얻었는지를 참고로 수록하였고, "사주 사람이 대성을 본다." 는 말의 뜻이 무엇인가를 밝힌 논문을 마지막에 참고로 실었다.

3. 하권에서는 먼저 대혜의 간화선이 어떤 것인가를 밝혔는데, 화두의 종 류, 화두의 역할, 화두를 공부하는 태도와 방법, 화두 공부에서 주의할 점 등을 밝히고, 대혜 간화선의 표준적인 모델을 구성해 보았으며, 대혜 간화선이 지닌 문제점도 짚어 보았다. 다음으로 무문혜개(無門慧開)의 간 화선과 고봉원묘(高峰原妙)의 간화선을 소개하여 대혜의 간화선과 어떻게 같고 다른지를 살펴보았다. 다음으로 우리나라의 간화선에서 많이 지침 으로 삼는 몽산덕이(蒙山德異)의 간화선을 『몽산법어』를 통하여 살펴서 몽 산의 간화선이 대혜의 간화선과는 매우 다르다는 사실을 밝혔다. 마지막 으로 부록에서는 간화선에서 화두에 관계되는 용어들의 올바른 번역이 무엇인가를 논구하여, 현재 우리가 알고 있는 '화두를 든다'거나 '화두를 잡는다'가 올바른 번역이 아님을 밝혔다.

4. 상권은 선을 공부하는 모든 사람들에게 도움이 되는 내용이므로, 일반 독자들이 부담없이 읽을 수 있도록 중국어 원문과 학문적인 주석은 생략 하고, 내용의 전달을 위주로 하였다. 그러나 내용을 이해하는 데에 꼭 필 요한 주석은 중복되더라도 붙여 놓았다. 내용은 필자가 번역한 『대혜보 각선사어록』에서 발췌하여 인용하였으므로, 그곳의 출처를 각주에서 밝

혀 놓았다. 중국어 원문이나 그 번역에 관한 자세한 사항을 알고자 하는 이들은 필자가 번역한 『대혜보각선사어록』을 참고하기 바란다. 하권은 대혜의 간화선을 소개하면서 번역의 문제와 몽산덕이의 간화선과의 관계 등 보다 엄밀한 논증을 필요로 하는 내용을 다루고 있으므로, 중국어 원문도 모두 각주에서 소개하였고, 내용을 이해하는 데 필요한 주석도 그대로 두었다. 그렇지만 전문적인 학술서적을 지향하는 것은 아니고 역시 간화선을 알려고 하는 사람들에게 간화선의 본래 모습을 알려 주려고 하는 것이 목적인 만큼, 번역에 관한 전문적인 내용이나 학술적인 사항은 수록하지 않았다. 번역에 관한 전문적인 내용은 역시 『대혜보각선사어록』에서 찾아보기 바란다.

5. 가능한 한 풍부한 예문을 제공하려고 하였기 때문에, 비슷한 내용이 거듭 소개되는 경우가 있어서 중언부언하는 느낌이 들 수도 있다. 이렇게 거듭 소개한 까닭은 우선 주장에 대한 근거로서 예문을 드는 것이므로 더 많은 예문을 들기 위하여 그런 것이고, 또한 이러한 예문의 내용이 그저 한 번 읽고 지나칠 것이 아니라 꼼꼼히 읽어 보고 음미해 보고 살펴보아야 하는 것이기 때문이다. 인용된 글의 앞뒤 내용을 더욱 자세히 읽어보고자 하는 독자들은 『대혜보각선사어록』에서 찾아보기 바란다.

6. 본 『간화선 창시자의 禪』은 대혜종고를 비롯한 여러 선사들의 어록에서 필자 나름의 안목으로 발췌하여 번역하고, 다시 내용에 따라 분류하여 정리한 책이다. 그러므로 본 『간화선 창시자의 禪』에서 혹시 잘못된 번역이나 내용의 잘못된 전달이 있다면, 그 책임은 전적으로 필자에게 있음을 말해 둔다.

7. 교정에 수고를 아끼지 않은 이혜경, 조정원, 정만호 도반님과 흔쾌히 출판을 허락해 주신 도서출판 침묵의 향기 김윤 사장님께 깊이 감사드린다.

제1장 대혜의 간화선

제2장 간화선의 계승

제3장 몽산법어와 한국의 간화선

부록 간화(看話) 용어의 번역에 관하여

제2장 대혜의 공부와 깨달음

제3장 대혜의 가르침

제1장

대혜의 간화선

1. 간화선의 제창(提唱)

(1) 대혜가 제시한 선 공부

대혜의 제자인 도겸(道謙)이 진국태부인의 집에 초청되어 머물 때에, 진국태부인이 어느 날 도겸에게 물었다.

"경산(徑山)[1] 화상은 평소 어떻게 사람을 가르칩니까?"

도겸이 말했다.

"스님께서는 다만 사람들에게 구자무불성화(狗子無佛性話)나 죽비자화(竹篦子話)를 살펴보라고 시킵니다."[2]

이처럼 대혜가 평소 학인을 지도한 방편은 간화선(看話禪)이었다. 대혜는 언제부터 누구에게 간화선을 공부하라고 말하였는가? 『대혜보각선사어록(大慧普覺禪師語錄)』 전체에서 간화선을 말하는 경우를 열거해 보면 다음과 같다.

---

1) 경산(徑山) : 대혜종고를 가리킴.
2) 一日, 問謙 : "徑山和尙尋常如何爲人?" 謙云 : "和尙只敎人看狗子無佛性話·竹篦子話."(『대혜보각선사보설』제14권. 4. 진국태부인이 청한 보설)

① 『대혜보각선사서(大慧普覺禪師書)』 총 63편의 편지 중 28편[3]

② 『대혜보각선사법어(大慧普覺禪師法語)』 총 40회의 법어 중 17회[4]

---

3) 2. 증시랑 천유에 대한 답서(1)–1134년(46세) 복건(福建) 민후현(閩侯縣) 양서(洋嶼)
　4. 증시랑 천유에 대한 답서(3)
　13. 부추밀 계신에 대한 답서(1)–1138년(50세) 절강(浙江) 임안(臨安) 경산(徑山)
　15. 부추밀 계신에 대한 답서(3)–1138년(50세) 절강(浙江) 임안(臨安) 경산(徑山)
　17. 진소경 계임에 대한 답서(1)–1139년(51세) 절강(浙江) 임안(臨安) 경산(徑山)
　19. 조대제 도부에 대한 답서–1139년(51세) 절강(浙江) 임안(臨安) 경산(徑山)
　23. 유통판 언충에 대한 답서(1)–1139년(51세) 절강(浙江) 임안(臨安) 경산(徑山)
　24. 유통판 언충에 대한 답서(2)
　27. 장제형 양숙에 대한 답서–1140년(52세) 절강(浙江) 임안(臨安) 경산(徑山)
　28. 왕내한 언장에 대한 답서(1)–1143년(55세) 호남(湖南) 형주(衡州)
　32. 여사인 거인에 대한 답서–1143년(55세) 호남(湖南) 형주(衡州)
　33. 여랑중 융례에 대한 답서–1143년(55세) 호남(湖南) 형주(衡州)
　34. 여사인 거인에 대한 답서(1)–1143년(55세) 호남(湖南) 형주(衡州)
　35. 여사인 거인에 대한 답서(2)
　37. 왕장원 성석에 대한 답서(2)–1144년(56세) 호남(湖南) 형주(衡州)
　38. 종직각에 대한 답서–1144년(56세) 호남(湖南) 형주(衡州)
　40. 증종승 천은에 대한 답서–1146년(58세) 호남(湖南) 형주(衡州)
　41. 왕교수 대수에 대한 답서
　44. 이랑중 사표에 대한 답서–1149년(61세) 호남(湖南) 형주(衡州)
　45. 이보문 무가에 대한 답서–1148년(60세) 호남(湖南) 형주(衡州)
　46. 향시랑 백공에 대한 답서–1149년(61세) 호남(湖南) 형주(衡州)
　49. 황지현 자여에 대한 답서–1148년(60세) 호남(湖南) 형주(衡州)
　52. 서현모 치산에 대한 답서–1146년(58세) 호남(湖南) 형주(衡州)
　54. 루추밀 중훈에 대한 답서(1)–1157년(69세) 절강(浙江) 육왕산(育王山)
　57. 영시랑 무실에 대한 답서(1)–1157년(69세) 절강(浙江) 육왕산(育王山)
　61. 장사인 장원에 대한 답서–1159년(71세) 절강(浙江) 임안(臨安) 경산(徑山)
　62. 탕승상 진지에 대한 답서–1159년(71세) 절강(浙江) 임안(臨安) 경산(徑山)
　63. 번제형 무실에 대한 답서
4) 1. 청정거사에게 보임–1144년(56세) 호남(湖南) 형주(衡州)
　2. 동봉거사에게 보임–1146년(58세) 호남(湖南) 형주(衡州)
　7. 공혜도인에게 보임–1145년(57세) 호남(湖南) 형주(衡州)
　11. 나지현에게 보임–1156년(68세)

③『대혜보각선사보설(大慧普覺禪師普說)』총 14회의 보설 중 2회[5]

대혜어록에 실린 총 40회의 법어 중 17회와 총 63편의 편지 중 28편에서 간화선을 언급하였으니 법어와 편지 거의 절반에서 간화선을 언급한 것이다. 한편 대혜어록에 실린 법어, 서장, 보설이 대혜 나이 46세부터 71세에 이르기까지의 기록임을 보면, 46세에서 71세에 이르기까지 변함없이 간화선을 공부하라고 권하고 있음을 알 수 있다.

대혜어록에서 간화선을 공부하라고 권한 대상은 묘도선인 한 사람을 제외하고는 전부 재가(在家)의 불자들이다. 이러한 까닭은 법어(法語)나 보설(普說)이나 서장(書狀)의 대상이 대부분 재가인(在家人)들이기 때문일 것이다. 대혜가 조실(祖室)에서 매일 백여 명씩 출가 대중을 지도할 때에는 주로 죽비자화(竹篦子話) 같은 것을 맞대 놓고 질문하여 답을 하라고 다그치는 방식이었다. 이러한 방식은 학인이 화두를 스스로 살펴보

---

12. 악수 응사부에게 보임
13. 서제형에게 보임-1156년(68세)
15. 묘정거사에게 보임-1157년(69세) 절강(浙江) 육왕산(育王山)
16. 여기의에게 보임-1157년(69세) 절강(浙江) 육왕산(育王山)
18. 묘심거사에게 보임-1157년(69세) 절강(浙江) 육왕산(育王山)
21. 장태위에게 보임
25. 진기의에게 보임
27. 방기의에게 보임
28. 묘원도인에게 보임-1159년(71세) 절강(浙江) 임안(臨安) 경산(徑山)
29. 태허거사에게 보임-1158년(70세) 절강(浙江) 임안(臨安) 경산(徑山)
30. 묘명거사에게 보임-1159년(71세) 절강(浙江) 임안(臨安) 경산(徑山)
31. 성기의에게 보임-1159년(71세) 절강(浙江) 임안(臨安) 경산(徑山)
34. 묘도선인에게 보임
5) 3. 황덕용이 청한 보설
　12. 전계의가 청한 보설-1156년(68세) 강서(江西) 의춘(宜春) 광효사(光孝寺)

지 않아도 대혜에게 추궁당하고 떠밀려 화두를 짊어지고 있을 수밖에 없도록 만드는 것이다. 그러나 재가자들은 대혜를 매일 만날 수 없으므로 자신이 생활하는 곳에서 스스로에게 화두를 제시하고 추궁하는 방식으로 공부할 수밖에 없는 것이다. 이 때문에 대혜가 간화선을 주로 재가인들에게 말한 것처럼 기록되어 있다고 해야 할 것이다.

분명한 것은 대혜가 학인들을 지도할 때에 간화선을 가장 중요한 방편으로 사용하였다는 사실이다. 대혜가 간화선을 제시하면서 "저를 믿으신다면, 다만 이렇게 참(參)할 뿐, 따로 사람에게 가르쳐 줄 불법(佛法)은 없습니다."[6]라고 하거나, "다만 이것이 곧 공부입니다."[7]라고 하거나, "이른바 공부라는 것은, 세간의 잡다한 일들을 사량(思量)하는 마음을 '똥 닦는 막대기' 위에 돌려 놓고 정식(情識)이 활동하지 않게 하여, 마치 흙이나 나무로 만든 인형과 같게 만드는 것입니다."[8]라고 하거나, "이것이 바로 제가 평소에 행하는 힘을 얻는 공부입니다."[9]라고 말하는 것에서 볼 수 있듯이, 간화선은 대혜가 공부인들에게 제시한 자신만만한 방편이요, 약처방임이 분명하다.

어떤 이는 『대혜보각선사서』 제30권의 '고산체장로(鼓山逮長老)에 대한 답서'에 나오는 다음 구절을 근거로 하여 대혜의 할아버지에 해당하는 오조법연(五祖法演)이 원래 간화선을 제창했던 것이라고 한다.

---

6) 若信得雲門及, 但恁麼參, 別無佛法指示人.(『대혜서』 4. 증시랑(曾侍郎) 천유(天游)에 대한 답서(3))

7) 只這便是工夫也.(『대혜서』 15. 부추밀(富樞密) 계신(季申)에 대한 답서(3))

8) 所謂工夫者, 思量世間塵勞底心 回在"乾屎橛."上 令情識不行, 如土木偶人相似.(『대혜서』 34. 여사인(呂舍人) 거인(居仁)에 대한 답서(1))

9) 此是妙喜平昔做底得力工夫.(『대혜서』 44. 이랑중(李郎中) 사표(似表)에 대한 답서)

"오조(五祖) 노스님[10]께서 백운산(白雲山)에 머무실 때에 영원(靈源)[11] 스님의 편지에 답하여 말씀하시기를, '이번 여름 여러 장원(莊園)에서 곡식을 거두어들이지 못할까 걱정하지는 않습니다. 참으로 걱정되는 것은, 한 선당(禪堂)에서 공부하는 수백 명의 납자 가운데 한 번 하안거(夏安居)를 지내면서 "개에게는 불성이 없다."라는 화두를 뚫고 나간 사람이 하나도 없어서 불법(佛法)이 장차 사라지지나 않을까 하는 것입니다.'라고 하셨으니, 그대는 법(法)을 책임지는 종사(宗師)가 마음 쓰는 모습을 보아라."[12]

그러나 오조법연이 비록 이렇게 이야기를 하였지만, 오조법연이 간화선을 말한 것은 아니다. 『법연선사어록(法演禪師語錄)』에서 살펴보면 오조법연이 "개에게는 불성이 없다."는 화두를 가지고 대중을 지도하는 장면이 한 군데 나오는데 그 내용은 다음과 같다.

오조법연이 법당에 올라 인용하여 말했다.
"한 승려가 조주에게 물었다. '개에게도 불성이 있습니까?' 조주가 말했다. '없다.' 승려가 말했다. '모든 중생들에게 전부 불성이 있는데, 개에게는 무엇 때문에 없습니까?' 조주가 말했다. '그에게는 업식(業識)이

---

10) 사옹(師翁) : 스승의 스승. 계보에서 할아버지 스승에 해당하는 사람. 오조법연(五祖法演)은 원오극근(圜悟克勤)의 스승이니 대혜종고(大慧宗杲)에게는 할아버지 스승에 해당한다.

11) 영원(靈源) : 영원유청(靈源惟淸: ?-1117) 선사이다. 영원유청과 오조법연의 관계는 다음과 같다. 분양선소---자명초원----황룡혜남---회당조심---영원유청
　　　　└양기방회---백운수단---오조법연

12) 五祖師翁住白雲時, 嘗答靈源和尙書云 : '今夏諸莊, 顆粒不收, 不以爲憂. 其可憂者, 一堂數百衲子, 一夏無一人透得箇狗子無佛性話, 恐佛法將滅耳.' 汝看, 主法底宗師用心.

있기 때문이다.'"

오조법연이 말했다.

"대중 여러분은 평소 어떻게 이해하는가? 나는 평소 '없다'는 글자를
말하기만 하면 곧 쉰다. 그대들이 만약 이 한 글자를 뚫고 지나간다면,
천하의 사람들이 그대들을 어찌하지 못할 것이다. 그대들은 어떻게 뚫
고 지나가겠는가? 철저히 뚫고 지나간 사람이 있느냐? 있으면 앞으로
나와 말해 보아라. 나는 그대들이 있다고 말하기를 바라지도 않고 그
대들이 없다고 말하기를 바라지도 않고, 그대들이 있지도 않고 없지도
않다고 말하기를 바라지도 않는다. 그대들은 어떻게 말하겠는가? 그만
쉬어라."[13]

『법연선사어록』에서 구자무불성화(狗子無佛性話)를 말하는 부분은 이
한 곳뿐인데, 이것만을 놓고서 오조법연이 대혜종고와 같은 간화선을
가르쳤다고 볼 수는 없다. 그러므로 간화선의 최초 제창자이자 창시자
는 대혜종고라고 해야 한다.

---

13) 上堂舉 : "僧問趙州 : '狗子還有佛性也無?' 州云 : '無.' 僧云 : '一切衆生皆有佛性, 狗子
爲什麼卻無?' 州云 : '爲伊有業識在.'" 師云 : "大衆爾諸人, 尋常作麼生會? 老僧尋常
只舉無字便休. 爾若透得這一箇字, 天下人不柰爾何. 爾諸人作麼生透? 還有透得徹底
麼? 有則出來道看. 我也不要爾道有, 也不要爾道無, 也不要爾道不有不無. 爾作麼生
道? 珍重."(『법연선사어록』하권(下卷)「황매동산연화상어록(黃梅東山演和尙語錄)」)

(2) 간화선 제창의 배경

대혜는 왜 간화선이라는 새로운 방편을 제창(提唱)하였는가? 대혜가 간화선을 제창한 배경으로 우선 자신의 내면적 공부 경험이 있을 것이고, 또 당시 선종(禪宗)의 공부 풍토에서 간화선이라는 새로운 선을 필요로 하는 외면적 배경이 있을 것이다. 이 둘을 한 번 고찰해 본다.

① 내면적 배경

상권(上卷) '제2장 대혜의 공부와 깨달음'에서 살펴보았듯이 대혜가 깨달음에 이르도록 만든 요인에는 오매항일(寤寐恒一)과 유구무구(有句無句)라는 두 개의 장벽이 있었다. 오매항일과 유구무구는 대혜가 분별과 헤아림으로는 넘을 수 없는 장벽이었고, 대혜가 익힌 온갖 솜씨로도 넘을 수 없는 장벽이었다. 말하자면, 오매항일과 유구무구는 대혜에게 하나의 화두(話頭)였던 것이다. 오매항일과 유구무구의 장벽에 부딪혀 꼼짝달싹하지 못하고 손쓸 수 없었던 곳에서 문득 깨달음을 얻은 자신의 경험에 바탕을 두고 간화선을 만든 것이 틀림없다. 오매항일과 유구무구 앞에서 지금까지 배우고 익힌 모든 것들이 쓸모가 없고 어떠한 헤아림도 용납되지 않아서 마치 쥐가 쇠뿔 속에 갇힌 것처럼 오도 가도 못하는 상황에서 깨달음을 얻은 경험은, 바로 대혜가 간화선을 하는 사람은 그런 상황에서 깨달음을 얻는다고 말하는 것과 같다. 마음공부에서 가장 확실히 믿을 수 있는 것은 결국 자신이 경험한 공부와 깨달음의 경험일 수밖에 없기 때문이다.

② 외면적 배경

대혜어록에서 대혜가 간화선을 제창하는 곳을 보면, 언제나 먼저 당시에 공부인들이 흔히 빠져 있던 잘못된 공부와 삿된 선(禪)을 지적하여 그 잘못을 비판하고 난 뒤에 바른 공부를 제시하는 곳에서 간화선을 권하고 있음을 볼 수 있다. 상권(上卷) 제3장에서 살펴보았듯이 대혜는 많은 종류의 잘못된 공부와 삿된 선을 자세하게 가려내어 비판하고 있는데, 자신의 방편을 제시하는 곳에서는 늘 간화선을 권하고 있다. 그러므로 간화선은 대혜 당시에 성행했던 각종의 삿된 선에 상대하여 대혜가 올바른 공부로 이끄는 방책으로서 제시한 것임을 알 수 있다.

그런데 대혜가 가장 문제로 삼았던 당시의 대표적인 잘못된 공부와 삿된 선은 말과 침묵이라는 양쪽에 치우친 선이라고 할 수 있다.

"오늘날 도를 배우는 사람에게는 승속(僧俗)을 막론하고 모두 두 가지 큰 병이 있습니다. 하나는 말과 문자를 많이 배워서 말과 문자 속에서 기특한 생각을 내는 것입니다. 또 하나는 달을 보고 손가락을 잊는 일을 하지 못하고, 말과 문자에서 깨달아 들어가려 하다가, 불법(佛法)과 선도(禪道)가 말과 문자 위에 있지 않다는 말을 듣고는 곧 말과 문자를 모조리 쓸어버리고, 한결같이 눈을 감고는 죽은 사람처럼 앉아서 '고요히 앉는다'[정좌(靜坐)]느니 '마음을 본다'[관심(觀心)]느니 '묵묵히 비춘다'[묵조(黙照)]느니 하고 말하면서, 다시 이러한 삿된 견해로써 무식하고 어리석은 사람들을 꼬드겨 말하기를 '하루 고요하게 지내면 곧 하루 공부를 한 것이다.'라고 합니다. 안타깝습니다! 이들 모두가 귀신 집안의 살림살이인 줄 전혀 모르고 있습니다. 이 두 가지 큰 병에서 벗어나야, 비로소 배움에 참여할 몫이 있습니다."[14]

"오늘날 사대부로서 이 도를 배우는 자는 평소 총명하고 영리함에
지배받다가 흔히 옛사람의 말씀 속에서 도리를 만들고 말로써 분명하
게 밝히려 하니, 말라 버린 뼈다귀(汗)에서는 결코 즙(汁)을 찾을 수 없음을
전혀 모르는 것입니다. 만일 선지식의 꾸중을 듣는다면, 기꺼이 언설
(言說)을 떠나고 문자(文字)를 떠나지만, 다시 언설 없는 곳, 검은 산 아
래의 귀신굴 속에 앉아 꼼짝 않으면서 마음이 향하는 곳에 막힘이 없기
를 바라니, 또한 어렵지 않겠습니까? 이미 세월은 재빠르고 살고 죽는
일이 크다면, 곧장 위없는 깨달음을 얻겠다는 뜻을 확실히 가지고, 세
간의 여러 가지 허망하고 진실하지 못한 일들을 단번에 내려놓고, 도
리어 취할 수 없고 버릴 수 없는 곳에서 '있는가? 없는가?' 하고 느긋이
살펴보며 찾아 보십시오. 곧장 마음을 쓸 수 없고 입을 열 수 없는 곳에
서 마음속이 마치 하나의 뜨거운 쇳덩이와 같을 때에 놓아 버리려 하면
안 됩니다. 다만 여기에서 한 개 화두(話頭)를 살펴보십시오. 승려가 운
문(雲門)에게 물었습니다. '아버지를 죽이고 어머니를 죽이면 부처님 앞
에서 참회할 수 있습니다. 부처님을 죽이고 조사를 죽일 때에는 다시
어디에서 참회합니까?' 운문이 말했습니다. '노(露).'"[15]

---

14) 今時學道人, 不問僧俗, 皆有二種大病. 一種多學言句, 於言句中作奇特想. 一種不能見
月亡指, 於言句悟入, 而聞說佛法禪道不在言句上, 便盡撥棄, 一向閉眉合眼做死模樣,
謂之靜坐 · 觀心 · 黙照, 更以此邪見誘引無識庸流曰 : '靜得一日, 便是一日工夫.' 苦
哉! 殊不知盡是鬼家活計. 去得此二種大病, 始有參學分.『대혜보각선사법어』제20권. 6.
진여도인(眞如道人)에게 보임)

15) 今時士大夫學此道者, 平昔被聰明靈利所使, 多於古人言語中作道理, 要說敎分曉, 殊
不知枯骨頭上決定無汁可覓. 縱有聞善知識所訶, 肯離言說相, 離文字相, 又坐在無言

말에 치우쳐 말에 빠져 있는 사람들은 공안(公案) 위에서 지식과 이해를 구하려는 사람들이었다. 공안을 제시하고 공안에 의지하여 그 뜻을 가늠하고, 그 값어치를 매기는 말을 서로 주고받는 것을 선이요, 공부라고 하는 이들이 말에 치우친 공부를 하는 사람들이다. 여기에 관해서는 상권(上卷) 제3장에서 거각상량(擧覺商量)의 선이라는 이름으로 자세히 살펴보았다. 침묵에 빠져 있는 이들은 이른바 묵조선(默照禪)이다. 묵묵히 좌선하면서 마음을 비추어 보라고 당시 조동종(曹洞宗)에서 가르쳤던 묵조선을 대혜는 검은 산의 귀신굴 속에서 캄캄한 침묵에 빠져 있는 삿된 선이라고 신랄하게 비판하고 있다. 묵조선에 관해서도 역시 상권(上卷) 제3장에서 자세히 살펴보았다.

공안을 거각상량하는 선과 묵조선은 말과 침묵이라는 양변(兩邊)에 떨어진 선이었다. 대혜는 이러한 잘못된 공부에 상대하여 올바른 공부로서 간화선을 제시한 것이다. 간화선은 화두를 말하되 말의 뜻을 부수어 버림으로써 말에 떨어지지 못하게 하고, 좌선하여 묵묵히 관조하는 수행도 아니다. 그러므로 말과 침묵에 떨어진 당시의 선계(禪界)의 풍토에 말에도 침묵에도 떨어지지 않는 올바른 선을 제시한 것이 간화선이라고 할 수 있다. 이러한 점은 아래에서 간화선의 내용을 자세히 살펴보면 더욱 분명히 알 수 있을 것이다.

無說處黑山下鬼窟裏不動, 欲心所向無礙無窒, 不亦難乎? 既爲無常迅速, 生死事大, 決定有志直取無上菩提, 世間種種虛妄不實底事, 一筆勾下, 卻向不可取不可捨處, 謾覰捕看, 是有是無? 直得無用心處, 無開口處, 方寸中如一團熱鐵相似時, 莫要放卻. 只就這裏看箇話頭 : 僧問雲門 : '殺父殺母, 向佛前懺悔. 殺佛殺祖時卻向甚處懺悔?' 雲門云 : '露.'(『대혜보각선사법어』 제24권. 31. 성기의(成機宜)에게 보임)

2. 간화선에서 화두의 종류와 기능

(1) 대혜가 제시한 화두들

대혜는 간화선을 제창하면서 어떤 화두를 살펴보라고 권했는가? 보설(普說), 법어(法語), 서장(書狀)에서 대혜가 권한 화두를 보면, 구자무불성화(狗子無佛性話)가 40회 이상 등장하여 단연 가장 많다. 구자무불성화를 살펴볼 것을 가장 빈번하게 권했던 것이다. 그러나 대혜가 구자무불성화만 권한 것은 아니다. 다음은 대혜가 살펴보라고 권한 화두들이다.

"태어나도 온 곳을 알지 못하고 죽어도 갈 곳을 알지 못하는 의심을 아직 잊지 않았다면, 삶과 죽음이 뒤얽힐 것입니다. 다만 이렇게 뒤얽힌 곳에서 한 개 화두(話頭)를 살펴보십시오. 승려가 조주에게 물었습니다. '개에게도 불성이 있습니까?' 조주가 말했습니다. '없다.'"[16]

---

16) 疑生不知來處, 死不知去處底心未忘, 則是生死交加. 但向交加處看箇話頭 : 僧問趙州和尚 : '狗子還有佛性也無?' 州云 : '無.'(『대혜보각선사법어』 제23권. 30. 묘명거사(妙明居士)에게 보임

"다만 옛사람이 도에 들어간 이야기[화두(話頭)]를 살펴보십시오 : 한 승려가 조주(趙州)에게 물었습니다. '어떤 것이 조사가 서쪽에서 온 뜻입니까?' 조주가 말했습니다. '뜰 앞의 잣나무다.' 승려가 말했습니다. '스님께선 경계를 사람에게 보여 주지 마십시오.' 조주가 말했습니다. '나는 경계를 사람에게 보여 주지 않는다.' 승려가 말했습니다. '경계를 사람에게 보여 주지 않으신다면, 다시 어떤 것이 조사가 서쪽에서 온 뜻입니까?' 조주가 말했습니다. '뜰 앞의 잣나무다.' 그 승려는 이 말을 듣고 문득 크게 깨달았습니다."[17]

"거듭 화두(話頭)를 살펴보시길 권합니다 : 한 승려가 마조(馬祖)에게 물었습니다. '어떤 것이 부처입니까?' 마조가 말했습니다. '이 마음이 곧 부처다.'"[18]

"다만 여기에서 한 개 화두(話頭)를 보십시오 : 승려가 운문(雲門)에게 물었습니다. '아버지를 죽이고 어머니를 죽이면 부처님 앞에서 참회할 수 있습니다. 부처님을 죽이고 조사를 죽일 때에는 다시 어디에서 참회합니까?' 운문이 말했습니다. '노(露).'[19]"[20]

---

17) 但只看箇古人入道底話頭 : 僧問趙州 : '如何是祖師西來意?' 州云 : '庭前柏樹子.' 僧云 : '和尙莫將境示人.' 州云 : '我不將境示人.' 僧云 : '旣不將境示人, 卻如何是祖師西來意?' 州只云 : '庭前柏樹子.' 其僧於言下忽然大悟.(『대혜보각선사법어』제23권. 29. 태허거사(太虛居士)에게 보임)

18) 仍令看箇話頭 : 僧問馬祖 : "如何是佛?" 祖云 : "卽心是佛." 妙圓道人日用只如此看.(『대혜보각선사법어』제23권. 28. 묘원도인(妙圓道人)에게 보임)

19) 『오등회원』제15권 '소주운문산광봉원문언선사(韶州雲門山光奉院文偃禪師)'에 나오는 대화.

20) 只就這裏看箇話頭 : 僧問雲門 : '殺父殺母, 向佛前懺悔. 殺佛殺祖時卻向甚處懺悔?' 雲門云 : '露.'(『대혜보각선사법어』제24권. 31. 성기의(成機宜)에게 보임)

"여기에 이르면 그대가 마음 쓸 곳이 없으니, 이러한 일은 한쪽으로 밀쳐놓아야 함을 아는 것이 좋다. 도리어 머리를 돌려 마대사(馬大師)의 '이 마음이 곧 부처다, 마음도 아니고 부처도 아니다, 마음도 아니고 부처도 아니고 물건도 아니다.'21)와 조주(趙州)의 '뜰 앞의 잣나무.'22)와 운문(雲門)의 '수미산.'23)과 대우(大愚)의 '저울추를 톱으로 잘라라.'24)와 엄

---

21) 『사가어록』「마조록」에 다음 이야기가 있다 : 대매산(大梅山)의 법상(法常) 선사가 처음 마조를 찾아와서 물었다. "무엇이 부처입니까?" 마조가 말했다. "바로 이 마음이 부처." 법상은 곧 크게 깨달았다. 뒤에 대매산에 머물렀는데, 마조가 이 소식을 듣고는 한 승려를 보내어 물었다. "스님은 마조 스님을 뵙고서 무엇을 얻었기에 곧 이 산에 머무십니까?" 법상(法常)이 말했다. "마조 스님은 나에게 '이 마음이 바로 부처'라고 말씀하셨습니다. 나는 곧 여기에 머물렀습니다." 그 승려가 말했다. "요즈음 마조 스님의 불법(佛法)은 또 달라졌습니다." 법상이 물었다. "어떻게 달라졌습니까?" "요즈음은 다시 말하길 '마음도 아니고 부처도 아니다'고 하십니다." 이에 법상이 말했다. "이 노인네가 사람을 혼란하게 만드는 것이 끝날 날이 없구나. 그대는 마음대로 마음도 아니고 부처도 아니라고 하라. 나는 다만 이 마음이 곧 부처일 뿐이다." 그 승려가 돌아와 이것을 마조에게 말하자, 마조가 말했다. "매실이 익었구나."(大梅山法常禪師, 初參祖問 : "如何是佛?" 祖云 : "卽心是佛." 常卽大悟. 後居大梅山, 祖聞師住山, 乃令一僧到問云 : "和尙見馬師, 得箇什麼, 便住此山?" 常云 : "馬師向我道 '卽心是佛.' 我便向這裡住." 僧云 : "馬師近日佛法又別." 常云 : "作麼生別?" 僧云 : "近日又道 '非心非佛.'" 常云 : "這老漢惑亂人, 未有了日. 任汝非心非佛. 我只管卽心卽佛." 其僧回擧似祖, 祖云 : "梅子熟也.")

22) 『오등회원』 제4권 '조주관음원종심선사(趙州觀音院從諗禪師)'에 다음의 이야기가 나온다 : 조주에게 어떤 승려가 물었다. "어떤 것이 조사께서 서쪽에서 오신 뜻입니까?" 조주가 말했다. "뜰 앞의 잣나무."(趙州因僧問 : "如何是祖師西來意?" 州云 : "庭前柏樹子.") 『경덕전등록』에는 이 내용이 없다.

23) 『오등회원』 제15권 '소주운문산광봉원문언선사(韶州雲門山光奉院文偃禪師)'에 있는 다음의 대화에 기인한다 : 묻는다. "한 생각도 일으키지 않았는데도 허물이 있습니까?" 운문이 말했다. "수미산."(問 : "不起一念, 還有過也無?" 師曰 : "須彌山.") 『연등회요』 제24권에도 나온다.

24) 『오등회원』 제12권 '서주대우산수지선사(瑞州大愚山守芝禪師)'에 다음 대화가 나온다 : 대우지(大愚芝)에게 어떤 승려가 물었다. "어떤 것이 부처입니까?" 선사가 말하였다. "톱으로 저울추를 잘라라."(大愚芝因僧問 : "如何是佛?" 師云 : "鉅解稱鎚.") 저울추를 톱으로 자르는 것은 저울을 못쓰게 만드는 것이다. 사물을 달아 보는 저울은 만물을 헤아려 보는 분별심을 가리킨다.

양존자(嚴陽尊者)의 '흙덩이.'[25)]와 분양(汾陽)의 '망상(妄想)하지 말라.'[26)]와 구지(俱胝)가 손가락을 세운 것[27)] 등이 결국 어떤 도리인가를 살펴보아라. 이것이 곧 나의 방편이니라."[28)]

"'한 생각도 일으키지 않는데 허물이 있습니까?' '수미산(須彌山).' '한

25) 『경덕전등록』제11권 '홍주무녕현신흥엄양존자(洪州武寧縣新興嚴陽尊者)'에 다음 대화가 있다. : 승려가 물었다. "어떤 것이 부처입니까?" 엄양존자가 말했다. "흙덩이."(僧問 : "如何是佛?" 師曰 : "土塊.")

26) 『경덕전등록』제8권 '분주무업선사(汾州無業禪師)'에 다음 구절이 있다 : 배우는 자가 질문을 할 때에는 무업(無業)은 흔히 이렇게 답했다. "망상(妄想)하지 말라."(凡學者致問, 師多答之云 : "莫妄想.") 분주(汾州)가 곧 분양(汾陽)이다.

27) 『경덕전등록』제11권, 『오등회원』제4권 '무주금화산구지화상(婺州金華山俱胝和尚)'에 다음 이야기가 있다 : 처음 구지(俱胝) 화상이 암자에 머물 때에, 실제(實際)라고 부르는 비구니가 삿갓을 쓰고 석장(錫杖)을 짚고 와선, 구지를 세 바퀴 돌고는 말했다. "말씀하시면, 삿갓을 벗겠습니다." 세 번을 물었는데도, 구지는 전혀 답을 하지 못했다. 비구니가 바로 가려고 하자 구지가 말했다. "날이 곧 저물 것이니 하룻밤 묵어 가시오." 비구니가 말했다. "말씀하시면, 묵어 가겠습니다." 구지가 다시 말을 못하자, 비구니는 가 버렸다. 비구니가 간 뒤에 구지는 스스로 탄식하며 말했다. "내가 비록 대장부의 모습을 가지고 있지만, 대장부의 기개는 없구나." 암자를 버리고 여러 곳으로 배우러 가려고 하였는데, 그날 밤 산신(山神)이 나타나 말했다. "이 산을 떠날 필요가 없습니다. 장차 대보살이 와서 스님께 법을 말해 줄 것입니다." 10여 일이 지나자 과연 천룡(天龍) 화상이 암자로 찾아왔다. 구지가 이에 절을 올리고 앞서의 이야기를 했다. 천룡은 손가락 하나를 세워 보여 주었다. 구지가 즉시 크게 깨달았다. 그 후로 배우는 스님이 오기만 하면, 구지는 다만 손가락 하나를 세울 뿐, 다른 가르침은 없었다.(初住庵, 有尼名實際, 到庵戴笠子執錫繞師三匝云 : "道得卽拈下笠子." 三問, 師皆無對. 尼便去, 師曰 : "日勢稍晚, 且留一宿." 尼曰 : "道得卽宿." 師又無對, 尼去. 後歎曰 : "我雖處丈夫之形, 而無丈夫之氣." 擬棄庵往諸方參尋. 其夜山神告曰 : "不須離此山, 將有大菩薩來爲和尚說法也." 果旬日天龍和尚到庵, 師乃迎禮具陳前事. 天龍豎一指而示之. 師當下大悟. 自此凡有參學僧到, 師唯舉一指無別提唱.)

28) 到這裏, 無爾用心處, 不若知是般事撥置一邊. 卻轉頭來看馬大師 '卽心是佛, 非心非佛, 不是心不是佛不是物.' 趙州 '庭前柏樹子.' 雲門 '須彌山.' 大愚 '鋸解秤鎚.' 嚴陽尊者 '土塊.' 汾陽 '莫妄想.' 俱胝豎指頭, 畢竟是何道理? 此乃雲門方便也.(『대혜보각선사법어』제24권, 34. 묘도선인(妙道禪人)에게 보임)

물건도 가져오지 않은 때에는 어떻습니까?' '내려놓아라.' 여기에서 의문(疑問)이 부서지지 않았다면 다만 여기에 참(參)하고 있을 뿐, 다시 스스로 가지와 잎을 만들지는 마십시오. 만약 저를 믿으신다면, 다만 이렇게 참(參)할 뿐, 따로 사람에게 가르쳐 줄 불법(佛法)은 없습니다."29)

   "다만 이와 같이 공부하되, 경전과 옛 스님의 어록(語錄)을 봄에 여러 가지의 차별되는 말씀들도 또한 이와 같이 공부하며, '수미산(須彌山)'·'방하착(放下着)'·'구자무불성화(狗子無佛性話)'30)·'죽비자화(竹篦子話)'31)·'일구흡진서강수화(一口吸盡西江水話)'32)·'정전백수자화(庭前栢樹子

---

29) '不起一念, 還有過也無?' 云: '須彌山.' '一物不將來時如何?' 云: '放下著.' 這裏疑不破, 只在這裏參, 更不必自生枝葉也. 若信得雲門, 但恁麼參, 別無佛法指示人. 若信不及, 一任江北江南問王老, 一狐疑了一狐疑.(『대혜보각선사서』제25권. 4. 증시랑(曾侍郎) 천유(天游)에 대한 답서(3))

30) 『오등회원』제4권 '조주관음원종심선사(趙州觀音院從諗禪師)'에 다음의 이야기가 나온다 : 조주 스님은, 어떤 승려가 "개에게도 불성이 있습니까?"라고 물으니, "무!"라고 답했다.(趙州和尙 因僧問 : "狗子還有佛性也無?" 州云 : "無.") 『경덕전등록』에는 이 내용이 없다.

31) 『오등회원』제11권 '여주섭현광교원귀성선사(汝州葉縣廣教院歸省禪師)'에 다음의 이야기가 나온다 : 귀성 스님은 수산성념(首山省念; 926~993)을 찾아가 공부했는데, 수산이 하루는 죽비를 들고 물었다. "죽비라고 부르면 저촉되고, 죽비라고 부르지 않으면 등진다. 무엇이라고 부르겠느냐?" 귀성이 죽비를 잡아당겨 땅 위에 던지고는 말했다. "무엇입니까?" 수산이 말했다. "엉터리로다!" 귀성 스님은 이 말을 듣고 확 뚫리면서 문득 깨달았다.(參首山, 山一日擧竹篦問曰 : '喚作竹篦卽觸, 不喚作竹篦卽背. 喚作甚麼?' 師挈得擲地上曰 : '是甚麼?' 山曰 : '瞎!' 師於言下豁然頓悟.) 『경덕전등록』에는 이 내용이 없다.

32) 『경덕전등록』제8권 '양주거사방온(襄州居士龐蘊)'에 다음의 이야기가 나온다 : 방거사(龐居士)가 마조(馬祖)에게 물었다. "만법(萬法)과 짝하지 않는 자는 어떤 사람입니까?" 마조가 말했다. "그대가 한입에 서강(西江)의 물을 몽땅 마시기를 기다려서, 그대에게 말해 주겠다." 거사(居士)가 말을 듣고서 깨달았다.(馬祖因龐居士問 : "不與萬法爲侶者是什麼人?" 師云 : "待汝一口吸盡西江水 卽向汝道." 居士言下領解)

話)'33)도 역시 이와 같이 공부하여, 다시 다른 견해를 내지 말고 다른 도리를 구하지 말고 다른 솜씨를 부리지 말아야 합니다."34)

"법계의 테두리를 없애고 온갖 뛰어난 것들을 일시에 쓸어버리면, 비로소 '뜰 앞의 잣나무' '삼 서 근' '똥 닦는 막대기'35) '개에게는 불성이 없다' '한입에 서강의 물을 다 마신다' '동산이 물 위로 간다' 등의 부류를 살펴보기 좋게 됩니다. 문득 한마디에서 뚫어 내면, 비로소 테두리 없는 법계를 깨달음으로 돌린다고 할 수 있습니다."36)

"다만 여기에서 화두를 살펴보십시오. 어떤 스님이 운문 스님에게 묻되 '무엇이 부처입니까?' 하니 운문 스님이 말하길, '똥 닦는 막대기다.'라고 하였습니다."37)

---

33) 『오등회원』 제4권 '조주관음원종심선사(趙州觀音院從諗禪師)'에 다음의 이야기가 나온다 : 조주에게 어떤 승려가 물었다. "어떤 것이 조사께서 서쪽에서 오신 뜻입니까?" 조주가 말했다. "뜰 앞의 잣나무다."(趙州因僧問：「如何是祖師西來意?」州云：「庭前柏樹子.」) 『경덕전등록』에는 이 내용이 없다.

34) 但只如此做工夫, 看經教并古人語錄, 種種差別言句, 亦只如此做工夫, 如'須彌山'·'放下著'·'狗子無佛性話'·'竹箆子話'·'一口吸盡西江水話'·'庭前柏樹子話', 亦只如此做工夫, 更不得別生異解別求道理別作伎倆也.(『대혜보각선사서』 제25권. 6. 증시랑(曾侍郎) 천유(天游)에 대한 답서(5))

35) 간시궐(乾屎橛) : 똥 닦는 막대기. 작은 대나무 조각으로서, 변소에 두고 똥을 닦는 데 사용하는 물건.

36) 滅却法界量, 種種殊勝一時蕩盡了, 方始好看, '庭前柏樹子.' '麻三斤.' '乾屎橛.' '狗子無佛性.' '一口吸盡西江水.' '東山水上行.'之類. 忽然一句下透得, 方始謂之法界無量回向.(『대혜보각선사서』 제27권. 27. 장제형(張提刑) 양숙(暘叔)에 대한 답서)

37) 只就這裏看箇話頭. 僧問雲門：'如何是佛?' 門云：'乾屎橛.'(『대혜보각선사서』 제28권. 33. 여랑중(呂郎中) 융례(隆禮)에 대한 답서)

"원컨대 거사(居士)께서는 '다만 모든 있는 것을 비워 버릴지언정 모든 없는 것을 결코 진실이라고 여기지 말라.'38)는 방거사(龐居士)의 말을 시험 삼아 느긋하게 스스로에게 일깨워 주십시오."39)

"다만 일상생활 속에서 순간순간 살펴보며 찾되, '내가 남에게 옳고 그름과 바르고 굽음을 결단해 줄 수 있는 것은 누구의 은혜로운 힘을 입은 것이며 결국 어느 곳에서 나오는 것인가?' 하고 살펴보며 찾고 또 살펴보며 찾으면, 평소에 생소하던 길이 저절로 익숙해질 것입니다."40)

"아직 이러하지 못하다면, 우선 세간의 경계를 따라서 헤아리는 이 마음을 헤아림이 미치지 못하는 곳에다 돌려 놓고, 시험삼아 한번 헤아려 보십시오. '어떤 것이 헤아림이 미치지 못하는 곳인가?'"41)

"재빨리 마음이 활짝 트이고자 한다면, 다만 행할 수 있음과 행할 수 없음 · 이해함과 이해하지 못함 · 같음과 같지 않음 · 다름과 다르지 않음 등 이와 같이 사량하고 이와 같이 헤아릴 수 있는 것을 몽땅 다른 세계로 쓸어버리십시오. 그리하여, 도리어 쓸어버릴 수 없는 곳에서 '있는지 없는지, 같은지 다른지'를 살펴보시면, 문득 생각과 상념(想念)이 끊어질 것

---

38) 『방거사어록(龐居士語錄)』 상권(上卷)에서 방거사가 우적(于頔)에게 한 말.
39) 願居士試將老龐語讜提撕. '但願空諸所有, 切勿實諸所無.'(『대혜보각선사서』 제29권. 46. 향시랑(向侍郞) 백공(伯恭)에 대한 답서)
40) 但向日用應緣處, 時時覰捕, '我這箇能與人決斷是非曲直底, 承誰恩力, 畢竟從甚麼處流出?' 覰捕來覰捕去, 平昔生處路頭自熟.(『대혜보각선사서』 제30권. 57. 영시랑(榮侍郞) 무실(茂實)에 대한 답서(1))
41) 未得如此, 且將這思量世間塵勞底心, 回在思量不及處, 試思量看. '那箇是思量不及處?'(『대혜보각선사서』 제30권. 57. 영시랑(榮侍郞) 무실(茂實)에 대한 답서(1))

이니, 바로 이런 때에는 저절로 남에게 물어볼 필요가 없습니다."[42]

"이 도리를 알고자 한다면, 다만 평소 선(禪)에 머물렀던 것과 경전을 보는 일에 머물렀던 것과 어록(語錄)을 보고 기억한 것과 종사의 말씀을 듣고 이해한 것들을 일시에 싹 내버리고, 도리어 덕산(德山)은 무슨 까닭에 승려가 문으로 들어오는 것을 보면 곧 몽둥이를 휘둘렀는지, 또 임제(臨濟)는 무슨 까닭에 승려가 문으로 들어오는 것을 보면 곧 고함을 내질렀는지를 차분하게 자세히 살펴보십시오."[43]

"삶과 죽음에 속박되지 않으려면, 다만 늘 마음속을 텅 비워 버리고, 단지 태어날 때 오는 곳을 알지 못하고 죽을 때 가는 곳을 알지 못하는 마음을 언제나 인연을 만나는 곳에서 일깨우십시오. 일깨우는 것이 익숙해져서 오래되면 저절로 탁 트여서 걸림이 없을 것입니다."[44]

"이 어둡고 우둔함을 능히 알 수 있는 것이 결국 무엇인지를 단지 살펴보기만[간(看)] 하십시오. 단지 여기에서 살펴보기만[간(看)] 하셔야지,

---

42) 要得徑截心地豁如, 但將能與不能, 解與不解, 同與不同, 別與不別, 能如是思量, 如是卜度者, 掃向他方世界. 却向不可掃處看, 是有是無, 是同是別, 驀然心思意想絕, 當恁麼時, 自不著問人矣.(『대혜보각선사서』 제30권. 63. 번제형(樊提刑) 무실(茂實)에 대한 답서)

43) 欲知此箇道理, 但將平昔禪處得底, 看經敎處得底, 語錄上記得底, 宗師口頭言下領覽得底, 一時掃向他方世界, 却緩緩地子細看他德山何故見僧入門便棒? 臨濟何故見僧入門便喝?(『대혜보각선사법어』 제23권. 27. 방기의(方機宜)에게 보임)

44) 要得不被生死縛, 但常敎方寸虛豁豁地, 只以不知生來, 不知死去底心, 時時向應緣處提撕. 提撕得熟久久, 自然蕩蕩地也.(『대혜보각선사법어』 제23권. 30. 묘명거사(妙明居士)에게 보임)

40

깨달아 초월할 것을 구하면 안 됩니다. 살펴보고 또 살펴보고[간래간거 (看來看去)] 하다가 문득 크게 웃을 것입니다. 이 밖에 말할 것은 없습니다."45)

이렇게 대혜가 권한 화두를 보면, 구자무불성화(狗子無佛性話)뿐만 아니라, '정전백수자(庭前栢樹子)'·'즉심시불(即心是佛)'·'노(露)'·'비심비불 (非心非佛)'·'수미산(須彌山)'·'방하착(放下着)'·'저울추를 톱으로 잘라라'· '흙덩이'·'망상(妄想)하지 말라'·'구지(俱胝)가 손가락을 세움'·'죽비자화 (竹篦子話)'·'일구흡진서강수(一口吸盡西江水)'·'마삼근(麻三斤)'·'간시궐(乾 屎橛)'·'동산수상행(東山水上行)' 등 익히 알려진 각종 화두들뿐만 아니라, "덕산(德山)은 무슨 까닭에 승려가 문으로 들어오는 것을 보면 곧 몽둥이를 휘둘렀는가?"라든가 "임제(臨濟)는 무슨 까닭에 승려가 문으로 들어오는 것을 보면 곧 고함을 내질렀는가?"라든가 "다만 모든 있는 것을 비워 버릴지언정 모든 없는 것을 결코 진실이라고 여기지 말라.'는 방거사(龐居 士)의 말도 살펴볼 화두로 제시하고 있으며, 나아가 "내가 남에게 옳고 그름과 바르고 굽음을 결단해 줄 수 있는 것은 누구의 은혜로운 힘을 입은 것이며 결국 어느 곳에서 나오는 것인가?"라든가 "어떤 것이 헤아림이 미치지 못하는 곳인가?"라든가 "있는지 없는지, 같은지 다른지"라든가 "태어날 때에는 어디에서 오고 죽을 때에는 어디로 가는가?"라든가 "어둡고 우둔함을 능히 알 수 있는 것이 결국 무엇인가?"와 같이 각자 개별적으로 궁금한 사항도 화두로 삼아 살펴보라고 권하고 있다.

---

45) 但只看能知得如是昏鈍底畢竟是箇甚麼. 只向這裏看, 不用求超悟. 看來看去 忽地大 笑去矣. 此外無可言者.(『대혜보각선사서』제29권. 45. 이보문(李寶文) 무가(茂嘉)에 대한 답서)

(2) 화두는 어떤 기능을 하는가?

간화선에서 화두는 어떤 기능을 하는가? 이에 대한 대혜의 언급을 살펴본다.

"이른바 공부라는 것은, 세간의 잡다한 일들을 사량(思量)하는 마음을 '똥 닦는 막대기.' 위에 돌려 놓고 정식(情識)이 활동하지 않게 하여, 마치 흙이나 나무로 만든 인형과 같게 만드는 것입니다."[46]

"이 한 글자는 수많은 잘못된 지식과 잘못된 깨달음을 물리치는 무기(武器)입니다."[47]

"대개 화두는 큰 불덩어리와 같아서, 모기나 파리나 땅강아지나 개미 같이 작고 보잘것없는 것들이 들러붙을 수 없습니다."[48]

"세간의 감정이나 생각이 일어날 때에 힘을 써서 배척할 필요는 없습니다. 전날에 이미 말씀드렸습니다만, 다만 한 승려가 조주에게 '개에게도 불성이 있습니까?' 하고 물으니 조주가 '없다.'[무(無)]고 한 것만 말씀하십시오. 이 한 글자[무(無)]를 말하기만 하면, 세간의 감정이나 생

---

46) 所謂工夫者, 思量世間塵勞底心, 回在'乾屎橛.'上, 令情識不行, 如土木偶人相似.(『대혜보각선사서』 제28권. 34. 여사인(呂舍人) 거인(居仁)에 대한 답서(1))

47) 此一字子, 乃是摧許多惡知惡覺底器仗也.(『대혜보각선사서』 제26권. 13. 부추밀(富樞密) 계신(季申)에 대한 답서(1))

48) 蓋話頭如大火聚, 不容蚊蚋螻蟻所泊.(『대혜보각선사법어』 제20권. 11. 나지현(羅知縣)에게 보임)

각은 저절로 고요해집니다."[49]

"의심이 아직 부서지지 않았다면, 다만 옛사람이 도(道)에 들어간 이야기[화두(話頭)]를 보십시오. 나날이 수많은 망상(妄想)을 일으키는 마음을 화두 위에 옮겨 놓으신다면, 망상은 일절 일어나지 않을 것입니다. 한 승려가 조주에게 물었습니다. '개에게도 불성이 있습니까?' 조주가 말했습니다. '없다.' 다만 이 한 글자 '무(無)'가 곧 삶과 죽음의 길목을 끊는 칼입니다. 허망한 생각이 일어날 때에는 다만 이 한 개 무자(無字)를 끄집어내어 말하십시오. 말하고 또 말하고 하다가 갑자기 소식이 끊어지면, 곧 집으로 돌아가 편안히 앉는 곳입니다. 이 외에 따로 기이하고 특별한 일은 없습니다."[50]

"태어나도 온 곳을 알지 못하고 죽어도 갈 곳을 알지 못하는 의심을 아직 잊지 않았다면, 삶과 죽음이 뒤얽힐 것입니다. 다만 이렇게 뒤얽힌 곳에서 한 개 화두(話頭)를 살펴보십시오. 승려가 조주에게 물었습니다. '개에게도 불성이 있습니까?' 조주가 말했습니다. '없다.' 다만 이 태어나도 온 곳을 알지 못하고 죽어도 갈 곳을 알지 못하는 의심을 '없다'는 글자 위에 옮겨 온다면, 뒤얽힌 마음이 사라질 것입니다. 뒤얽힌 마음이 사라지

---

49) 世間情念起時, 不必用力排遣. 前日已曾上聞, 但只擧僧問趙州 : '狗子還有佛性也無?' 州云 : '無.' 纔擧起這一字, 世間情念自怗怗地矣.(『대혜보각선사법어』제21권. 12. 악수(鄂守) 웅사부(熊祠部)에게 보임)

50) 疑情未破, 但只看箇古人入道底話頭. 移逐日許多作妄想底心來話頭上, 則一切不行矣. 僧問趙州 : '狗子還有佛性也無?' 州云 : '無.' 只這一字, 便是斷生死路頭底刀子也. 妄念起時, 但擧箇無字. 擧來擧去, 驀地絶消息, 便是歸家穩坐處也. 此外別無奇特.(『대혜보각선사법어』제22권. 18. 묘심거사(妙心居士)에게 보임)

고 나면, 오고 가는 삶과 죽음에 대한 의심이 끊어질 것입니다."[51]

"혼침과 도거는 옛 성현이 꾸짖은 것입니다. 고요히 앉을 때에 문득 이 두 가지 병이 나타남을 느낀다면, 그저 '개에게는 불성이 없다.'는 화두를 스스로에게 말해 주십시오. 이 두 병을 애써 물리치지 않아도 그 즉시 가라앉을 것입니다."[52]

"어떤 스님이 조주 스님에게 묻되 '개에게도 불성이 있습니까?' 하니 조주 스님은 '없다.'[무(無)]고 말했습니다. 이 한 글자는 곧 생사(生死)에 대한 의심을 부수어 버리는 칼입니다."[53]

"다만 어리석고 어두운 마음을 '똥 닦는 막대기.' 위로 가져와 한 번 막아 서서 버티게[54] 되면, 삶과 죽음을 두려워하는 마음과 어리석고 어두운 마음과 사량분별하는 마음과 총명한 마음이 저절로 일어나지 않습니다."[55]

---

51) 疑生不知來處, 死不知去處底心未忘, 則是生死交加. 但向交加處看箇話頭. 僧問趙州和尙: '狗子還有佛性也無?' 州云: '無.' 但將這疑生不知來處, 死不知去處底心移來無字上, 則交加之心不行矣. 交加之心旣不行, 則疑生死來去底心將絶矣.(『대혜보각선사법어』 제23권. 30. 묘명거사(妙明居士)에게 보임)

52) 昏沈掉擧, 先聖所訶. 靜坐時纔覺此兩種病現前, 但只擧'狗子無佛性話.' 兩種病不著用力排遣, 當下怗怗地矣.(『대혜보각선사서』 제26권. 15. 부추밀(富樞密) 계신(季申)에 대한 답서(3))

53) 僧問趙州 : '狗子還有佛性也無?' 州云 : '無.' 這一字子, 便是箇破生死疑心底刀子也.(『대혜보각선사서』 제26권. 17. 진소경(陳少卿) 계임(季任)에 대한 답서(1))

54) 저주(抵住) : 버티다. 팽팽히 서로 맞서다. 시애(廝崖), 애장거(崖將去)와 같은 뜻.

55) 但將迷悶底心, 移來乾屎橛.'上, 一抵抵住, 怖生死底心, 迷悶底心, 思量分別底心, 作聰明底心, 自然不行也.(『대혜보각선사서』 제28권. 33. 여랑중(呂郎中) 융례(隆禮)에 대한 답서)

"혹 그대의 오래된 습기(習氣)가 언뜻언뜻 일어날 때에도 또한 마음을 써서 억지로 눌러 둘 필요 없이, 다만 언뜻 일어난 곳에서 '개에게도 불성이 있습니까?' '없다.'라고 하는 화두를 살펴보십시오. 바로 그때에는 마치 붉은 화로 위의 한 점 눈송이와 같을 것입니다."[56]

이상을 다시 요약하면 다음과 같다.

① 화두는 사량(思量)하는 정식(情識)이 활동하지 않게 한다.

② 화두는 잘못된 지식과 잘못된 깨달음을 물리치는 무기이다.

③ 화두는 큰 불덩어리와 같아서 아무것도 들러붙을 수 없다.

④ 화두는 감정이나 생각을 고요하게 만든다.

⑤ 화두는 망상이 일어나지 않게 한다.

⑥ 화두는 시끄럽게 뒤얽힌 마음을 사라지게 한다.

⑦ 화두는 혼침과 도거를 가라앉힌다.

⑧ 화두는 삶과 죽음에 대한 의심을 끊어 버리는 칼이다.

⑨ 화두는 삶과 죽음을 두려워하는 마음과 어리석고 어두운 마음과 사량분별하는 마음과 총명한 마음이 일어나지 않게 한다.

⑩ 화두는 오래된 습기(習氣)가 일어나지 않게 한다.

결국 간화선에서 화두는 온갖 의심과 분별망상과 허망한 사량분별과 두려움과 혼침이나 도거 같은 선병(禪病)을 끊어 버리는 칼과 같고, 태워 없애 버리는 불덩이와 같은 것이다. 대혜가 화두를 살펴보라고 하고

---

56) 忽爾舊習瞥起, 亦不著用心按捺, 只就瞥起處, 看箇話頭, '狗子還有佛性也無?' '無.' 正恁麼時, 如紅鑪上一點雪相似.(『대혜보각선사서』 제27권. 23. 유통판(劉通判) 언충(彦沖)에 대한 답서(1))

화두를 자신에게 말해 주고 일깨워 주라고 하는 까닭은 이처럼 화두가 분별망상을 가로막아서 분별망상을 쉬게 만드는 역할을 하기 때문이다. 화두의 역할은 다만 분별망상과 의심과 지식과 두려움과 혼침과 도거를 가로막아서 사라지게 만드는 것이다. 그리하여 분별망상이 활동할 수 없는 곳에서 깨달음은 일어난다. 이와 같이 화두는 우리의 분별망상이 활동하지 못하게 만드는 방편이다.

(3) 화두는 몇 개나 살펴보는가?

"천 가지 만 가지 의문(疑問)이 다만 하나의 의문일 뿐입니다. 그러므로 화두 위에서 의문이 부서지면 천 가지 만 가지 의문이 일시에 부서집니다. 화두가 부서지지 않았으면 우선 바로 그 화두에서 화두와 서로 맞붙어 버티고 계십시오. 만약 화두를 버리고 도리어 다른 문자 위에서 의문을 일으키거나, 경전의 가르침 위에서 의문을 일으키거나, 옛사람의 공안(公案) 위에서 의문을 일으키거나, 매일 경계를 상대하는 피곤함 속에서 의문을 일으킨다면, 이것은 모두 삿된 마구니의 권속들입니다."57)

"일상생활의 여러 가지 행동 속에서 다만 막힘 없게 하며, 고요한 곳과 시끄러운 곳에서 늘 '똥 닦는 막대기.'를 자신에게 일깨워 주십시오. 날이 가고 달이 가면 수고우(水牯牛)가 저절로 더욱 익숙해질 것입니다. 무엇보다 중요한 것은 밖을 향하여 따로 의문을 일으키지 않는 것입니

---

57) 千疑萬疑, 只是一疑. 話頭上疑破, 則千疑萬疑一時破. 話頭不破, 則且就上面與之廝崖. 若棄了話頭, 却去別文字上起疑, 經教上起疑, 古人公案上起疑, 日用塵勞中起疑, 皆是邪魔眷屬.(『대혜보각선사서』 제28권. 32. 여사인(呂舍人) 거인(居仁)에 대한 답서)

다. '똥 닦는 막대기.' 위에서 의문이 부서지면, 갠지즈 강의 모래알만큼 많은 의문도 일시에 부서집니다."[58]

"'한 생각도 일으키지 않는데 허물이 있습니까?' '수미산(須彌山).' '한 물건도 가져오지 않은 때에는 어떻습니까?' '내려놓아라.' 여기에서 의문(疑問)이 부서지지 않았다면 다만 여기에서 참구(參究)하고 있을 뿐, 다시 스스로 가지와 잎을 만들지는 마십시오. 만약 저를 믿으신다면, 다만 이렇게 참구할 뿐, 따로 사람에게 가르쳐 줄 불법(佛法)은 없습니다."[59]

화두의 기능은 분별심을 가로막아서 분별망상이 일어나지 못하게 막는 장벽이요, 분별망상을 끊어 버리는 칼이요, 분별심을 가두어서 꼼짝하지 못하게 만드는 덫이다. 그렇다면 간화선을 하는 사람은 몇 개의 화두를 살펴보아야 하는가? 몇 개의 화두에 분별심이 가로막혀야 하는가? 몇 개의 화두로 분별망상을 끊어야 하는가? 대혜의 가르침은 오직 하나의 화두에서 분별심을 끝장 내라고 한다. 여러 가지 종류의 화두가 있지만, 그 가운데 하나를 골라서 자신의 분별심을 가로막는 장벽으로 삼고, 망상을 끊어 내는 칼로 삼고, 헛된 마음을 꼼짝 못하게 가두는 덫으로 삼으라고 한다. 자신을 죽이는 칼은 하나면 족한 것이고, 자신을 가로막는

---

58) 日用四威儀中, 但常放教蕩蕩地, 靜處鬧處常以"乾屎橛."提撕, 日往月來水牯牛自純熟矣. 第一不得向外面別起疑也. '乾屎橛'上疑破, 則恒河沙數疑一時破矣.(『대혜보각선사서』 제28권. 33. 여랑중(呂郎中) 융례(隆禮)에 대한 답서)

59) '不起一念, 還有過也無?' 云: '須彌山.' '一物不將來時如何?' 云: '放下著.' 這裏疑不破, 只在這裏參, 更不必自生枝葉也. 若信得雲門及, 但恁麼參, 別無佛法指示人. 若信不及, 一任江北江南問王老, 一狐疑了一狐疑.(『대혜보각선사서』 제25권. 4. 증시랑(曾侍郎) 천유(天游)에 대한 답서(3))

장벽은 하나면 되는 것이고, 자신을 가두는 덫은 하나여야 한다.

분별망상이 확실히 죽어 버리는 일은 한 번이면 족하다. 다만 죽었다가 다시 살아나 삶에도 구속되지 않고 죽음에도 구속되지 않으려면 더욱 정밀하게 불이중도(不二中道)에 계합하여야 하는데, 이때에는 다시 몇 번의 깨달음이 더 필요할 수도 있다. 상권(上卷) '제2장 대혜의 공부와 깨달음'에서 살펴보았듯이, 대혜도 한 번 죽고나서 다시 살아날 때에는 두 번의 깨달음이 더 있었던 것이다. 공부인에게 우선 가장 큰 일은 한 번 완전히 죽어야 한다는 것이다. 죽은 뒤에 다시 살아나서 어디에도 걸림없이 사는 일은 그 다음의 공부이다. 그 다음의 공부는 스스로 개척해 나아갈 수도 있고, 고금의 선지식의 가르침을 보고서 더욱 공부하여 이루어질 수도 있다. 무엇보다도 첫 번째 관문은 한 번 크게 죽는 일이다.

3. 간화선은 어떻게 깨달음으로 이끄는가?

(1) 깨달음이 발생하는 조건

불교와 선의 가르침은 모두 깨달음으로 이끄는 방편이다. 불교와 선의 방편이 좋은 방편인가 나쁜 방편인가는 깨달음으로 잘 이끄는가 아닌가에 달렸다. 상권(上卷) 제1장과 제2장, 제3장에서 보았듯이 깨달음은 분별심이 꽉 막힌 곳에서 발생한다. 깨달음은 분별심이 손쓸 수 없는 곳에서 불가사의하게 발생하는 것이다. 깨달음을 얻은 사람이라 하더라도 깨달음이 어떻게 발생하는가를 알 수는 없다. 그러나 깨달음이 어떤 상황에서 발생하는가는 말할 수 있다. 깨달음은 분별심이 솜씨를 부릴 수 없는 곳, 분별심이 가로막혀 오도 가도 못하는 곳, 아무것도 알지 못하고 어떻게 할지도 모르는 곳에서 문득 발생한다. 방편이란 공부인을 이러한 상황으로 몰아넣는 것이다. 공부인을 깨달음이 발생하는 상황으로 잘 몰아넣는 것이 좋은 방편이다.

대혜도 깨달음이 이런 상황에서 발생한다고 말하고 있다. 상권(上卷) 제3장에서 이미 살펴보았지만, 여기에서 다시 몇 문단을 인용한다.

"다만 알지 못하는 곳에서 깨달아야 합니다."[60]

"문득 헤아림이 미치지 못하는 곳에서 이 한 생각이 부서진다면 곧 삼세(三世)[61]를 깨닫는 곳입니다."[62]

"그대들이 진실하게 공부하려고 한다면, 다만 모든 것을 놓아 버리고, 마치 완전히 죽은 사람처럼 아무것도 알지 못하고 아무것도 이해하지 못해야 한다. 알지도 못하고 이해하지도 못하는 곳에서 문득 이 한 생각이 부서지게 되면, 부처님도 그대들을 어찌하지 못할 것이다."[63]

"아직 이와 같지 못하다면, 마땅히 순간순간 자기의 발밑[64]으로 물러나 자세히 끝까지 찾아보아야 합니다. 내가 잘 아는 타인의 좋음과 나쁨과 장점과 단점은 평범한 것인가, 성스런 것인가? 있는 것인가, 없는 것인가? 찾아보고 또 찾아보아서 찾아볼 만한 것이 없는 곳에 이르러 마치 쥐가 쇠뿔 속으로 들어간 것과 같다가 문득 슬그머니 마음이 사라지면, 여기가 바로 자신이 완전히 손을 놓고 집으로 돌아가 편안히 앉을 곳입니다."[65]

---

60) 只向不識處薦取.(『대혜보각선사법어』제20권. 8. 확연거사(廓然居士)에게 보임)

61) 삼세(三世) : 과거 · 현재 · 미래.

62) 忽然向思量不及處, 得這一念破, 便是了達三世處也.(『대혜보각선사서』제27권. 28. 왕내한(汪內翰) 언장(彦章)에 대한 답서(1))

63) 你要眞箇參, 但一切放下, 如大死人相似, 百不知, 百不會, 驀地向不知不會處得這一念子破, 佛也不奈你何.(『대혜보각선사보설(大慧普覺禪師普說)』제13권. 1. 설봉(雪峰)에서 보리회(菩提會) 만들 때의 보설)

64) 각근하(脚跟下) : =각하(脚下). 발밑. 본바탕. 본래면목.

65) 未能如是, 當時時退步向自己脚跟下 子細推窮. 我能知他人好惡長短底, 是凡是聖? 是

(2) 간화선에서 깨달음의 발생

간화(看話)를 행하다가 깨달음은 어떤 때에 어떻게 발생하는가?

"(화두를) 일깨우고 또 일깨우다 보면 맛이 없어져 마음이 마치 하나의 뜨거운 쇳덩이를 놓아둔 것과 같아지는데, 그러한 때가 곧 좋은 때이니 놓아 버리면 안 된다. 문득 마음 꽃이 밝게 피어 온 우주를 비추면, 하나의 털끝에서 보왕(寶王)의 국토를 드러내고 티끌 먼지 속에 앉아 커다란 법(法)의 바퀴를 굴리게 될 것이다."[66]

"화두를 말하고 또 말하여 날이 가고 달이 가면, 문득 마음은 갈 곳이 없어져 자기도 모르는 사이에 단번에 확 깨달을 것입니다."[67]

"다만 가고 · 머물고 · 앉고 · 눕고 하는 생활 속에서 순간순간 '개에게도 불성이 있습니까?' '없다.'를 자신에게 일깨워 주십시오. 일깨워 주는 것이 익숙해져서, 입으로 따질 수도 마음으로 생각할 수도 없고 마음속이 안절부절못하여 마치 무쇠로 만든 말뚝을 물어뜯듯이 맛이 없을 때에 절대로 물러나지 마십시오. 이러한 때가 되면 도리어 좋은 소식입니다."[68]

有是無? 推窮來推窮去, 到無可推窮處, 如老鼠入牛角, 驀地偷心絶, 則便是當人四楞塌地, 歸家穩坐處.(『대혜보각선사법어』 제21권. 12. 악수(鄂守) 웅사부(熊祠部)에게 보임)

66) 提撕來, 提撕去, 沒滋味, 心頭恰如頓一團熱鐵相似, 那時便是好處, 不得放捨. 忽然心華發明, 照十方刹, 便能於一毛端現寶王刹, 坐微塵裏轉大法輪.(『대혜보각선사보설』 제17권. 12. 전계의가 청한 보설)

67) 舉來舉去, 日月浸久, 忽然心無所之, 不覺噴地一發.(『대혜보각선사법어』 제20권. 11. 나지현(羅知縣)에게 보임)

"허망한 생각이 일어날 때에는 다만 이 한 개 무자(無字)를 끄집어내어 말하십시오. 말하고 또 말하고 하다가 갑자기 소식이 끊어지면, 곧 집으로 돌아가 편안히 앉는 곳입니다. 이 외에 따로 기이하고 특별한 일은 없습니다."[69]

"생각 없고 조작 없음에 이와 같은 공덕(功德)이 있음을 참으로 믿으십시오. 이 한 걸음은 비록 나아가기 어렵다고 하지만, 만약 오래 전부터 선근(善根)의 씨앗을 심었다면, 다만 믿을 수 있는 곳에서 살펴보십시오. 살펴보고 또 살펴보아 안으로 머묾이 없고 밖으로 인연에 응함이 없다면, 자기도 모르게 망상(妄想)의 포대기를 잃어버릴 것입니다."[70]

"다만 이 태어나도 온 곳을 알지 못하고 죽어도 갈 곳을 알지 못하는 의심을 '없다.'는 글자 위에 옮겨 온다면, 뒤얽힌 마음이 사라질 것입니다. 뒤얽힌 마음이 사라지고 나면, 오고 가는 삶과 죽음에 대한 의심이 끊어질 것입니다. 다만 끊고자 하나 아직 끊어지지 않은 곳에서 맞붙어 버티다가 때가 되면 갑자기 단번에 확 깨달을 것입니다."[71]

---

68) 但行住坐臥時時提撕, '狗子還有佛性也無?' '無.' 提撕得熟, 口議心思不及, 方寸裏七上八下, 如咬生鐵橛, 沒滋味時, 切莫退志. 得如此時, 卻是箇好底消息.(『대혜보각선사법어』제21권. 16. 여기의(呂機宜)에게 보임)

69) 妄念起時, 但擧箇無字, 擧來擧去, 驀地絕消息, 便是歸家穩坐處也. 此外別無奇特.(『대혜보각선사법어』제22권. 18. 묘심거사(妙心居士)에게 보임)

70) 信知無念無作, 有如是功德. 這一步雖曰難進, 若夙曾種得善根種子, 只向信得及處看. 看來看去, 內無所住, 外無所緣, 不覺不知打失布袋.(『대혜보각선사법어』제22권. 18. 묘심거사(妙心居士)에게 보임)

71) 但將這疑生不知來處, 死不知去處底心移來無字上, 則交加之心不行矣. 交加之心旣不行, 則疑生死來去底心將絕矣. 但向欲絕未絕處與之廝崖, 時節因緣到來, 驀然噴地一下.(『대혜보각선사법어』제23권. 30. 묘명거사(妙明居士)에게 보임)

"갑자기 자기도 모르는 사이에 '노(露)' 자 위에서 소식이 끊어져 버리면, 삼교(三教)의 성인이 말씀하신 법을 하나하나 남에게 물어볼 필요 없이 저절로 하나하나 위에서 분명하고 사물사물 위에서 드러납니다."[72]

"만약 재빨리 이해코자 한다면, 모름지기 이 한 생각이 폭삭 부서져야 합니다. 그때에야 비로소 생사를 밝힌 것이며 바야흐로 깨달아 들어갔다고 말할 수 있습니다."[73]

"이제 수고롭지 않고 고요함과 시끄러움에서 한결같고자 한다면, 다만 조주무자(趙州無字)를 뚫고 나가십시오. 문득 뚫고 나가면 비로소 고요함과 시끄러움이 서로 방해하지 않음을 알게 될 것이며, 또 힘들여 지탱할 필요도 없을 것이며, 지탱할 것이 없다는 생각도 하지 않을 것입니다."[74]

"만약 아직 목숨을 버리지 못했다면 우선 다만 궁금한 심정이 해소되지 못한 곳에서 버티고 계십시오. 문득 스스로 기꺼이 목숨을 한번 놓아 버리면 바로 끝납니다."[75]

---

72) 驀然不知不覺, 向露字上絶卻消息., 三教聖人所說之法, 不著一一問人, 自然頭頭上明, 物物上顯矣.(『대혜보각선사법어』제24권. 31. 성기의(成機宜)에게 보임)

73) 若要徑截理會, 須得這一念子嚗地一破. 方了得生死, 方名悟入.(『대혜보각선사서』제26권. 13. 부추밀(富樞密) 계신(季申)에 대한 답서(1))

74) 而今要得省力靜鬧一如, 但只透取'趙州無字'. 忽然透得, 方知靜鬧兩不相妨, 亦不著用力支撐, 亦不作無支撐解矣.(『대혜보각선사서』제27권. 24. 유통판(劉通判) 언충(彦冲)에 대한 답서(2))

75) 若捨性命不得, 且只管在疑不破處崖將去. 驀然自肯捨命一下便了.(『대혜보각선사서』제26권. 17. 진소경(陳少卿) 계임(季任)에 대한 답서(1))

"다만 어떤 스님이 조주 스님에게 묻되 '개에게도 불성이 있습니까?'
하니 조주가 말하길 '없다.'라는 말을 살펴보시되, 쓸데없이 헤아리는
마음을 붙잡아 무자(無字) 위에 돌려 놓고 한번 헤아려 보십시오. 문득
헤아림이 미치지 못하는 곳에서 이 한 생각이 부서진다면 곧 삼세(三世)
를 깨닫는 곳입니다."76)

"부처님의 말씀과 조사 스님들의 말씀과 여러 곳의 노스님들의 말씀
이 천차만별로 다른 것 같지만, 무자(無字)를 뚫고 지나가기만 하면 일
시에 모두 뚫고 지나가 남에게 묻지 않게 될 것입니다. 만약 부처님의
말씀은 어떠하며 조사의 말씀은 어떠하며 여러 노스님들의 말씀은 어
떤가 하고 줄곧 남에게 묻기만 한다면, 영원히 깨달을 때가 없을 것입
니다."77)

"어떤 스님이 운문 스님에게 묻되 '무엇이 부처입니까?' 하니 운문 스
님이 말하길, '똥 닦는 막대기다.'라고 하였습니다. 이 화두를 스스로에
게 말해 주기만 하면, 문득 재주가 다할 때에 곧 깨달을 것입니다."78)

"궁금한 심정(心情)이 부서지지 않으면 삶과 죽음이 뒤엉켜 시끄럽지

---

76) 但看, 僧問趙州 : '狗子還有佛性也無?' 州云 : '無.' 請只把閑思量底心, 回在無字上 試
  思量看. 忽然向思量不及處, 得這一念破, 便是了達三世也.(『대혜보각선사서』 제27권.
  28. 왕내한(汪內翰) 언장(彦章)에 대한 답서(1))
77) 佛語祖語諸方老宿語, 千差萬別, 若透得箇無字, 一時透過, 不著問人. 若一向問人, 佛
  語又如何, 祖語又如何, 諸方老宿語又如何, 永劫無有悟時也.(『대혜보각선사서』 제28권.
  32. 여사인(呂舍人) 거인(居仁)에 대한 답서)
78) 僧問雲門 : '如何是佛?' 門云 : '乾屎橛.' 但擧此話, 忽然伎倆盡時便悟也.(『대혜보각선사
  서』 제28권. 33. 여랑중(呂郎中) 융례(隆禮)에 대한 답서)

만, 궁금한 심정이 부서지면 생사심(生死心)79)이 끊어집니다. 생사심이 끊어지면 부처라는 견해(見解)와 법이라는 견해가 없어집니다."80)

"다만 어리석고 어두운 마음을 '똥 닦는 막대기.' 위로 가져와 한번 막아 서서 버티게81) 되면, 삶과 죽음을 두려워하는 마음과 어리석고 어두운 마음과 사량분별하는 마음과 총명한 마음이 저절로 일어나지 않습니다. 이러한 마음이 일어나지 않음을 느낄 때에 공(空)에 떨어질까 봐 두려워하지 마십시오. 문득 버티는 곳에서 소식이 끊어지면, 일평생 유쾌하기가 말할 수 없을 것입니다."82)

---

79) 생사심(生死心) : 분별과 차별 속에서 취하고 버리고 조작하는 중생의 분별심(分別心). 『사가어록(四家語錄)』「강서마조도일선사어록(江西馬祖道一禪師語錄)」에서 말하기를, "도(道)는 닦을 필요가 없으니, 단지 오염되지만 말라. 무엇이 오염인가? 생사심(生死心)이 있기만 하면 조작하고 쫓아다니니, 이들이 모두 오염이다. 만약 곧장 도를 깨닫고자 한다면, 평상심(平常心)이 곧 도이다. 무엇을 일러 평상심이라 하는가? 조작이 없고, 옳고 그름을 따짐이 없고, 취하고 버림이 없고, 단절(斷絶)과 항상(恒常)이 없고, 범부와 성인이 없는 것이다."(道不用脩. 但莫汚染. 何爲汚染? 但有生死心, 造作趣向, 皆是汚染. 若欲直會其道, 平常心是道. 何謂平常心? 無造作, 無是非, 無取捨, 無斷常, 無凡無聖.)라고 하였다. 그러므로 생사심(生死心)은 평상심(平常心)과 상대되는 말이니, 조작하고, 옳고 그름을 따지고, 취하고 버림이 있고, 단절과 항상이 있고, 범부와 성인의 차별이 있는 것이 곧 생사심(生死心)이다. 『선문요략(禪門要略)』에서는 "앞의 아홉이 세간심(世間心)이요, 생사심(生死心)이며, 뒤의 하나가 출세간심(出世間心)이요, 열반심(涅槃心)이요, 성인심(聖人心)이요, 해탈심(解脫心)이다."(前九是世間心, 是生死心, 後一是出世心, 是涅槃心, 是聖人心, 是解脫心.)라고 하였다.

80) 疑情不破, 生死交加, 疑情若破, 則生死心絶矣. 生死心絶, 則佛見法見亡矣.(『대혜보각선사서』 제28권. 33. 여랑중(呂郞中) 융례(隆禮)에 대한 답서)

81) 저주(抵住) : 버티다. 팽팽히 서로 맞서다. 시애(廝崖), 애장거(崖將去)와 같은 뜻.

82) 但將迷悶底心, 移來乾屎橛.上, 一抵抵住, 怖生死底心, 迷悶底心, 思量分別底心, 作聰明底心, 自然不行也. 覺得不行時, 莫怕落空. 忽然向抵住處絶消息, 不勝慶快平生得.(『대혜보각선사서』 제28권. 33. 여랑중(呂郞中) 융례(隆禮)에 대한 답서)

"다만 사량할 수 없는 곳에서 의식적으로 일부러[83] 사량하면, 마음은 갈 곳이 없어져서 쥐가 덫에 갇혀 곧 꼼짝도 못하는 것처럼 될 것입니다."[84]

"'똥 닦는 막대기.'는 어떻습니까? 붙잡을 것도 없고 맛도 없고 가슴 속이 갑갑함을 느낄 때가 바로 좋은 소식입니다."[85]

"다만 세간의 잡다하고 피곤한 일들을 생각하는 마음을 '똥 닦는 막대기.' 위에 돌려 놓고, 생각하고 또 생각하다가 어찌할 수 없어서 솜씨가 문득 다하면, 곧 스스로 깨달을 것입니다."[86]

"화두를 자신에게 말해 줄 때에는 여러 솜씨를 발휘할 필요가 전혀 없습니다. 다만 가고 · 머물고 · 앉고 · 눕는 곳에서 끊어지지 않게 하며, 기쁘고 · 성나고 · 슬프고 · 즐거운 곳에서 분별하지 마십시오. 말해 주고 또 말해 주고 살펴보고 또 살펴보면, 이치의 길이 없어지고 맛이 없어져서 마음이 초조하고 갑갑함을 느낄 때가 바로 그 사람이 목숨을 버릴 곳입니다. 반드시 기억하셔야 할 것은, 이와 같은 경계를 보고서 곧 물러서지 말라는 것입니다. 이와 같은 경계가 바로 부처되고 조사되는 소식입니다."[87]

---

83) 착의(著意) : 일부러. 고의로. 의식적으로. 의도적으로. 존심(存心), 장심(將心), 기심(起心) 등과 뜻이 같음.

84) 但只著意就不可思量處思量, 心無所之, 老鼠入牛角便見倒斷也.『대혜보각선사서』제28권. 33. 여랑중(呂郎中) 융례(隆禮)에 대한 답서)

85) '乾屎橛.'如何? 覺得沒巴鼻無滋味肚裏悶時, 便是好底消息也.『대혜보각선사서』제28권. 35. 여사인(呂舍人) 거인(居仁)에 대한 답서(2))

86) 但將思量世間塵勞底心, 回在'乾屎橛.'上, 思量來思量去, 無處柰何, 伎倆忽然盡, 便自悟也.『대혜보각선사서』제28권. 35. 여사인(呂舍人) 거인(居仁)에 대한 답서(2))

"다만 길고 멀리 보는 마음을 갖추고서 '개에게는 불성이 없다.'라는 화두와 맞붙어 버티십시오. 버티고 또 버티다가 마음 갈 곳이 없어지면, 문득 자다가 꿈에서 깨어난 듯 하고, 연꽃이 피는 듯 하며, 구름을 헤치고 해가 나온 듯 할 것입니다. 이러한 때에 도달하면 저절로 한 덩어리가 됩니다."[88]

"다만 화두 위에서 살펴보십시오. 살펴보고 또 살펴보다가 잡을 곳도 없고 맛도 없어서 마음 속이 갑갑하게 느낄 때, 힘을 내기에 딱 좋으니 절대로 다른 것을 따라가지는 마십시오. 다만 이 갑갑한 곳이 바로 부처가 되고 조사가 되어서 천하 사람들의 입을 다물게 만드는 곳입니다."[89]

"도리어 요긴한 곳을 찾는 한 생각을 일으키기 이전을 살펴보십시오. 살펴보고 또 살펴보아서, 더욱더 붙잡을 것이 없고 마음이 더욱더 불편함을 느낄 때에, 놓아서 늦추면 안 됩니다. 여기가 곧 온갖 성인의 머리를 꺾어 버릴 곳입니다."[90]

---

87) 擧話時都不用作許多伎倆. 但行住坐臥處勿令間斷, 喜怒哀樂處莫生分別. 擧來擧去, 看來看去, 覺得沒理路沒滋味心頭熱悶時, 便是當人放身命處也. 記取記取, 莫見如此境界便退心. 如此境界正是成佛作祖底消息也.(『대혜보각선사서』 제28권. 38. 종직각(宗直閣)에 대한 답서)

88) 但辦取長遠心, 與'狗子無佛性.'話廝崖. 崖來崖去, 心無所之, 忽然如睡夢覺, 如蓮華開, 如披雲見日. 到恁麼時自然成一片矣.(『대혜보각선사서』 제28권. 38. 종직각(宗直閣)에 대한 답서)

89) 但於話頭上看. 看來看去, 覺得沒巴鼻沒滋味心頭悶時, 正好著力, 切忌隨他去. 只這悶處, 便是成佛作祖, 坐斷天下人舌頭處也.(『대혜보각선사서』 제28권. 40. 증종승(曾宗丞) 천은(天隱)에 대한 답서)

90) 却向未起求徑要底一念子前頭看. 看來看去, 覺得轉沒巴鼻, 方寸轉不寧怗時, 不得放緩. 這裏是坐斷千聖頂顆處.(『대혜보각선사서』 제29권. 44. 이랑중(李郎中) 사표(似表)에 대한 답서)

"한 승려가 조주에게 묻되 '개에게도 불성이 있습니까?' 하니, 조주가 말하길 '없다.'라고 하였습니다. 다만 이 '무(無)' 한 글자를 당신이 가진 모든 솜씨를 다하여 짜 맞추어 보고 헤아려 보십시오. 사량하고 헤아리고 짜 맞출 수 있는 곳은 없습니다. 다만 가슴속이 갑갑하고 마음이 괴로워함을 느낄 때가 바로 좋은 때이니, 제8식(第八識)이 거의 작용하지 않을 것입니다.[91] 이와 같음을 느낄 때에는 놓아 버리려고 하지 마시고, 단지 바로 이 무자(無字)에서 일깨우십시오. 일깨우고 또 일깨우면, 낯선 곳이 저절로 익숙해지고 익숙한 곳은 저절로 낯설어질 것입니다."[92]

"곧장 쓸 마음이 없고 마음 갈 곳이 없을 때에 공(空)에 떨어질까 봐 두려워하지 마십시오. 여기가 도리어 좋은 곳이니, 문득 쥐가 소의 뿔 속으로 들어가 바로 멈추는[93] 것과 같습니다."[94]

"다만 화두를 자신에게 일깨워 주다가 문득 일깨워 주는 곳에서 생

---

91) 여기서 제8식이 행해지지 않는다는 뜻은 분별망상이 행해지지 않는다는 것이다.

92) 僧問趙州: '狗子還有佛性也無?' 州云: '無.' 只這一字, 儘爾有甚麼伎倆, 請安排看 請計較看. 思量計較安排, 無處可以頓放. 只覺得肚裏悶心頭煩惱時, 正是好底時節, 第八識相次不行矣. 覺得如此時, 莫要放却, 只就這無字上提撕. 提撕來提撕去, 生處自熟熟處自生矣.(『대혜보각선사서』 제30권. 57. 영시랑(榮侍郞) 무실(茂實)에 대한 답서(1))

93) 노서입우각변견도단(老鼠入牛角便見倒斷) : 쥐가 쇠뿔 속으로 들어가 곧장 꼼짝도 못하다. 선공부(禪功夫)하는 사람의 마음이 갈 곳이 없어서 어찌할 바를 모르다. 분별하고자 하나 분별할 수 없고, 붙잡고자 하나 붙잡을 것이 없어서, 더 이상 분별심이 작동되지 못하는 곳에 도달한 것을 가리킨다. 마음이 갈 곳이 없고, 머물 곳이 없는 상태. 여기에서 문득 깨달음의 체험이 일어난다. 금강권(金剛圈)이나 율극봉(栗棘蓬)과 같은 뜻. 노서(老鼠)는 쥐, 도단(倒斷)은 '멈추다. 그치다. 끊다'는 뜻.

94) 直得無所用心, 心無所之時, 莫怕落空. 這裏却是好處, 驀然老鼠入牛角, 便見倒斷也.(『대혜보각선사서』 제30권. 61. 장사인(張舍人) 장원(狀元)에 대한 답서)

58

사심(生死心)이 끊어지면, 이것이 바로 집으로 돌아가 편안히 앉는 것입니다. 이러한 곳에 이르게 되면 저절로 옛사람들의 다양한 방편을 꿰뚫게 되니, 여러 가지의 다른 이해가 저절로 생겨나지 않습니다.”95)

"백수는 다만 매일매일 행동하는 곳과 임금님을 모시는 곳에서 순간순간 끊임없이 언제나 (뜰 앞의 잣나무를 자신에게) 일깨우시고 늘 말해 주십시오. 갑자기 잣나무 위에서 심의식(心意識)이 죽어 버리면, 곧 철두철미한 곳입니다.”96)

대혜가 깨달음을 체험하는 순간을 표현하는 말은 분지일하(噴地一下), 분지일발(噴地一發), 화지일하(㘞地一下), 화지일성(㘞地一聲), 폭지일성(爆地一聲) 등이다. 분(噴)은 ‘뿜다’ ‘뿜어 내다’는 뜻이고, 화(㘞)는 ‘놀라서 별안간 소리를 내지르다’는 뜻으로서 돌(咄)과 같고, 폭(爆)은 ‘폭발하다’ ‘터지다’는 뜻이다. 모두 어떤 상황을 나타내는 말이다. 접미사 지(地)는 어떤 상황을 나타내는 단어에 붙어 동사, 형용사를 수식하는 부사를 만든다. 그러므로 분지(噴地)는 ‘확 뿜어 내듯이’, 화지(㘞地)는 ‘앗 소리 지르듯이’, 폭지(爆地)는 ‘펑 터지듯이’라는 정도의 뜻이 된다. 한편 일하(一下)는 ‘단번에 내려놓다’, 일발(一發)은 ‘단번에 쏘다’, 일성(一聲)은 ‘단번에 소리 지르다’라는 뜻으로서, 문득 일이 이루어진다는 뜻이다. 따라

---

95) 但只提撕話頭, 驀然向提撕處, 生死心絕, 則是歸家穩坐之處. 得到恁麼處了, 自然透得古人種種方便, 種種異解自不生矣.(『대혜보각선사서』 제30권. 62. 탕승상(湯丞相) 진지(進之)에 대한 답서)

96) 伯壽但日用行住坐臥處, 奉侍至尊處, 念念不間斷, 時時提撕, 時時擧覺. 驀然向柏樹子上心意識絕氣息, 便是徹頭處也.(『대혜보각선사법어』 제23권. 29. 태허거사(太虛居士)에게 보임)

서 분지일하(噴地一下)는 '확 뿜어 내듯이 단번에 내려놓다', 분지일발(噴地一發)은 '확 뿜어 내듯이 단번에 쏘다', 화지일하(囮地一下)는 '앗 소리 지르듯이 단번에 내려놓다', 화지일성(囮地一聲)은 '앗 하고 고함치듯이 단번에 소리 지르다', 폭지일성(爆地一聲)은 '펑 하고 터지듯이 단번에 소리 지르다'는 정도의 뜻이 된다. 이 모두는 깨달음이 별안간 문득 단번에 이루어짐을 나타내는 말이다.

그러면 화두를 살펴보는 일이 어떻게 이렇게 단번에 문득 깨닫는 일로 연결이 되는가? 위에 인용한 대혜의 말을 정리해 보면 다음과 같다.

① 화두를 살펴보고 또 살펴보고, 말하고 또 말하고, 일깨우고 또 일깨우고, 생각하고 또 생각하고 하면서 화두와 마주하여 버티고 또 버틴다.

② 그렇게 오래 하여 때가 되면 문득 입으로 따질 수도 없고 마음으로 생각할 수도 없고 붙잡을 것도 없어서 마음이 갑갑하고 초조하고 안절부절못하게 되는데, 이때에는 마음이 마치 무쇠로 만든 말뚝을 물어뜯는 듯이 맛이 없고, 마치 하나의 뜨거운 쇳덩이를 놓아둔 듯이 견디기 어렵고, 마음은 갈 곳이 없어져서 마치 쥐가 쇠뿔 속으로 기어들어가 꼼짝도 못하는 것과 같아진다.

③ 그러나 이 초조하고 갑갑하고 불편한 곳이 바로 깨달아 부처가 되고 조사가 되는 곳이니, 이러한 경계를 만나면 공(空)에 떨어질까 봐 두려워하지 말아야 하고, 물러서지 말고 화두를 살펴보면서 버티어야 한다.

④ 여기에서 자기도 모르는 사이에 갑자기 생각이 폭삭 부서지고 심의식(心意識)의 소식이 끊어지면서 단번에 확 깨달음이 일어난다.

⑤ 생각 없고 조작 없음에 이와 같이 깨달음을 일으키는 공덕(功德)이 있다.

다만 화두를 말하여 일깨우고 살펴보면서 화두와 마주하여 버티고 있다 보면, 어느 순간 마음이 갈 길을 잃어버리고 생각할 것도 없고 붙잡을 것도 없이 초조하고 갑갑하고 불안하게 되는데, 여기에서 물러나지 않으면 갑자기 소식이 끊어지면서 단번에 깨닫게 된다. 앞서 보았듯이 화두는 생각을 차단하고 마음이 갈 곳을 차단하는 장벽의 역할을 한다. 그러므로 화두를 자신에게 말해 주고 일깨워 주어 화두를 살펴보면서 화두와 버티게 되면, 화두가 마음이 가는 길을 막는 장벽이 되어 마음은 마치 쥐가 쇠뿔 속에 들어가 꼼짝도 못하는 것처럼 되고, 이렇게 마음이 꼼짝 못하여 갑갑하고 초조하고 불안한 곳에서 자기도 모르게 갑자기 깨달음이 발생하는 것이다.

화두로 말미암아 마음이 쇠뿔 속에 갇힌 쥐처럼 꼼짝 못하여 갑갑하고 초조하고 불안한 상황을 일러 일반적으로 의단(疑團)이라고 하며, 은산철벽에 가로막혔다고도 하고, 금강권(金剛圈)에 갇혔다고도 하고, 율극봉(栗棘蓬)을 삼켰다고도 한다. 상권(上卷) 제1장과 제3장에서도 보았듯이, 모든 깨달음은 이렇게 장벽에 가로막혀 있는 듯하고 함정 속에 빠져 있는 듯한 의단(疑團) 속에서 발생한다. 그러므로 불교와 선에서 방편의 역할은 공부인을 이처럼 장벽으로 가로막는 것이고, 함정에 빠뜨리는 것이고, 의단 속에 밀어넣는 것이다. 그러한 곳에서 우리 마음은 저절로 깨달음을 일으킨다.

여기에서 한 가지 지적할 것은 쥐가 덫인 줄 알고서는 쇠뿔 속으로 들어가지 않듯이, 우리 마음이 스스로 알고서 일부러 이렇게 불안하고 초조하고 갑갑한 의단 속에 빠질 수는 없다는 것이다. 일부러 억지로 한다면 조작이 되므로 깨달음을 일으키는 공덕이 없다. 쥐가 덫 속에 있는 달콤한 고깃조각의 냄새를 맡고서 자기도 모르게 덫 속으로 들어가 덫에 갇히듯이, 우리 마음도 화두를 믿고 화두를 따라 자기도 모르게 의단 속으로 들어가야 비로소 참으로 의단 속에 갇히는 것이다. 이 점이 간화선의 성패를 좌우하는 가장 중요한 관건임은 분명하다. 그러므로 화두에 대한 믿음과 화두를 가르치는 선지식에 대한 믿음이 반드시 있어야 한다.

4. 언제 어디에서 어떻게 간화하는가?

(1) 간화(看話)하기 전에

"이 일을 해내고자 한다면, 모름지기 경을 보거나 예불을 하거나 주문(呪文)을 외우는 것과 같은 일들은 멈추어야 한다. 마음을 쉬고 참구(參究)하라."[97]

"허망한 생각이 일어날 때에도 의도적으로[98] 눌러 막지 않아야 한다."[99]

"허망한 생각이 일어날 때에는 애써 배척할 필요 없이, 다만 '한 승려가 조주에게 물었다. "개에게도 불성이 있습니까?" 조주가 말했다. "없다."'를 끄집어내어 말씀하십시오."[100]

---

97) 要辦此事, 須是輟去看經 · 禮佛 · 誦咒之類. 且息心參究(『대혜보각선사보설』 제14권. 4. 진국태부인이 청한 보설)

98) 장심(將心) : 일부러. 고의로. 마음먹고. 의도적으로. 존심(存心)과 같음.

99) 妄念起時, 亦不得將心止遏.(『대혜보각선사보설』 제17권. 12. 전계의가 청한 보설)

100) 妄念起時不必用力排遣, 只擧 僧問趙州 : '狗子還有佛性也無?' 州云: '無.'(『대혜보각선사법어』 제21권. 15. 묘정거사(妙淨居士)에게 보임)

"이 일을 반드시 끝내고자 한다면, 마땅히 지금까지의 총명함, 도리를 말함, 문자언어로 기억해 둠, 심의식(心·意識) 안에서 두루 헤아림 등을 다른 세계로 날려 버리고, 털끝만큼도 마음 속에 놓아두지 말고 깨끗이 쓸어버린 뒤에, 심의식으로 생각할 수 없는 곳에서 한 걸음 나아가 보십시오."[101]

"이 도리를 알고자 한다면, 다만 평소 선(禪)에 머물렀던 것과 경전을 보는 일에 머물렀던 것과 어록(語錄)을 보고 기억한 것과 종사의 말씀을 듣고 이해한 것들을 일시에 다른 세계로 싹 쓸어버리고, 도리어 덕산(德山)은 무슨 까닭에 승려가 문으로 들어오는 것을 보면 곧 몽둥이를 휘둘렀는지, 또 임제(臨濟)는 무슨 까닭에 승려가 문으로 들어오는 것을 보면 곧 고함을 내질렀는지를 차분하고 자세히 살펴보십시오."[102]

"삶과 죽음에 속박되지 않으려면, 다만 늘 마음 속을 텅 비워 버리고, 단지 태어날 때 오는 곳을 알지 못하고 죽을 때 가는 곳을 알지 못하는 마음을 언제나 인연을 만나는 곳에서 일깨우십시오."[103]

"곧장 위없는 깨달음을 얻겠다는 뜻을 확실히 가지고, 세간의 여러

---

101) 決欲究竟此事, 應是從前作聰明, 說道理, 文字語言上記持, 於心意識內計較搏量得底, 颺在他方世界, 都不得有絲毫頭許頓在胸中, 掃除得淨盡也, 然後向心思意想不及處試進一步看.(『대혜보각선사법어』 제22권. 18. 묘심거사(妙心居士)에게 보임)

102) '欲知此箇道理, 但將平昔禪處得底, 看經敎處得底, 語錄上記得底, 宗師口頭言下領覽得底, 一時掃向他方世界, 卻緩緩地子細看他德山何故見僧入門便棒? 臨濟何故見僧入門便喝?(『대혜보각선사법어』 제23권. 27. 방기의(方機宜)에게 보임)

103) 要得不被生死縛, 但常敎方寸虛豁豁地, 只以不知生來, 不知死去底心, 時時向應緣處提撕.(『대혜보각선사법어』 제23권. 30. 묘명거사(妙明居士)에게 보임)

가지 허망하고 진실하지 못한 일들을 단번에 내려놓고, 도리어 취할 수 없고 버릴 수 없는 곳에서 '있는가? 없는가?' 하고 느긋이 살펴보며 찾아보십시오."104)

"만약 결정적인 뜻이 있다면, 다만 '노(露)' 자(字)를 살펴보시되, 세간의 일을 사량하고 분별하는 마음을 붙잡아 '노' 자 위로 옮겨 놓고서 걸어갈 때나 앉아 있을 때나 이 '노' 자를 일깨우십시오."105)

"다만 망상(妄想)으로 뒤집어진 마음과 사량하고 분별하는 마음과 삶을 좋아하고 죽음을 싫어하는 마음과 지견(知見)으로 이해하는 마음과 고요함을 즐기고 시끄러움을 싫어하는 마음을 일시에 놓아 버리고, 다만 놓아 버린 곳에서 화두(話頭)를 살펴보십시오."106)

"세간의 잡다한 일들에 생각을 빼앗길 때마다 애써 배척할 필요는 없습니다. 다만 생각하는 곳에서 화두(話頭)만 살살 놀리십시오."107)

"만약 즐거움과 괴로움을 균등하게 하고자 한다면, 다만 의도적으로

---

104) 決定有志直取無上菩提, 世間種種虛妄不實底事, 一筆勾下, 却向不可取不可捨處, 漫
漫覷捕看, 是有是無?(『대혜보각선사법어』제24권. 31. 성기의(成機宜)에게 보임)
105) 若有決定志, 但只看箇露字, 把思量分別塵勞中事底心, 移在露字上, 行行坐坐, 以此
露字提撕.(『대혜보각선사법어』제24권. 31. 성기의(成機宜)에게 보임)
106) 但將妄想顚倒底心, 思量分別底心, 好生惡死底心, 知見解會底心, 欣靜厭鬧底心, 一
時按下, 只就按下處, 看箇話頭.(『대혜보각선사서』제26권. 13. 부추밀(富樞密) 계신(季
申)에 대한 답서(1))
107) 纔覺思量塵勞事時, 不用著力排遣. 只就思量處, 輕輕撥轉話頭.(『대혜보각선사서』제
26권. 19. 조대제(趙待制) 도부(道夫)에 대한 답서)

108) 꽉 붙잡고 있거나 의도적으로 잊어버리려 하지 말고, 하루 24시간 언제나 탁 놓아서 막힘 없게 하십시오. 혹 그대의 오래된 습기(習氣)가 언뜻언뜻 일어날 때에도 또한 마음을 써서 억지로 눌러 둘 필요 없이, 다만 언뜻 일어난 곳에서 '개에게도 불성이 있습니까?' '없다.'라고 하는 화두를 살펴보십시오."109)

"적음과 많음 · 얻음과 잃음 · 고요함과 시끄러움을 한꺼번에 묶어서 다른 곳으로 보내 버리고, 일상생활 속에서 많음도 아니고 적음도 아니며 고요함도 아니고 시끄러움도 아니며 얻음도 아니고 잃음도 아닌 바로 그곳에서, '무엇인가?' 하고 잠시 자신에게 일깨워 보십시오."110)

"다만 삶과 죽음이라는 두 글자를 콧마루 위에 붙여 놓아 잊어버리지 말고, 순간순간 화두(話頭)를 자신에게 일깨워 주십시오."111)

"다만 늘 마음을 텅 비우고 활짝 열어서 일상생활 속에서 응당 해야 할 일이라도 분수에 따라 내버리고, 경계에 부딪치고 인연을 만남에 순간순간 화두를 자신에게 일깨워 주십시오."112)

---

108) 기심(起心) : 장심(將心), 존심(存心)과 같이 '일부러' '마음먹고' '의도적으로'라는 뜻.

109) 要得苦樂均平, 但莫起心管帶, 將心忘懷, 十二時中放敎蕩蕩地. 忽爾舊習瞥起, 亦不 著用心按捺, 只就瞥起處, 看箇話頭, '狗子還有佛性也無?' '無.'(『대혜보각선사서』 제27 권. 23. 유통판(劉通判) 언충(彦冲)에 대한 답서(1))

110) '少與多得與失靜與鬧, 縛作一束, 送放他方世界, 却好就日用非多非少, 非靜非鬧, 非 得非失處, 略提撕看. '是箇甚麼?'(『대혜보각선사서』 제27권. 23. 유통판(劉通判) 언충 (彦冲)에 대한 답서(1))

111) 但把生死兩字, 貼在鼻尖兒上, 不要忘了, 時時提撕話頭.(『대혜보각선사서』 제29권. 49. 황지현(黃知縣) 자여(子餘)에 대한 답서)

"재빨리 마음이 활짝 트이고자 한다면, 다만 행할 수 있음과 행할 수 없음 · 이해함과 이해하지 못함 · 같음과 같지 않음 · 다름과 다르지 않음 등 이와 같이 사량하고 이와 같이 헤아릴 수 있는 것을 몽땅 다른 세계로 쓸어버리십시오. 그리하여, 도리어 쓸어버릴 수 없는 곳에서 있는지 없는지, 같은지 다른지를 살펴보십시오."[113]

"언제나 마치 백만 관(貫)의 돈을 빚진 사람이 갚을 길이 없어서 가슴속의 번민을 회피하지 못하여 살 수도 없고 죽을 수도 없는 것과 같아야 합니다. 바로 이러한 때에 좋으니 나쁘니 하는 길이 즉시 끊어집니다."[114]

대혜는 이와 같이 간화(看話)를 하기 전에 갖추어야 할 마음가짐을 말하는데, 다음과 같이 정리해 볼 수 있다.

① 깨달음을 얻겠다는 확고하고 결정적인 뜻이 있어야 한다.
② 언제나 빚을 못 갚은 사람이 빚 독촉을 받는 것처럼 부담을 가지고 있어야 한다.
③ 마음속을 한꺼번에 텅 비워 버려라.
  • 다만 늘 마음을 텅 비우고 활짝 열어서 일상생활 속에서 응당 해야 할

---

112) 但常令方寸虛豁豁地, 日用合做底事, 隨分撥遣, 觸境逢緣, 時時以話頭提撕.(『대혜보각선사서』제30권. 62. 탕승상(湯丞相) 진지(進之)에 대한 답서)

113) 要得徑截心地豁如, 但將能與不能, 解與不解, 同與不同, 別與不別, 能如是思量, 如是卜度者, 掃向他方世界. 却向不可掃處看, 是有是無? 是同是別?(『대혜보각선사서』제30권. 63. 번제형(樊提刑) 무실(茂實)에 대한 답서)

114) 常似欠卻人萬百貫錢債, 無所從出, 心胸煩悶, 回避無門, 求生不得, 求死不得. 當恁麼時, 善惡路頭相次絕也.(『대혜보각선사법어』제21권. 16. 여기의(呂機宜)에게 보임)

일이라도 분수에 따라 내버리고, 하루 24시간 언제나 탁 놓아서 막힘없게 하라.

- 세간의 여러 가지 허망하고 진실하지 못한 일들을 단번에 내려놓아라.
- 지금까지의 총명함, 도리를 말함, 문자언어로 기억해 둠, 심의식(心·意·識) 안에서 두루 헤아림 등을 털끝만큼도 마음속에 놓아두지 말고 깨끗이 쓸어버려라.
- 평소 선(禪)에 머물렀던 것과 경전을 보는 일에 머물렀던 것과 어록(語錄)을 보고 기억한 것과 종사의 말씀을 듣고 이해한 것들을 일시에 다른 세계로 싹 쓸어버려라.
- 망상(妄想)으로 뒤집어진 마음과 사량하고 분별하는 마음과 삶을 좋아하고 죽음을 싫어하는 마음과 지견(知見)으로 이해하는 마음과 고요함을 즐기고 시끄러움을 싫어하는 마음을 일시에 놓아 버려라.
- 적음과 많음·얻음과 잃음·고요함과 시끄러움을 한꺼번에 묶어서 다른 곳으로 보내 버려라.
- 행할 수 있음과 행할 수 없음·이해함과 이해하지 못함·같음과 같지 않음·다름과 다르지 않음 등 이와 같이 사량하고 이와 같이 헤아릴 수 있는 것을 몽땅 쓸어버려라.

④ 다른 수행은 하지 말라.

- 경전을 보거나 예불을 하거나 주문(呪文)을 외우는 것과 같은 일들은 멈추어야 한다.

⑤ 허망한 생각이 일어날 때에 억지로 눌러 막을 필요는 없다.

- 세간의 잡다한 일들에 생각을 빼앗길 때마다 애써 배척할 필요는 없다.
- 허망한 생각이 일어날 때에도 마음을 가지고 눌러 막거나 애써 배척하지 말아야 한다.

- 오래된 습기(習氣)가 언뜻언뜻 일어날 때에도 마음을 써서 억지로 눌러 둘 필요는 없다.
- 허망한 생각이 일어나는 곳에서 화두를 살펴보아라.

⑥ 마음을 일으켜 꽉 붙잡고 있거나[관대(管帶)], 마음을 잊어버리려 하지[망회(忘懷)] 말아라.

결국 간화하기 전의 마음가짐이란, 우선 꼭 깨닫겠다는 결정적 뜻을 먼저 갖추고서 아직 깨닫지 못한 것을 마치 빚을 갚지 못한 사람이 빚 독촉을 받는 듯이 해야 하고, 다시 일시에 모든 아는 것들과 가진 것들을 다 비워 버리고 마음에 아무것도 남겨 두지 않아야 한다. 또, 간화 이외의 다른 불교나 선의 수행은 하지 말아야 하고, 마음을 붙잡고 있거나 마음을 잊어버리는 인위적 행동은 하지 말고, 허망한 생각이 일어나더라도 억지로 눌러 막지도 말고, 자연스럽게 인연에 응하여 반응하는 마음으로 두어야 한다.

(2) 언제 어디에서 간화하는가?

간화는 언제 어디에서 행하는가? 때와 장소는 외면적인 때와 장소 및 내면적인 때와 장소로 나누어 말할 수 있다.

① 외면적 측면

"모름지기 움직일 때에도 (화두를) 일깨우고, 앉아 있을 때에도 (화두를) 일깨우고, 즐거울 때나 성날 때나 기쁠 때나 슬플 때에나 일을 하거나 사람을 대할 때나 모두 (화두를) 일깨우는 때이어야 한다."[115]

"조주가 말한 '개에게는 불성이 없다.'는 화두(話頭)를 기뻐하고 성내고 고요하고 시끄러운 곳에서 또한 일깨워야 합니다."[116]

"낮 세 때 밤 세 때,[117] 쉼 없이 부지런히 일할 때, 차 마시고 밥 먹을 때에, 기쁠 때나 성날 때, 깨끗한 곳이나 더러운 곳, 처자식들과 함께 있는 곳, 손님을 접대하는 곳, 관청의 일을 처리하는 곳, 집안의 시집장가가는 일을 처리하는 곳, 이들이 모두 (끝내지 못한 일 하나를 자신에게) 일깨워 주고 말해 주는 공부를 하기에 가장 좋은 때입니다."[118]

"다만 가고 · 머물고 · 앉고 · 눕고 하는 생활 속에서 순간순간 '개에게도 불성이 있습니까?' '없다.'를 자신에게 일깨워 주십시오."[119]

---

115) 須是行也提撕, 坐也提撕, 喜怒哀樂時, 應用酬酢時, 總是提撕時節.(『대혜보각선사보설』 제17권. 12. 전계의가 청한 보설)

116) 趙州狗子無佛性話, 喜怒靜鬧處, 亦須提撕.(『대혜보각선사법어』 제19권. 1. 청정거사 (淸淨居士)에게 보임)

117) 주삼야삼(晝三夜三): ① 선원(禪院)에서 하루에 밤낮으로 6번 행하는 일. 주삼(晝三)은 순당(巡堂; 승당(僧堂)을 돌아다니는 것) · 방선(放禪; 좌선(坐禪)을 쉬는 것) · 행선(行禪; 승당 주위를 산책하는 것)을 말하고, 야삼(夜三)은 조석예불(朝夕禮佛) · 취침(就寢) · 기침(起寢)을 말한다. ② 주삼시(晝三時)와 야삼시(夜三時). 초일(初日; 오전) · 중일(中日; 정오) · 후일(後日; 오후)이 주삼시이고, 초야(初夜; 초저녁) · 중야(中夜; 한밤) · 후야(後夜; 새벽)가 야삼시이다.

118) 晝三夜三, 孜孜矻矻, 茶裏飯裏, 喜時怒時, 淨處穢處, 妻兒聚頭處, 與賓客相酬酢處, 辦公家職事處, 了私門婚嫁處, 都是第一等做工夫提撕擧覺底時節.(『대혜보각선사법어』 제21권. 13. 서제형(徐提刑)에게 보임)

119) 但行住坐臥時時提撕 '狗子還有佛性也無?' '無.'(『대혜보각선사법어』 제21권. 16. 여기의(呂機宜)에게 보임)

70

"백수는 다만 매일매일 행동하는 곳과 임금님을 모시는 곳에서 순간 순간 끊임없이 언제나 (뜰앞의 잣나무를 자신에게) 일깨우시고 늘 말해 주십시오."120)

"고요한 곳과 시끄러운 곳에서 늘 '똥 닦는 막대기.'를 자신에게 일깨워 주십시오."121)

"조주의 '개에게는 불성이 없다.'라는 화두는, 님에게는 마치 사람이 도둑을 체포함에 이미 숨어 있는 곳을 알면서도 아직 붙잡지 못하고 있는 것과 같습니다. 부디 심혈을 기울여 한 순간도 끊임없이 가고 · 머물고 · 앉고 · 눕는 곳에서 순간순간 살펴보십시오. 경서(經書)와 사서(史書)를 읽는 곳과 인의예지신을 닦는 곳과 윗사람을 모시는 곳과 학자를 가르치는 곳과 죽을 먹고 밥을 먹는 곳에서 화두와 맞붙어 버티고 있으면, 문득 분별망상의 장애가 사라지게 될 것이니, 다시 무슨 말을 하겠습니까?"122)

외면적인 측면에서 간화를 행할 시간과 장소를 말하면, 일상생활 속의 모든 때에 모든 곳에서 화두를 살펴보아야 한다. 밤이든 낮이든, 기

---

120) 伯壽但日用行住坐臥處, 奉侍至尊處, 念念不間斷, 時時提撕, 時時擧覺.(『대혜보각선사법어』 제23권. 29. 태허거사(太虛居士)에게 보임)

121) 靜處鬧處, 常以'乾屎橛.'提撕.(『대혜보각선사서』 제28권. 33. 여랑중(呂郎中) 융례(隆禮)에 대한 답서)

122) 趙州'狗子無佛性.'話, 左右如人捕賊已知窩盤處但未捉著耳. 請快著精彩, 不得有少間斷, 時時向行住坐臥處看. 讀書史處, 修仁義禮智信處, 侍奉尊長處, 提誨學者處, 喫粥喫飯處, 與之廝崖, 忽然打失布袋, 夫復何言?(『대혜보각선사서』 제28권. 37. 왕장원(汪狀元) 성석(聖錫)에 대한 답서(2))

쁠 때이든 슬플 때이든, 고요한 때이든 시끄러운 때이든, 한가한 때이
든 바쁠 때이든, 일할 때이든 사람을 만날 때이든 언제든지 화두를 말
하고 화두를 일깨우고 화두를 살펴보면서 화두와 버티고 있어야 한다.
또 가정에서든 관청에서든 궁궐에서든 사원에서든 길에서든 산과 들에
서든 어디에서든 모든 곳에서 화두를 말하고 화두를 일깨우고 화두를
살펴보면서 화두와 버티고 있어야 한다.

간화를 행하는 데에 정해진 때와 장소는 없다는 것이다. 간화를 하는
사람은 마음 속에 빚을 지고 있는 사람이고, 꼭 해야 할 일을 못하고 있
는 사람이고, 반드시 풀어야 할 문제를 가지고 있는 사람이다. 마음속
에 이런 짐을 지고 있는 사람이 언제 어디에서든 이 짐으로부터 자유로
울 수는 없다. 이 빚을 갚고 할 일을 하고 문제를 푸는 것은 간화를 함
으로써 가능하다고 하므로, 언제나 어디에서나 간화를 하는 것이다.

② 내면적 측면

"잡생각이 일어날 때에는 다만 화두를 끄집어내어 말하십시오."[123]

"세간의 감정이나 생각이 일어날 때에 힘을 써서 배척할 필요는 없
습니다. 앞날에 이미 말씀드렸습니다만, 다만 한 승려가 조주에게 '개
에게도 불성이 있습니까?' 하고 물으니 조주가 '없다.'[무(無)]고 한 것만
말씀하십시오. 이 한 글자[무(無)]를 말하기만 하면, 세간의 감정이나 생
각은 저절로 고요해집니다."[124]

---

123) 雜念起時, 但擧話頭.(『대혜보각선사법어』 제20권. 11. 나지현(羅知縣)에게 보임)

"허망한 생각이 일어날 때에는 애써 배척할 필요 없이, 다만 '한 승려가 조주에게 물었다. "개에게도 불성이 있습니까?" 조주가 말했다. "없다."'를 끄집어내어 말씀하십시오."[125]

"삶과 죽음에 속박되지 않으려면, 다만 늘 마음속을 텅 비워 버리고, 단지 태어날 때 오는 곳을 알지 못하고 죽을 때 가는 곳을 알지 못하는 마음을 언제나 인연을 만나는 곳에서 일깨우십시오."[126]

"생각이 꿈틀거릴 때에는 다만 방거사의 두 마디 말을 (자신에게) 일깨워 주십시오. 마치 열 날 때에 해열제 한 봉지를 먹는 것과 같을 것입니다."[127]

"원컨대 공은 다만 궁금한 심정이 해소되지 못한 곳에서 참구(參究)하시되, 가고 머물고 앉고 눕는 일상생활 속에서 놓아 버려서는 안 됩니다. 어떤 스님이 조주 스님에게 묻되 '개에게도 불성이 있습니까?' 하니 조주 스님은 '없다.'[무(無)]라고 말했습니다."[128]

---

124) 世間情念起時, 不必用力排遣. 前日已曾上聞, 但只舉僧問趙州 : '狗子還有佛性也無?' 州云 : '無.' 纔擧起這一字, 世間情念自恬恬地矣.(『대혜보각선사법어』 제21권. 12. 악수(鄂守) 응사부(熊祠部)에게 보임)

125) 妄念起時不必用力排遣, 只擧僧問趙州 : '狗子還有佛性也無?' 州云 : '無.'(『대혜보각선사법어』 제21권. 15. 묘정거사(妙淨居士)에게 보임)

126) 要得不被生死縛, 但常敎方寸虛豁豁地, 只以不知生來, 不知死去底心, 時時向應緣處提撕.(『대혜보각선사법어』 제23권. 30. 묘명거사(妙明居士)에게 보임)

127) 若動念時, 只以老龐兩句提撕. 便是熱時一服淸涼散也.(『대혜보각선사서』 제25권. 5. 증시랑(曾侍郎) 천유(天游)에 대한 답서(4))

128) 願公只向疑情不破處參, 行住坐臥不得放捨. 僧問趙州 : '狗子還有佛性也無?' 州云 : '無.'(『대혜보각선사서』 제26권. 17. 진소경(陳少卿) 계임(季任)에 대한 답서(1))

"만약 아직 목숨을 버리지 못했다면, 우선 다만 궁금한 심정이 해소되지 못한 곳에서 버티고 계십시오."[129]

"세간의 잡다한 일들에 생각을 빼앗길 때마다 애써 배척할 필요는 없습니다. 다만 생각하는 곳에서 화두(話頭)만 살살 놀리십시오. 그러면 무한한 힘을 덜게 될 것이며 또한 무한한 힘을 얻게 될 것입니다."[130]

"차 마실 때나 밥 먹을 때나 고요한 곳에서나 시끄러운 곳에서나, 순간순간 부지런히 언제나 마치 백만 관(貫)의 돈을 빚진 사람이 갚을 길이 없어서 가슴속의 번민을 회피하지 못하여 살 수도 없고 죽을 수도 없는 것과 같아야 합니다. 바로 이러한 때에 좋으니 나쁘니 하는 길이 즉시 끊어집니다. 이와 같음을 느낄 때에 바로 힘을 내기에 좋으니, 다만 여기에서 이 화두(話頭)를 살펴보십시오. 어떤 승려가 조주에게 물었다. '개에게도 불성이 있습니까?' 조주가 말했다. '없다.'"[131]

"고요히 앉고 싶을 때에는 다만 한 자루 향을 태우면서 고요히 앉으십시오. 앉을 때에는 혼침(昏沈)이나 도거(掉擧)[132]에 빠지게 해서는 안

---

129) 若捨性命不得, 且只管在疑不破處崖將去.(『대혜보각선사서』 제26권. 17. 진소경(陳少卿) 계임(季任)에 대한 답서(1))

130) 纔覺思量塵勞事時, 不用著力排遣. 只就思量處, 輕輕撥轉話頭. 省無限力, 亦得無限力.(『대혜보각선사서』 제26권. 19. 조대제(趙待制) 도부(道夫)에 대한 답서)

131) 茶裏飯裏, 靜處鬧處, 念念孜孜, 常似欠卻人萬百貫錢債, 無所從出, 心胸煩悶, 回避無門, 求生不得, 求死不得. 當恁麼時, 善惡路頭相次絕也. 覺得如此時, 正好著力, 只就這裏看箇話頭. 僧問趙州: '狗子還有佛性也無?' 州云: '無.'(『대혜보각선사법어』 제21권. 16. 여기의(呂機宜)에게 보임)

132) 혼침(昏沈)과 도거(掉擧) : 혼침(昏沈)은 어둡고 답답하게 가라앉은 마음이고, 도거(掉

됩니다. 혼침과 도거는 옛 성현이 꾸짖은 것입니다. 고요히 앉을 때에 문득 이 두 가지 병이 나타남을 느낀다면, 그저 '개에게는 불성이 없다.' 는 화두를 스스로에게 말해 주십시오[거(擧)]. 이 두 병을 애써 물리치지 않아도 그 즉시 가라앉을 것입니다."[133]

　간화를 할 때에 외면적으로 어떤 때와 장소에서 간화를 해야 하느냐 보다는, 내면적으로 어떤 상황에서 간화를 해야 하느냐가 더욱 중요하다. 허망한 세속의 감정이나 생각이 일어날 때에 화두를 살펴보고, 세간 의 잡다한 일에 마음을 뺏길 때에 화두를 살펴보고, 마음속의 의문이 해소되지 못한 곳에서 화두를 살펴보고, 혼침(昏沈)과 도거(掉擧)가 일어날 때에 화두를 살펴보고, 돈을 빚진 사람이 갚을 길이 없는 것과 같아서 가슴속이 번민으로 가득 찰 때에 화두를 살펴보아야 한다. 요약하면, 분별 망상이 일어나거나 혼침과 도거처럼 차별경계가 나타나거나 가슴속이 번민으로 갑갑하고 불편할 때에 화두를 살펴보라는 것이다. 분별망상이 일어날 때에 화두를 살펴보면 분별망상이 쉬어질 것이고, 혼침이나 도거처럼 차별경계가 나타날 때에 화두를 살펴보면 차별경계가 사라질 것이고, 가슴속이 번민으로 갑갑하고 불편할 때에 화두를 살펴보면 번민이 사라질 것이다. 허망한 생각이 일어날 때에 화두를 살펴보라는 말이 가장 많이 등장하는 것은 역시 평소 일상생활 속에서 문득문득 일어나는 온갖 허망한 생각을 화두로 부수어 가라앉힐 필요가 있기 때문이다.

擧)는 마음이 안정되지 않고 생각을 따라 이리저리 흘러가는 것.

133) 要靜坐時, 但燒一炷香靜坐, 坐時不得令昏沈, 亦不得掉擧. 昏沈掉擧, 先聖所訶. 靜坐時纔覺此兩種病現前, 但只擧'狗子無佛性話.' 兩種病不著用力排遣, 當下怙怙地矣.(『대혜보각선사서』제26권. 15. 부추밀(富樞密) 계신(季申)에 대한 답서(3))

(3) 어떻게 간화하는가?

① 간화 관련 용어의 의미[134]

화두를 목적어로 삼는 용어들은 간(看)·제시(提撕)·거(擧)·거각(擧覺)·여지시애(與之廝崖)·애장거(崖將去)·참(參)·제철(提掇)·처포(覷捕)·사량(思量) 등이다. 이들의 사용 빈도수를 보면『대혜보각선사어록』에 30회 이상 등장하는 간(看)과 20회 이상 등장하는 제시(提撕)가 가장 빈번히 등장하고, 거(擧)가 10여 회, 거각(擧覺)은 제시(提撕)와 더불어 6회 정도, 여지시애(與之廝崖)와 애장거(崖將去)와 참(參)이 5회 정도로 등장하며, 기타는 5회 이하로 등장한다. 각 용어의 뜻을 다시 간략하게 정리하고, 예문을 살펴본다.

⑦ 간(看) : 잘 살펴보다. 자세히 살펴보다. 차분하게 살펴보다.

"스님께서는 다만 사람들에게 구자무불성화(狗子無佛性話)나 죽비자화(竹篦子話)를 살펴보라고[간(看)] 시킵니다. …… '개에게도 불성이 있는가?' '없다.' 다만 이렇게 사람들에게 살펴보라고[간(看)] 시키십니다."[135]

"도리어 덕산(德山)은 무슨 까닭에 승려가 문으로 들어오는 것을 보면

---

134) 간화에 관련된 용어의 번역에 관한 자세한 내용은 아래 '부록 − 간화 용어의 번역에 관하여'를 참조하기 바란다.

135) 和尙只教人看狗子無佛性話·竹篦子話. …… '狗子還有佛性也無?' '無.' 只恁麼教人看.(『대혜보각선사보설』제14권. 4. 진국태부인이 청한 보설)

곧 몽둥이를 휘둘렀는지, 또 임제(臨濟)는 무슨 까닭에 승려가 문으로 들어오는 것을 보면 곧 고함을 내질렀는지를 차분하게[완완지(緩緩地)] 자세히[자세(子細)] 살펴보십시오[간(看)]."¹³⁶⁾

"혹 그대의 오래된 습기(習氣)가 언뜻언뜻 일어날 때에도 또한 마음을 써서 억지로 눌러 둘 필요 없이, 다만 언뜻 일어난 곳에서 '개에게도 불성이 있습니까?' '없다.'라고 하는 화두를 살펴보십시오[간(看)]."¹³⁷⁾

㉴ 제시(提撕) : '말하다'는 뜻인 제(提)와 '일깨우다'는 뜻인 시(撕)가 합하여, '말하여 일깨우다' '말하여 주의를 환기시키다'라는 뜻. 순간순간 끊임없이 남몰래 느긋이 화두를 거론하여 스스로에게 일깨워 주다.

"고요한 곳과 시끄러운 곳에서 늘[상(常)] '똥 닦는 막대기.'를 자신에게 일깨워 주십시오[제시(提撕)]."¹³⁸⁾

"이미 흥미가 있다면, '개에게는 불성이 없다.'는 화두를 남몰래 느긋이[만(謾)] 일깨우면[제시(提撕)] 됩니다."¹³⁹⁾

---

136) 卻緩緩地子細看他德山何故見僧入門便棒? 臨濟何故見僧入門便喝?(『대혜보각선사법어』 제23권. 27. 방기의(方機宜)에게 보임)

137) 忽爾舊習瞥起, 亦不著用心按捺, 只就瞥起處, 看箇話頭, '狗子還有佛性也無?' '無.' (『대혜보각선사서』 제27권. 23. 유통판(劉通判) 언충(彦冲)에 대한 답서(1))

138) 靜處鬧處常以'乾屎橛.'提撕.(『대혜보각선사서』 제28권. 33. 여랑중(呂郞中) 융례(隆禮)에 대한 답서)

139) 旣有箇趣向, '狗子無佛性.'話, 冷地裏謾提撕則箇.(『대혜보각선사법어』 제20권. 7. 공혜도인(空慧道人)에게 보임)

"이 밖에 순간순간[시시(時時)]¹⁴⁰⁾ 조주(趙州)의 무자(無字)를 스스로에게 일깨워 주십시오[제시(提撕)]."¹⁴¹⁾

"아직 정식(情識)이 부서지지 않았다면, 마음의 불이 활활 타오릅니다. 바로 이러한 때에 다만 의심하던 화두(話頭)를 스스로에게 일깨워 주십시오[제시(提撕)]. 예컨대 어떤 승려가 조주에게 묻되 '개에게도 불성이 있습니까?' 하니, 조주가 '없다.'라고 하였습니다."¹⁴²⁾

"다만 조주의 '무자(無字)' 하나를 일상생활 속에서 스스로에게 일깨워 주어[제시(提撕)] 끊어지지 않게 하십시오[불요간단(不要間斷)]."¹⁴³⁾

"경계에 부딪치고 인연을 만남에 순간순간[시시(時時)] 화두를 자신에게 일깨워 주되[제시(提撕)], 빠른 효과를 바라지는 마십시오."¹⁴⁴⁾

---

140) '시시(時時)' : ① 때때로. 이따끔. ② 순간순간 지나가는 시간을 가리킨다. 순간순간 끊임없이. ③ 늘. 항상.

141) 此外時時以趙州無字提撕.(『대혜보각선사서』 제29권. 54. 루추밀(樓樞密) 중훈(仲暉)에 대한 답서(1))

142) 情識未破, 則心火熠熠地. 正當恁麼時, 但只以所疑底話頭提撕. 如僧問趙州 : '狗子還有佛性也無?' 州云 : '無.'(『대혜보각선사서』 제30권. 61. 장사인(張舍人) 장원(狀元)에 대한 답서)

143) 只以趙州一箇'無'字, 日用應緣處提撕, 不要間斷.(『대혜보각선사서』 제30권. 61. 장사인(張舍人) 장원(狀元)에 대한 답서)

144) 觸境逢緣, 時時以話頭提撕, 莫求速效.(『대혜보각선사서』 제30권. 62. 탕승상(湯丞相) 진지(進之)에 대한 답서)

㉓ 거(擧) : 말하다. (옛 이야기를) 말해 주다. (말을) 끄집어내다. (예화를 들어) 말하다. ―라고 말하다. 거론(擧論)하다.

"다시 마음이 시끄러우면, 다만 '개에게는 불성이 없다.'라는 화두를 자신에게 말해 주십시오[거(擧)]."145)

"고요히 앉고 싶을 때에는 다만 한 자루 향을 태우면서 고요히 앉으십시오. 앉을 때에는 혼침(昏沈)이나 도거(掉擧)에 빠지게 해서는 안 됩니다. 혼침과 도거는 옛 성현이 꾸짖은 것입니다. 고요히 앉을 때에 문득 이 두 가지 병이 나타남을 느낀다면, 그저 '개에게는 불성이 없다.'는 화두를 스스로에게 말해 주십시오[거(擧)]. 이 두 병을 애써 물리치지 않아도 그 즉시 가라앉을 것입니다."146)

㉔ 거각(擧覺) : 제시(提撕)와 더불어 사용되어 제시와 뜻이 같다. '말하다'는 뜻인 거(擧)와 '일깨우다'는 뜻인 각(覺)이 합하여, '말하여 일깨우다' '말하여 주의를 환기시키다'라는 뜻. 순간순간 화두를 자신에게 말하여 자신에게 일깨워 주다.

"다만 하루 종일 가고 머물고 앉고 눕는 속에서 순간순간[시시(時時)] 자신에게 일깨워 주시고[제시(提撕)] 순간순간[시시(時時)] 자신에게 말해

---

145) 又方寸若鬧, 但只擧'狗子無佛性.'話.(『대혜보각선사서』 제28권. 32. 여사인(呂舍人) 거인(居仁)에 대한 답서)

146) 要靜坐時, 但燒一炷香靜坐, 坐時不得令昏沈, 亦不得掉擧. 昏沈掉擧, 先聖所訶. 靜坐時纔覺此兩種病現前, 但只擧'狗子無佛性話.' 兩種病不著用力排遣, 當下怗怗地矣.(『대혜보각선사서』 제26권. 15. 부추밀(富樞密) 계신(季申)에 대한 답서(3))

주셔서[거각(擧覺)], '개에게도 불성이 있습니까?' '없다.'를 일상의 삶에서 떼어놓지 마십시오."147)

⑮ 여지시애(與之廝崖) : —와 서로 버티다. —와 서로 지탱하다. —와 서로 겨루어서 순순히 끌려가지 않다. 화두와 맞붙어 버틴다.

"화두가 부서지지 않았으면 우선 바로 그 화두에서 화두와 서로 맞붙어 버티십시오[여지시애(與之廝崖)]. 만약 화두를 버리고 도리어 다른 문자 위에서 의문을 일으키거나, 경전의 가르침 위에서 의문을 일으키거나, 옛사람의 공안(公案) 위에서 의문을 일으키거나, 매일 경계를 상대하는 피곤함 속에서 의문을 일으킨다면, 이것은 모두 삿된 마구니의 권속들입니다."148)

⑯ 애장거(崖將去) : 지속적으로 버티어 나아가다. 물러나지 않고 지탱하여 나아가다. 여지시애(與之廝崖)와 같음. 화두를 잊지 말고 순간순간 화두와 맞붙어 버티고 있다.

"공(公)께서는 깊이 생각하셔서, 다만 이와 같이 버티고 계십시오[애장거(崖將去)]. 순간순간[시시(時時)] 고요함 속에서도 '수미산'과 '방하착' 두

---

147) 但向十二時中四威儀內, 時時提撕, 時時擧覺, '狗子還有佛性也無?' 云 : '無.' 不離日用.(『대혜보각선사서』 제26권. 13. 부추밀(富樞密) 계신(季申)에 대한 답서(1))

148) 話頭不破, 則且就上面與之廝崖. 若棄了話頭, 却去別文字上起疑, 經敎上起疑, 古人公案上起疑, 日用塵勞中起疑, 皆是邪魔眷屬.(『대혜보각선사서』 제28권. 32. 여사인(呂舍人) 거인(居仁)에 대한 답서)

80

마디 말을 절대로 잊어버려선 안 됩니다[부득망(不得忘)]. 다만 당장 착실하게 공부해 나아갈[주장거(做將去)] 뿐, 지나간 일은 두려워할 필요도 없고 생각할 필요도 없습니다."149)

㉕ 참(參) : (간화(看話)에) '참여하다' '동참하다'라는 뜻인데, 화두를 잘 살펴보는 것은 곧 화두의 진면목을 궁구(窮究)하는 것이므로, '참구(參究)하다'로 번역함이 적당하다. 일상생활 속에서 화두를 놓지 말고 참구한다.

"'한 생각도 일으키지 않는데 허물이 있습니까?' '수미산(須彌山).' '한 물건도 가져오지 않은 때에는 어떻습니까?' '내려놓아라.' 여기에서 의문(疑問)이 부서지지 않았다면 다만 여기에서 참구(參究)하고 있을 뿐, 다시 스스로 가지와 잎을 만들지는 마십시오. 만약 저를 믿으신다면, 다만 이렇게 참구할 뿐, 따로 사람에게 가르쳐 줄 불법(佛法)은 없습니다."150)

"원컨대 공은 다만 궁금한 심정이 해소되지 못한 곳에서 참구(參究)하시되, 가고 머물고 앉고 눕는 일상생활 속에서 놓아 버려서는 안 됩니다. 어떤 스님이 조주 스님에게 묻되 '개에게도 불성이 있습니까?' 하니 조주 스님은 '없다.'라고 말했습니다."151)

---

149) 公深思之, 但如此崖將去. 時時於靜勝中, 切不得忘了須彌山放下著兩則語. 但從脚下著實做將去, 已過者, 不須怖畏, 亦不必思量.(『대혜보각선사서』제25권. 2. 증시랑(曾侍郎) 천유(天游)에 대한 답서(1))

150) '不起一念, 還有過也無?' 云 : '須彌山.' '一物不將來時如何?' 云 : '放下著.' 這裏疑不破, 只在這裏參, 更不必自生枝葉也. 若信得雲門及, 但恁麼參, 別無佛法指示人.(『대혜보각선사서』제25권. 4. 증시랑(曾侍郎) 천유(天游)에 대한 답서(3))

151) 願公只向疑情不破處參, 行住坐臥不得放捨. 僧問趙州 : '狗子還有佛性也無?' 州云 : '無.'(『대혜보각선사서』제26권. 17. 진소경(陳少卿) 계임(季任)에 대한 답서(1))

㉑ 제철(提撥) : 제시(提示)하다. (의견이나 안건 따위를) 내놓다. 거(擧), 거기(擧起)와 같은 말로서, 간화선(看話禪)에서 '화두(話頭)를 제철(提撥)하라.'고 할 때에는 '화두를 자신에게 말해 주라.'는 뜻이다. 순간순간 화두를 자신에게 말해 준다.

"다만 이와 같이 공부하되, 경전과 옛 스님의 어록(語錄)을 봄에 여러 가지 차별되는 말씀들도 또한 이와 같이 공부하며, '수미산(須彌山)'·'방하착(放下着)'·'구자무불성화(狗子無佛性話)'·'죽비자화(竹篦子話)'·'일구흡진서강수화(一口吸盡西江水話)'·'정전백수자화(庭前栢樹子話)'도 역시 이와 같이 공부하여, 다시 다른 견해를 내지 말고 다른 도리를 구하지 말고 다른 솜씨를 부리지 말아야 합니다. 공께서 급류처럼 흐르는 일상 속에서 순간순간[시시(時時)] 스스로 이와 같이 (자신에게) 말해 주는데도 [제철(提撥)] 만약 도업(道業)이 성취되지 못한다면, 불법(佛法)에 영험(靈驗)이 없는 것입니다."[152]

㉒ 처포(覷捕) : 엿보며 찾다. 자세히 살펴보며 찾다. 간(看)의 뜻과 상통한다. 순간순간 화두를 자세히 살펴보며 찾는다.

"다만 일상생활 속에서 순간순간 살펴보며 찾되[처포(覷捕)], '내가 남에게 옳고 그름과 바르고 굽음을 결단해 줄 수 있는 것은 누구의 은혜로운 힘을 입은 것이며 결국 어느 곳에서 나오는 것인가?' 하고 살펴보

---

152) 但只如此做工夫, 看經教并古人語錄, 種種差別言句, 亦只如此做工夫, 如'須彌山'·'放下著'·'狗子無佛性話'·'竹篦子話'·'一口吸盡西江水話'·'庭前柏樹子話', 亦只如此做工夫, 更不得別生異解別求道理別作伎倆也. 公能向急流中, 時時自如此提撥, 道業若不成就, 則佛法無靈驗矣.(『대혜보각선사서』 제25권. 6. 증시랑(曾侍郎) 천유(天游)에 대한 답서(5))

며 찾고 또 살펴보며 찾으면[처포래처포거(覷捕來覷捕去)], 평소에 생소하던 길이 저절로 익숙해질 것입니다."[153]

㉧ 사량(思量) : 헤아리다. 생각하여 헤아리다. 매일매일 화두를 생각한다.

"아직 이러하지 못하다면, 우선 세간의 경계를 따라서 헤아리는 이 마음을 헤아림이 미치지 못하는 곳에다 돌려 놓고, 시험삼아 한번 헤아려 보십시오[사량(思量)]. '어떤 것이 헤아림이 미치지 못하는 곳인가?'"[154]

"매일매일 다른 일은 결코 생각하지 말고 다만 '똥 닦는 막대기.'를 생각하되[사량(思量)], 언제 깨달을 것인가는 묻지 마십시오."[155]

㉩ 경경발전(輕輕撥轉) : 살살 놀리다. 경경(輕輕)은 '살살' '가볍게'라는 뜻이고, 발전(撥轉)은 '놀리다' '조종하다' '돌리다'라는 뜻. 고양이가 쥐를 가지고 놀 듯이 화두를 살살 놀리면서 가지고 논다.

"세간의 잡다한 일들에 생각을 빼앗길 때마다 애써 배척할 필요는 없습니다. 다만 생각하는 곳에서 화두(話頭)만 살살 놀리십시오[경경발전

---

153) 但向日用應緣處, 時時覷捕, '我這箇能與人決斷是非曲直底, 承誰恩力, 畢竟從甚麼 處流出?' 覷捕來覷捕去, 平昔生處路頭自熟. 『대혜보각선사서』 제30권. 57. 영시랑(榮 侍郎) 무실(茂實)에 대한 답서(1)

154) 未得如此, 且將這思量世間塵勞底心, 回在思量不及處, 試思量看. '那箇是思量不及 處?' 『대혜보각선사서』 제30권. 57. 영시랑(榮侍郎) 무실(茂實)에 대한 답서(1)

155) 逐日千萬不要思量別事, 但只思量'乾屎橛.' 莫問幾時悟. 『대혜보각선사서』 제28권. 35. 여사인(呂舍人) 거인(居仁)에 대한 답서(2)

(輕輕撥轉)].156) 그러면 무한한 힘을 덜게 될 것이며 또한 무한한 힘을 얻게 될 것입니다. 청컨대 공(公)께서는 다만 이와 같이 버티고 계시되[애장거(崖將去)], 일부러 깨달음을 기다리지는 마십시오. 그러면 문득 저절로 깨달을 것입니다."157)

② 간화 관련 용어들 사이의 관계

간화(看話)를 행하는 것을 나타내는 간(看)·제시(提撕)·거(擧)·거각(擧覺)·여지시애(與之廝崖)·애장거(崖將去)·참(參)·제철(提掇)·처포(覰捕)·사량(思量) 등의 다양한 용어들은 서로 어떤 관계가 있을까? 이 용어들이 혼용되는 문맥을 통하여 각 용어들이 서로 어떤 관계에 있는지를 살펴보자.

⑦ 간(看)과 거(擧)

"다만 화두를 말할[거(擧)] 때에 잠시 정신을 차리고 '무슨 도리인가?' 하고 살펴보십시오[간(看)]."158)

"매일 인연을 상대하는 곳에서 차별경계에 관계함을 느끼는 바로 그

---

156) 경경(輕輕)은 '살짝' '가볍게' '살살'이라는 뜻, 발전(撥轉)은 '조종하다' '놀리다'는 뜻.

157) '纔覺思量塵勞事時, 不用著力排遣. 只就思量處, 輕輕撥轉話頭. 省無限力, 亦得無限力. 請公只如此崖將去, 莫存心等悟. 忽地自悟去.(『대혜보각선사서』 제26권. 19. 조대제(趙待制) 도부(道夫)에 대한 답서)

158) 但擧話頭時, 略抖擻精神, 看是箇甚麼道理?(『대혜보각선사법어』 제19권. 1. 청정거사(淸淨居士)에게 보임)

84

때에, 다만 차별하는 곳에서 '개에게는 불성이 없다.'라는 화두를 스스로에게 말해 주십시오[거(擧)]. 이때에는 부수어 없앤다는 생각도 하지 말고, 정식의 티끌이라는 생각도 하지 말고, 차별이라는 생각도 하지 말고, 불법이라는 생각도 하지 마십시오. 다만 '개에게는 불성이 없다.'라는 화두만 살펴보십시오[간(看)]."[159]

"다만 여기에서 화두를 살펴보십시오[간(看)]. 어떤 스님이 운문 스님에게 묻되 '무엇이 부처입니까?' 하니 운문 스님이 말하길, '똥 닦는 막대기다.'라고 하였습니다. 이 화두를 스스로에게 말해 주기만[거(擧)] 하면, 문득 재주가 다할 때에 곧 깨달을 것입니다."[160]

신에게 말해 줄[거(擧)] 때에는 여러 솜씨를 발휘할 필요가 전혀 없습니다. 다만 가고 · 머물고 · 앉고 · 눕는 곳에서 끊어지지 않게 하며[물령간단(勿令間斷)], 기쁘고 · 성나고 · 슬프고 · 즐거운 곳에서 분별하지 마십시오[막생분별(莫生分別)]. 말해 주고 또 말해 주고[거래거거(擧來擧去)] 살펴보고 또 살펴보면[간래간거(看來看去)], 이치의 길이 없어지고 맛이 없어져서 마음이 초조하고 갑갑함을 느낄 때가 바로 그 사람이 목숨을 버릴 곳입니다."[161]

---

159) 日用應緣處, 纔覺涉差別境界時, 但只就差別處, 擧'狗子無佛性.'話. 不用作破除想, 不用作情塵想, 不用作差別想, 不用作佛法想. 但只看'狗子無佛性.'話.(『대혜보각선사서』 제28권. 38. 종직각(宗直閣)에 대한 답서)

160) 只就這裏看箇話頭. 僧問雲門 : '如何是佛?' 門云 : '乾屎橛.' 但擧此話, 忽然伎倆盡時便悟也.(『대혜보각선사서』 제28권. 33. 여랑중(呂郎中) 융례(隆禮)에 대한 답서)

161) 擧話時都不用作許多伎倆. 但行住坐臥處勿令間斷, 喜怒哀樂處莫生分別. 擧來擧去, 看來看去, 覺得沒理路沒滋味心頭熱悶時, 便是當人放身命處也.(『대혜보각선사서』 제28권. 38. 종직각(宗直閣)에 대한 답서)

화두를 거(擧)하여 간(看)하라고 한다. 스스로 화두를 끄집어내어 말하여 화두를 살펴보라는 것이다. 화두를 거론(擧論)하여 "무슨 도리인가?" 하고 살펴보라는 말이다. 순간순간 끊임없이 화두를 자신에게 말해 주어 화두를 살펴보되, 화두를 분별하여 이해하지는 말고 다만 화두를 거론하여 화두를 살펴보기만 하라고 한다. 화두를 자신에게 말해 주면서 "이것이 무슨 도리인가?" 하고 살펴보는 것은 화두의 뜻을 헤아리고 분별하는 것이 아니라, 다만 화두를 끊임없이 자신에게 제시(提示)하여 순간순간 화두를 마주 대하고 마주 보도록 하는 것이다. 마치 무섭고 싫은 채권자를 언제나 만나는 빚진 사람처럼, 넘어야 할 장애물의 존재를 잊지 않도록 순간순간 그 장애물을 자신에게 말해 주는 것이고, 그 장애물을 순간순간 마주 대하고 마주 보는 것이 곧 간(看)이다. 화두를 살펴본다는 것은 이런 것이다.

④ 간(看)과 제시(提撕) · 거각(擧覺)

"만약 결정적인 뜻이 있다면, 다만 '노(露)' 자(字)를 살펴보시되[간(看)], 세간의 일을 사량하고 분별하는 마음을 붙잡아 '노' 자 위로 옮겨 놓고서 걸어갈 때나 앉아 있을 때나 이 '노' 자를 일깨우십시오[제시(提撕)]."162)

"님께서 만약 산승(山僧)을 믿으신다면, 시끄러운 곳에서 한번 '개에게는 불성이 없다.'는 화두를 살펴보시되[간(看)], 아직 깨달았느냐 깨닫지 못했느냐는 말하지 마십시오. 가슴이 어수선한 바로 그때에, 느긋하게[만(謾)]

---

162) 若有決定志, 但只看箇露字, 把思量分別塵勞中事底心, 移在露字上, 行行坐坐, 以此露字提撕.(『대혜보각선사법어』제24권. 31. 성기의(成機宜)에게 보임)

86

스스로에게 일깨워 주고[제시(提撕)] 말해 주어[거각(擧覺)] 보십시오."[163]

제시(提撕)와 거각(擧覺)이란 말해 주고 일깨워 주는 것이니, 화두를 제시하고 거각하여 간(看)하는 것이다. 즉 화두를 제시(提撕)하고 거각(擧覺)하여 살펴본다. 순간순간 화두를 자신에게 말해 주어 자신에게 화두를 일깨워 줌으로써 화두를 살펴보는 것이다. 화두를 간(看)하는 것은 화두의 뜻을 분별하고 헤아리는 것이 아니라, 다만 화두를 자신에게 말해 주고 일깨워 주어 화두를 끊임없이 마주 대하여 살펴보는 것이다. 마음속으로 화두를 말하여 화두를 일깨움으로써 화두를 마주 대하여 살펴보는 것이 바로 간(看)이다. 마치 갚아야 할 빚을 언제나 자신에게 상기시켜서 잊지 말도록 하는 것처럼, 화두를 순간순간 자신에게 말해 주고 일깨워 주어 화두를 잊지 말고 마주 대하여 살펴보도록 하는 것이 곧 간(看)이다.

㉑ 간(看)과 여지시애(與之廝崖)

"다만 길고 멀리 보는 마음을 갖추고서 '개에게는 불성이 없다.'라는 화두와 맞붙어 버티십시오[여지시애(與之廝崖)]. 버티고 또 버티다가[애래애거(崖來崖去)] 마음 갈 곳이 없어지면, 문득 자다가 꿈에서 깨어난 듯 하고, 연꽃이 피는 듯 하며, 구름을 헤치고 해가 나온 듯 할 것입니다. 이러한 때에 도달하면 저절로 한 덩어리가 됩니다. 다만 매일 뒤죽박죽 혼란스런 일상 속에서 '무(無)' 자만 살펴보시되[간(看)], 깨닫고 깨닫지 못하고 철저하고 철저하지 못하고 하는 것에는 상관하지 마십시오."[164]

---

163) 左右若信得山僧及, 試向鬧處看'狗子無佛性話', 未說悟不悟. 正當方寸擾擾時, 謾提撕擧覺看.(『대혜보각선사서』 제26권. 15. 부추밀(富樞密) 계신(季申)에 대한 답서(3))

화두를 살펴보는 일을 순간순간 지속하여 화두와 서로 마주 보며 버티는 것이다. 마치 국경을 수비하는 경계병(警戒兵)이 적군의 움직임에서 눈을 떼지 않듯이, 화두를 살펴보는 일이 끊어짐이 없이 화두와 마주 보면서 버틴다는 뜻.

㉮ 간(看)과 애장거(崖將去)

"공께서도 역시 다만 이와 같이 공부하십시오. 공부가 점차 익어 가면 매일 24시간 속에서 바로 수월함을 느낄 것입니다. 수월함을 느낄 때 공부를 느슨하게 놓지 마십시오. 다만 수월한 곳에서 버티고 계십시오[애장거(崖將去)]. 버티고 또 버티어서[애래애거(崖來崖去)] 이 수월한 곳과 잘 어울리게 되면, 또한 때를 알지도 못하고 꼬치꼬치 따지지도 않을 것입니다. 다만 무자(無字) 하나를 살펴보시되[간(看)] 얻고 얻지 못하고에는 상관하지 마십시오."165)

애장거(崖將去)는 여지시애(與之厮崖)와 마찬가지로 마주 대하여 버티면서 놓지 않는다는 뜻이다. 화두를 살펴보는 일이 끊어짐이 없이 화두와 마주 보면서 버틴다는 뜻.

---

164) 但辦取長遠心, 與'狗子無佛性.'話厮崖. 崖來崖去, 心無所之, 忽然如睡夢覺, 如蓮華開, 如披雲見日. 到恁麽時自然成一片矣. 但日用七顚八倒處 只看箇'無'字, 莫管悟不悟徹不徹.(『대혜보각선사서』제28권. 38. 종직각(宗直閣)에 대한 답서)

165) 願公亦只如此做工夫. 做得工夫漸熟, 則日用二六時中便覺省力矣. 覺得省力時, 不要放緩. 只就省力處崖將去. 崖來崖去, 和這省力處, 亦不知有時, 不爭多也. 但只看箇無字, 莫管得不得.(『대혜보각선사서』제27권. 28. 왕내한(汪內翰) 언장(彦章)에 대한 답서(1))

⒨ 간(看)과 제철(提掇)

"다만 의심을 없애지 못한 곳에서 한 개 화두(話頭)를 살펴보십시오[간 (看)]. '한 승려가 조주(趙州)에게 물었다. "개에게도 불성이 있습니까?" 조 주가 말했다. "없다[무(無)]"'를 가고·머물고·앉고·누울 때에 다만 순 간순간[시시(時時)] (자신에게) 말해 주십시오[제철(提掇)].'"166)

제철(提掇)은 거(擧)와 같이 말해 준다는 뜻. 화두를 제철(提掇)하여 간 (看)한다. 순간순간 화두를 자신에게 말해 주어서 화두를 살펴본다.

⒩ 제시(提撕)와 거각(擧覺)

"백수는 다만 매일매일 행동하는 곳과 임금님을 모시는 곳에서 순간 순간 끊임없이[염념불간단(念念不間斷)] 언제나[시시(時時)] (뜰 앞의 잣나무를 자 신에게) 일깨우시고[제시(提撕)] 늘[시시(時時)] 말해 주십시오[거각(擧覺)]. 갑 자기 잣나무 위에서 심의식(心意識)이 죽어 버리면, 곧 철두철미한 곳입 니다."167)

"다만 하루 종일 가고 머물고 앉고 눕는 가운데 순간순간[시시(時時)]

---

166) (千說萬說, 直說曲說, 只是爲徐敦濟生死疑根未拔,)只敎就未拔處看箇話頭. 僧問趙
州: "狗子還有佛性也無?" 州云: "無." 行住坐臥, 但時時提掇.(『대혜보각선사법어』 제21
권. 13. 서제형(徐提刑)에게 보임)

167) 伯壽但日用行住坐臥處, 奉侍至尊處, 念念不間斷, 時時提撕, 時時擧覺. 驀然向柏樹
子上心意識絕氣息, 便是徹頭處也.(『대혜보각선사법어』 제23권. 29. 태허거사(太虛居
士)에게 보임)

자신에게 일깨워 주시고[제시(提撕)] 순간순간[시시(時時)] 자신에게 말해 주셔서[거각(擧覺)], '개에게도 불성이 있습니까?' '없다.'를 일상의 삶에서 떼어놓지 마십시오."168)

시시제시시시거각(時時提撕時時擧覺)처럼 거각(擧覺)은 언제나 제시(提撕)와 동시에 사용되고 있으므로, 제시(提撕)와 거각(擧覺)은 같은 뜻이거나 비슷한 뜻이라고 보아야 한다. 사전(詞典)의 뜻도 제(提)와 거(擧)는 '말하다'는 뜻이고, 시(撕)와 각(覺)은 '깨우치다'는 뜻이니, 두 단어는 같은 뜻으로 보아야 한다. 그러므로 제시와 거각은 '(스스로에게 화두를) 말해 주어서 일깨우다' '(화두를 스스로에게) 말해 주어서 (스스로에게 화두를) 일깨워 주다'라는 뜻이다.

㉔ 애장거(崖將去)와 경경발전(輕輕撥轉)

"세간의 잡다한 일들에 생각을 빼앗길 때마다 애써 배척할 필요는 없습니다. 다만 생각하는 곳에서 화두(話頭)만 살살 놀리십시오[경경발전(輕輕撥轉)]. 그러면 무한한 힘을 덜게 될 것이며 또한 무한한 힘을 얻게 될 것입니다. 청컨대 공(公)께서는 다만 이와 같이 버티고 계시되[애장거(崖將去)], 일부러 깨달음을 기다리지는 마십시오. 그러면 문득 저절로 깨달을 것입니다."169)

---

168) 但向十二時中四威儀內, 時時提撕, 時時擧覺, '狗子還有佛性也無?' 云 : '無.' 不離日用.(『대혜보각선사서』 제26권. 13. 부추밀(富樞密) 계신(季申)에 대한 답서(1))

169) 纔覺思量塵勞事時, 不用著力排遣. 只就思量處, 輕輕撥轉話頭. 省無限力, 亦得無限力. 請公只如此崖將去, 莫存心等悟. 忽地自悟去.(『대혜보각선사서』 제26권. 19. 조대제(趙待制) 도부(道夫)에 대한 답서)

화두와 마주하여 버티고 있다는 것은 곧 화두를 살살 놀리면서 화두를 가지고 논다는 것이다. 순간순간 화두를 스스로에게 일깨워서 화두를 살펴본다는 간화(看話)란, 곧 고양이가 쥐를 잡아서 놀리며 장난치듯이 도망가려는 화두를 눈앞에서 놓치지 않고 살살 놀리며 가지고 노는 것이라는 말이다. 간화(看話)란 어떤 것인지를 보충하여 설명하는 말이다.

③ 간화는 하나의 행위이다

그런데 간화(看話)를 행하는 것은 하나의 행위이지 여러 개의 행위가 아니다. 이들 다양한 용어들은 모두 간화(看話)라는 하나의 행위를 나타내는 말들이다. 이 용어들이 어떻게 간화(看話)라는 하나의 행위를 나타내는가?

간화(看話), 즉 화두를 살펴보는 행위는 곧 화두를 자신에게 말하여 일깨워주는 거(擧)·거각(擧覺)·제시(提撕)의 행위이다. 스스로 화두를 거론(擧論)함으로써 화두를 살펴보고, 화두를 자신에게 일깨워 주고 화두에 주의를 환기시킴으로써 화두를 살펴본다. 이처럼 순간순간 화두를 거론하고 자신에게 일깨움으로써 순간순간 화두와 마주 보는 간화(看話)를 행하게 되고, 이렇게 순간순간 화두와 마주 보고 간화를 행하며 화두와 맞붙어 버티어 나아가는 것이 여지시애(與之廝崖)요, 애장거(崖將去)이다. 순간순간 화두를 거론하고 자신에게 일깨움으로써 순간순간 화두와 마주하는 것은 마치 축구 선수가 축구 공을 가지고 노는 것과 같고, 고양이가 잡은 쥐를 놀리는 것과 같으니, 경경발전(輕輕撥轉)이다. 순간순간 화두를 거론하고 자신에게 일깨움으로써 순간순간 화두와 마주 보는 것은 또한 화두를 생각하는 것이니, 사량(思量)이다. 이렇게 간화를 행하는 것이 바로 화두를 참구(參究)하는 것이다.

④ 순간순간 간화(看話)하라

간화를 말하면서 대혜가 자주 말하는 것 하나는 시시(時時)에 간화하라는 것이다. 시시(時時)란 '때때로, 이따끔, 간혹'이라는 뜻과 '늘, 항상, 언제나, 순간순간 끊임없이'라는 시간의 간격이 다른 두 가지 뜻이 있다. 그러면 간화를 할 때의 시시(時時)는 어느 쪽 뜻일까? 몇 가지 예문을 보자.

"다만 하루 종일 가고 머물고 앉고 눕는 가운데 순간순간[시시(時時)] 자신에게 일깨워 주시고 순간순간[시시(時時)] 자신에게 말해 주셔서, '개에게도 불성이 있습니까?' '없다.'를 일상의 삶에서 떼어놓지 마십시오 [불리일용(不離日用)]."[170]

"백수는 다만 매일매일 행동하는 곳과 임금님을 모시는 곳에서 순간순간 끊임없이[염념불간단(念念不間斷)] 언제나[시시(時時)] (뜰 앞의 잣나무를 자신에게) 일깨우시고 늘[시시(時時)] 말해 주십시오. 갑자기 잣나무 위에서 심의식(心意識)이 죽어 버리면, 곧 철두철미한 곳입니다."[171]

"다만 조주의 '무자(無字)' 하나를 일상생활 속에서 스스로에게 일깨워

---

170) 但向十二時中四威儀內, 時時提撕, 時時舉覺, '狗子還有佛性也無?' 云 : '無.' 不離日用.(『대혜보각선사서』제26권. 13. 부추밀(富樞密) 계신(季申)에 대한 답서(1))

171) 伯壽但日用行住坐臥處, 奉侍至尊處, 念念不間斷, 時時提撕, 時時舉覺. 驀然向柏樹子上心意識絕氣息, 便是徹頭處也.(『대혜보각선사법어』제23권. 29. 태허거사(太虛居士)에게 보임)

주어 끊이지[172] 않게 하십시오[불요간단(不要間斷)]."[173]

"원컨대 공은 다만 궁금한 심정이 해소되지 못한 곳에서 참구(參究)하시되, 가고 머물고 앉고 눕는 일상생활 속에서 놓아 버려서는 안 됩니다[행주좌와부득방사(行住坐臥不得放捨)]. 어떤 스님이 조주 스님에게 묻되 '개에게도 불성이 있습니까?' 하니 조주 스님은 '없다.'라고 말했습니다."[174]

"화두를 자신에게 말해 줄 때에는 여러 솜씨를 발휘할 필요가 전혀 없습니다. 다만 가고 · 머물고 · 앉고 · 눕는 곳에서 끊이지 않게 하며 [행주좌와물령간단(行住坐臥勿令間斷)], 기쁘고 · 성나고 · 슬프고 · 즐거운 곳에서 분별하지 마십시오. 말해 주고 또 말해 주고 살펴보고 또 살펴보면, 이치의 길이 없어지고 맛이 없어져서 마음이 초조하고 갑갑함을 느낄 때가 바로 그 사람이 목숨을 버릴 곳입니다."[175]

이처럼 시시(時時)는 불리일용(不離日用; 일상의 삶에서 벗어나지 않음)이며, 염념불간단(念念不間斷; 순간순간 끊어지지 않음)이며, 행주좌와부득방사(行住坐臥不得放捨; 일상의 행위에서 놓아 버리지 않음)이며, 행주좌와물령간단(行

---

172) 간단(間斷) : 끊어져 틈이 생기다.
173) 只以趙州一箇'無'字, 日用應緣處提撕, 不要間斷.(『대혜보각선사서』 제30권. 61. 장사인 (張舍人) 장원(狀元)에 대한 답서)
174) 願公只向疑情不破處參, 行住坐臥不得放捨. 僧問趙州 : '狗子還有佛性也無?' 州云 : '無.'(『대혜보각선사서』 제26권. 17. 진소경(陳少卿) 계임(季任)에 대한 답서(1))
175) 擧話時都不用作許多伎倆. 但行住坐臥處勿令間斷, 喜怒哀樂處莫生分別. 擧來擧去, 看來看去, 覺得沒理路沒滋味心頭熱悶時, 便是當人放身命處也.(『대혜보각선사서』 제 28권. 38. 종직각(宗直閣)에 대한 답서)

住坐臥勿令間斷; 일상의 행위에서 끊이지 않게 함)이다. 이로써 본다면 시시(時時)에 간화(看話)하라는 뜻은 일상의 삶 속에서 순간순간 끊임없이 화두를 일깨워서 살펴보라는 뜻이다.

그러나 순간순간 끊임없이 화두를 자신에게 말해 주고 일깨워 줌으로써 화두를 살펴보라는 것이 기심관대(起心管帶)에 해당하면 안 된다. 기심관대란 마음을 일으켜 의식적으로 붙잡고 놓지 않는 것으로서 착의(著意)라고도 하는데, 기심관대(起心管帶)와 그 반대인 고심망회(枯心忘懷)는 모두 의도적으로 조작하여 만든 경계이니 선병(禪病)에 해당한다. 화두의 기능은 우리 마음이 일으키는 분별망상과 이러한 선병을 부수고 우리의 마음이 도거(掉擧)나 혼침(昏沈)에 머무는 것을 가로막는 금강왕보검(金剛王寶劍)의 역할이다.

즉 간화란 순간순간 화두를 자신에게 말해 주고 일깨워 줌으로써 마음에서 순간순간 일어나는 분별망상을 끊어 버리는 행위인 것이다. 이처럼 화두란 잡초가 올라올 때마다 잘라 버리는 칼과 같고, 가려운 곳을 긁는 효자손과 같고, 아픈 곳을 치료하는 약과 같은 것이다. 팔만 사천의 번뇌가 있으니 팔만 사천의 법문이 있다고 하는 것처럼, 화두란 분별망상이라는 병이 나올 때마다 그 병을 쳐부수어 치료하는 약이라고 할 수 있다. 병이 치유되면 약이 필요 없듯이, 분별망상이 적멸하면 화두라는 금강왕보검도 필요치 않다. 그러므로 깨달음을 얻을 때를 일러 화두가 부서졌다[타파(打破)]라든지 화두를 뚫고 벗어났다[투과(透過)]라고 하는 것이다.

순간순간 끊임없이 일어나는 분별망상을 쳐부수라는 뜻에서 순간순간 끊지 말고 놓지 말라고 하는 것이지, 화두를 붙잡고 놓지 말고 화두에 의지하고 화두와 하나가 되라는 뜻은 아니다. 화두란 어디까지나 망상의 병을 치료하는 약이고, 망상을 쳐부수는 방편인 칼일 뿐, 화두가 곧 우리의 본래면목은 아니기 때문이다.

(4) 간화(看話)하면 어떻게 되는가?

이처럼 화두를 거(擧)하고 제철(提掇)하고 제시(提撕)하고 거각(擧覺)하여 간(看)하면서 여지시애(與之厮崖)하고 애장거(崖將去)하면, 결국 어떻게 되는가? 다시 말하여, 순간순간 끊임없이 화두를 자신에게 말해 주고 일깨워 주어 화두를 마주 보고 버틴다면, 결국 어떻게 되는가? 여기에 대하여 『대혜어록』에는 20번도 넘게 언급이 되어 있는데, 몇 가지만 대표적으로 살펴본다.

"살펴보고 또 살펴보다가 잡을 곳도 없고[176] 맛도 없어서[177] 마음속이 갑갑하게[178] 느낄 때, 힘을 내기에 딱 좋으니 절대로 다른 것을 따라가지는 마십시오."[179]

---

176) 몰파비(沒巴鼻) : 파비(巴鼻)는 파비(把臂)라고도 하는데, 파(巴)는 파(把)로서 '잡는다'는 뜻이므로, 파비(巴鼻)는 붙잡을 곳, 근거(根據) 등을 의미한다. 본래 소를 부릴 때 코를 붙잡고서 끌고 가는 것에서 유래하는 말이라 한다. 몰파비(沒巴鼻), 무파비(無巴鼻), 몰가파(沒可把)는 붙잡을 만한 것이 없음을 뜻한다.

177) 몰자미(沒滋味) : 맛이 없다. 분별하거나 느낄 무엇이 없다. 재미가 없다. 느낌이 없다. = 무자미(無滋味). 자미(滋味)는 '맛, 재미, 기분, 심정, 감정'이라는 뜻.

178) 심두민(心頭悶) : 심두(心頭)는 마음, 마음속. 민(悶)은 편치 않다, 갑갑하다, 답답하다, 울적하다는 뜻. 마음속이 갑갑하다. 마음속이 답답하다. 마음속이 불편하다.

179) 看來看去, 覺得沒巴鼻沒滋味心頭悶時, 正好著力, 切忌隨他去.(『대혜보각선사서』 제28권. 40. 증종승(曾宗丞) 천은(天隱)에 대한 답서)

"살펴보고 또 살펴보아서, 더욱더 붙잡을 것이 없고 마음이 더욱더 불편함을 느낄 때에, 놓아서 늦추면 안 됩니다. 여기가 곧 온갖 성인의 머리를 꺾어 버릴[180) 곳입니다."[181)

"살펴보고 또 살펴보면, 문득 꿈에서 깨어나는 것이 이상한 일이 아닙니다."[182)

"살펴보고 또 살펴보고 하다가 문득 크게 웃을 것입니다."[183)

"도리어 쓸어버릴 수 없는 곳에서 있는지 없는지, 같은지 다른지를 살펴보시면, 문득 생각과 상념(想念)이 끊어질 것이니, 바로 이런 때에는 저절로 남에게 물어볼 필요가 없습니다."[184)

"순간순간 끊임없이 언제나 (뜰 앞의 잣나무를 자신에게) 일깨우시고 늘 말해 주십시오. 갑자기 잣나무 위에서 심의식(心意識)이 죽어 버리면, 곧 철두철미한 곳입니다."[185)

---

180) 좌단천성정녕(坐斷千聖頂顙) : 수많은 성인(聖人)들의 머리를 꺾다. 자유자재한 깨달음을 가리킨다. 좌단(坐斷)은 좌단(挫斷), 좌단(剉斷)이라고도 쓰며, '꺾다, 꺾어 끊다, 쪼개다, 거꾸러뜨리다'는 뜻.

181) 看來看去, 覺得轉沒巴鼻, 方寸轉不寧怙時, 不得放緩. 這裏是坐斷千聖頂顙處.(『대혜보각선사서』 제29권. 44. 이랑중(李郎中) 사표(似表)에 대한 답서)

182) 看來看去, 忽然睡夢覺, 不是差事.(『대혜보각선사서』 제29권. 44. 이랑중(李郎中) 사표(似表)에 대한 답서)

183) 看來看去 忽地大笑去矣.(『대혜보각선사서』 제29권. 45. 이보문(李寶文) 무가(茂嘉)에 대한 답서)

184) 却向不可掃處看, 是有是無, 是同是別, 驀然心思意想絶, 當恁麼時, 自不著問人矣.(『대혜보각선사서』 제30권. 63. 번제형(樊提刑) 무실(茂實)에 대한 답서)

"일깨우는 것이 익숙해져서 오래되면 저절로 탁 트여서 걸림이 없을 것입니다."186)

"다만 가슴속이 갑갑하고187) 마음이 괴로워함을 느낄 때가 바로 좋은 때이니, 제팔식(第八識)188)이 거의 활동하지 않을 것입니다.189) 이와 같음을 느낄 때에는 놓아 버리려고 하지 마시고, 단지 바로 이 무자(無字)에서 스스로를 일깨우십시오. 일깨우고 또 일깨우면, 낯선 곳이 저절로 익숙해지고 익숙한 곳은 저절로 낯설어질 것입니다."190)

"다만 화두를 자신에게 일깨워 주다가 문득 일깨워 주는 곳에서 생사심

---

185) 念念不間斷, 時時提撕, 時時擧覺. 驀然向柏樹子上心意識絕氣息, 便是徹頭處也.(『대혜보각선사법어』 제23권. 29. 태허거사(太虛居士)에게 보임)

186) 提撕得熟久久, 自然蕩蕩地也.(『대혜보각선사법어』 제23권. 30. 묘명거사(妙明居士)에게 보임)

187) 두리민(肚裏悶) : 가슴속이 갑갑하다. 마음속이 어둡고 답답하다. 두리(肚裏)는 마음속, 가슴속이라는 뜻.

188) 제팔식(第八識) : ālaya-vijñāna. 아뢰야식(阿賴耶識)이라 음역하고, 무몰식(無沒識)·장식(藏識)이라 번역한다. 제8식·본식(本識)·택식(宅識) 등으로도 부른다. 무몰식이란 제법을 유지하여 잃어버리지 않는다는 뜻이며, 장식이라 함은 제법이 전개되는 데 있어서 의지할 바탕이 되는 근본 마음이란 의미. 또한 8식 가운데서 마지막에 두기 때문에 제8식이라하고, 제법의 근본이기 때문에 본식이라 한다. 따라서 식 중에서도 식주(識主)라 한다. 아뢰야식은 과거의 선업과 불선업의 결과에 이끌리는데, 이것을 제8식의 과상(果相)이라 한다. 그래서 아뢰야식을 이숙식(=과보식)이라 한다. 또한 제법이 생기하는 종자를 저장하고 있다는 의미에서 일체종자식이라고도 한다. 이것을 일러 아뢰야식의 인상(因相)이라 한다. 유식(唯識)은 이상의 구조 아래 일체 세계는 아뢰야식이 나타내는 것이라 간주하고 유심론(唯心論)을 수립한다.

189) 분별망상이 일어나지 않을 것이다.

190) 只覺得肚裏悶心頭煩惱時, 正是好底時節, 第八識相次不行矣. 覺得如此時, 莫要放却, 只就這無字上提撕. 提撕來提撕去, 生處自熟 熟處自生矣.(『대혜보각선사서』 제30권. 57. 영시랑(榮侍郎) 무실(茂實)에 대한 답서(1))

(生死心)이 끊어지면, 이것이 바로 집으로 돌아가 편안히 앉는 것입니다."[191]

"일깨워 주고 또 일깨워 주면, 낯선 곳은 저절로 익숙해지고 익숙한 곳은 저절로 낯설어집니다."[192]

"말하시고 또 말하시면 이렇게 화두를 말하는 것도 볼 수 없고, 이렇게 볼 수 없음을 아는 것도 볼 수 없습니다."[193]

"말해 주고 또 말해 주고 살펴보고 또 살펴보면, 이치의 길이 없어지고 맛이 없어져서 마음이 초조하고 갑갑함을 느낄 때가 바로 그 사람이 목숨을 버릴 곳입니다."[194]

"이 화두를 스스로에게 말해 주기만 하면, 문득 재주가 다할 때에 곧 깨달을 것입니다."[195]

"버티고 또 버티다가 마음 갈 곳이 없어지면, 문득 자다가 꿈에서 깨

191) 但只提撕話頭, 驀然向提撕處, 生死心絕, 則是歸家穩坐之處.(『대혜보각선사서』제30권. 62. 탕승상(湯丞相) 진지(進之)에 대한 답서)
192) 提來提去, 生處自熟, 熟處自生矣.(『대혜보각선사서』제29권. 49. 황지현(黃知縣) 자여(子餘)에 대한 답서)
193) 舉來舉去, 和這舉話底亦不見有, 只這知不見有底亦不見有.(『대혜보각선사법어』제21권. 15. 묘정거사(妙淨居士)에게 보임)
194) 舉來舉去, 看來看去, 覺得沒理路沒滋味心頭熱悶時, 便是當人放身命處也.(『대혜보각선사서』제28권. 38. 종직각(宗直閣)에 대한 답서)
195) 但舉此話, 忽然伎倆盡時便悟也.(『대혜보각선사서』제28권. 33. 여랑중(呂郎中) 융례(隆禮)에 대한 답서)

어난 듯 하고, 연꽃이 피는 듯 하며, 구름을 헤치고 해가 나온 듯 할 것입니다. 이러한 때에 도달하면 저절로 한 덩어리가 됩니다."196)

"다만 생각하는 곳에서 화두(話頭)만 살살 놀리십시오. 그러면 무한한 힘을 덜게 될 것이며 또한 무한한 힘을 얻게 될 것입니다. 청컨대 공(公)께서는 다만 이와 같이 버티고 계시되, 일부러 깨달음을 기다리지는 마십시오. 그러면 문득 저절로 깨달을 것입니다."197)

"공부가 점차 익어 가면 매일 24시간 속에서 바로 수월함198)을 느낄 것입니다. 수월함을 느낄 때 공부를 느슨하게 놓지 마십시오. 다만 수월한 곳에서 버티고 계십시오. 버티고 또 버티어서 이 수월한 곳과 잘 어울리게 되면, 또한 때를 알지도 못하고 꼬치꼬치 따지지도 않을 것입니다."199)

"살펴보며 찾고 또 살펴보며 찾으면, 평소에 생소하던 길이 저절로 익숙해질 것입니다."200)

---

196) 崖來崖去, 心無所之, 忽然如睡夢覺, 如蓮華開, 如披雲見日. 到恁麼時自然成一片矣.(『대혜보각선사서』 제28권. 38. 종직각(宗直閣)에 대한 답서)

197) 只就思量處, 輕輕撥轉話頭. 省無限力, 亦得無限力. 請公只如此崖將去, 莫存心等悟. 忽地自悟去.(『대혜보각선사서』 제26권. 19. 조대제(趙待制) 도부(道夫)에 대한 답서)

198) 생력(省力) : 힘을 덜어 수월해지는 것. 공부를 할수록 힘이 덜어져 편안하고 수월하게 되는데, 이렇게 하여 힘쓸 수도 없고 힘쓸 일도 없는 곳에 이르러 문득 손을 완전히 놓으면 힘쓰지 않고도 일을 하는 힘이 생기게 된다.

199) 做得工夫漸熟, 則日用二六時中便覺省力矣. 覺得省力時, 不要放緩. 只就省力處崖將去. 崖來崖去, 和這省力處, 亦不知有時, 不爭多也.(『대혜보각선사서』 제27권. 28. 왕내한(汪內翰) 언장(彥章)에 대한 답서(1))

200) 覷捕來覷捕去, 平昔生處路頭自熟.(『대혜보각선사서』 제30권. 57. 영시랑(榮侍郞) 무실(茂實)에 대한 답서(1))

"찾아보고 또 찾아보아서 찾아볼 만한 것이 없는 곳에 이르러 마치 쥐가 쇠뿔 속으로 들어간 것과 같다가 문득[201] 슬그머니[202] 마음이 사라지면, 여기가 바로 자신이 완전히 손을 놓고[203] 집으로 돌아가 편안히 앉을 곳입니다."[204]

"곧장 쓸 마음이 없고 마음 갈 곳이 없을 때에, 공(空)에 떨어질까 봐 두려워하지 마십시오. 여기가 도리어 좋은 곳이니, 문득 쥐가 소의 뿔 속으로 들어가 바로 멈추는 것과 같습니다."[205]

이상의 내용을 정리해 보면 다음과 같다.

㉮ 간화를 하다 보면 결국 마음이 붙잡을 것도 없고[몰파비(沒巴鼻)], 맛도 없고[몰자미(沒滋味)], 이치의 길이 끊어지고[몰이로(沒理路)], 초조하고[심두열(心頭熱)], 갑갑하고[심두민(心頭悶)], 불편하고[불녕첩(不寧怗)], 솜씨를 부릴 수 없게[기량진(伎倆盡)] 된다.

㉯ 이처럼 마음이 붙잡을 것도 없고, 맛도 없고, 이치의 길이 끊어지

---

201) 맥지(驀地) : 갑자기, 돌연, 문득. =맥연(驀然).
202) 투(偸) : 남몰래, 슬그머니, 가만히, 살짝.
203) 사릉탑지(四楞塌地) : 네 활개를 땅에 던지고, 두 손을 땅에 짚고 꿇어 엎드려, 붙잡거나 의지함이 전혀 없이, 완전히 손을 놓고. =사릉착지(四楞着地).
204) 推窮來推窮去, 到無可推窮處, 如老鼠入牛角, 驀地偸心絕, 則便是當人四楞塌地, 歸家穩坐處.(『대혜보각선사법어』제21권. 12. 악수(鄂守) 웅사부(熊祠部)에게 보임)
205) 直得無所用心, 心無所之時, 莫怕落空. 這裏却是好處, 驀然老鼠入牛角, 便見倒斷也.(『대혜보각선사서』제30권. 61. 장사인(張舍人) 장원(狀元)에 대한 답서)

고, 초조하고, 갑갑하고, 불편하고, 솜씨를 부릴 수 없게 된 곳에서, 화
두를 놓고 게으름을 피우지 말고, 끊임없이 화두를 말해 주고 일깨워
줌으로써 화두를 살펴보아야 한다.

㉯ 이처럼 마음이 붙잡을 것도 없고, 맛도 없고, 이치의 길이 끊어지
고, 초조하고, 갑갑하고, 불편하고, 솜씨를 부릴 수 없게 된 곳에 이르
면 마치 쥐가 쇠뿔 속으로 들어가 꼼짝달싹할 수 없게 된 것과 같은데,
여기에서 문득 슬그머니 마음이 사라지면 이것이 바로 깨달음이다. 이
렇게 마음이 솜씨를 부리지 못하고 꼼짝달싹할 수 없는 이곳이 바로 꿈
에서 깨어나는 곳이요, 크게 웃을 곳이요, 문득 생각이 끊어질 곳이요,
심의식(心意識)이 죽을 곳이요, 생사심(生死心)이 끊어지는 곳이요, 저절
로 한 덩어리가 되는[타성일편(打成一片)] 곳이요, 문득 저절로 깨닫는 곳
이다.

㉰ 간화를 하다 보면 점차 낯선 곳은 저절로 익숙해지고 익숙한 곳은
저절로 낯설어지며[생처자숙숙처자생(生處自熟熟處自生)], 무한히 힘을 덜게
되고 무한히 힘을 얻게 된다[생무한력득무한력(省無限力得無限力)].

일상생활 속에서 늘 화두를 자신에게 말해 주고 일깨워 줌으로써 화
두를 살펴보면, 점차로 마음이 붙잡을 것도 없고, 맛도 없고, 이치의 길
이 끊어지고, 초조하고, 갑갑하고, 불편하고, 솜씨를 부릴 수 없게 되
는데, 계속하여 화두를 말해 주고 일깨워 줌으로써 화두를 살펴보면,
마치 쥐가 쇠뿔 속으로 들어가 꼼짝달싹할 수 없게 된 것과 같다가 문
득 슬그머니 마음이 사라지면서 마침내 깨닫게 된다. 깨달음에 이르기

까지의 이러한 변화를 나타내는 말이 낯선 곳은 저절로 익숙해지고 익숙한 곳은 저절로 낯설어지며, 무한히 힘을 덜게 되고 무한히 힘을 얻게 된다는 것이다. 낯선 곳은 곧 깨달음인 반야요, 낯익은 곳은 곧 중생의 미혹함이다. 반야에 가까워질수록 편안해지며 공부에 힘이 덜 들고 반야에 익숙할수록 더욱 공부의 힘을 얻는다.

5. 간화할 때 주의할 점

대혜는 간화(看話)를 말하면서 동시에 간화할 때에 주의할 점도 여럿 말하고 있다. 대혜가 말한 간화할 때의 주의할 점을 분류하여 많이 언급한 순서대로 정리해 본다.

(1) 깨달음을 기다리지 말라

"순간순간 화두를 자신에게 일깨워 주되, 빠른 효과를 바라지는 마십시오. 지극한 이치를 캐려 한다면 깨달음을 본보기로 삼아야 합니다. 그러나 무엇보다도 마음먹고 일부러 깨달음을 기다려서는 안 됩니다. 만약 마음먹고 일부러 깨달음을 기다린다면, 기다리는 마음이 도리어 도(道)를 보는 눈을 가로막아 버려 급하게 하려 할수록 더욱 늦어집니다."[206]

---

[206] 時時以話頭提撕, 莫求速效. 硏窮至理, 以悟爲則. 然第一不得存心等悟. 若存心等悟, 則被所等之心障却道眼, 轉急轉遲矣.(『대혜보각선사서』 제30권. 62. 탕승상(湯丞相) 진지(進之)에 대한 답서)

"일부러 깨달음을 기다려서는 안 됩니다. 만약 일부러 깨달음을 기다린다면, 영원히 깨달을 수 없을 것입니다."207)

"매일매일 다른 일은 결코 생각하지 말고 다만 '똥 닦는 막대기.'를 생각하되, 언제 깨달을 것인가는 묻지 마십시오."208)

"만약 재빨리 이해코자 한다면, 모름지기 이 한 생각이 폭삭 부서져야 합니다. 그때에야 비로소 생사를 밝힌 것이며 바야흐로 깨달아 들어갔다고 말할 수 있습니다. 그러나 마음먹고 일부러 부서지길 기다려서는 절대로 안 됩니다. 만약 부서지는 곳에 마음을 둔다면 영원히 부서질 때가 없을 것입니다."209)

"다만 무자(無字) 하나를 살펴보시되 얻고 얻지 못하고에는 상관하지 마십시오."210)

"세간의 잡다한 일들에 생각을 빼앗길 때마다 애써 배척할 필요는 없습니다. 다만 생각하는 곳에서 화두(話頭)만 살살 놀리십시오. 그러면

---

207) 不得將心等悟. 若將心等悟, 永劫不能得悟也.(『대혜보각선사서』 제28권. 35. 여사인(呂舍人) 거인(居仁)에 대한 답서(2))

208) 逐日千萬不要思量別事, 但只思量'乾屎橛.' 莫問幾時悟.(『대혜보각선사서』 제28권. 35. 여사인(呂舍人) 거인(居仁)에 대한 답서(2))

209) 若要徑截理會, 須得這一念子曝地一破. 方了得生死, 方名悟入. 然切不可存心待破. 若存心在破處, 則永劫無有破時.(『대혜보각선사서』 제26권. 13. 부추밀(富樞密) 계신(季申)에 대한 답서(1))

210) 但只看箇無字, 莫管得不得.(『대혜보각선사서』 제27권. 28. 왕내한(汪內翰) 언장(彦章)에 대한 답서(1))

무한한 힘을 덜게 될 것이며 또한 무한한 힘을 얻게 될 것입니다. 청컨 대 공(公)께서는 다만 이와 같이 버티고 계시되, 일부러 깨달음을 기다 리지는 마십시오. 그러면 문득 저절로 깨달을 것입니다."211)

"다만 매일 뒤죽박죽 혼란스러운 일상 속에서 '무자(無字)'만 살펴보시 되, 깨닫고 깨닫지 못하고 철저하고 철저하지 못하고 하는 것에는 상관 하지 마십시오."212)

"이 어둡고 우둔함을 능히 알 수 있는 것이 결국 무엇인지를 단지 살 펴보기만 하십시오. 단지 여기에서 살펴보기만 하셔야지, 깨달아 초월 할 것을 구하면 안 됩니다. 살펴보고 또 살펴보고 하다가 문득 크게 웃 을 것입니다."213)

"다만 스스로에게 일깨워 주고 스스로에게 말해 주기만 할 뿐이어야 하고, 왼쪽으로 가도 옳지 않고 오른쪽으로 가도 옳지 않습니다. 또 의 도적으로 깨달음을 기다려서도 안 됩니다."214)

---

211) 纔覺思量塵勞事時, 不用著力排遣. 只就思量處, 輕輕撥轉話頭. 省無限力, 亦得無限力. 請公只如此崖將去, 莫存心等悟. 忽地自悟去.(『대혜보각선사서』 제26권. 19. 조대제(趙待制) 도부(道夫)에 대한 답서)

212) 但日用七顚八倒處 只看箇 '無字', 莫管悟不悟徹不徹.(『대혜보각선사서』 제28권. 38. 종직각(宗直閣)에 대한 답서)

213) 但只看能知得如是昏鈍底畢竟是箇甚麼. 只向這裏看, 不用求超悟. 看來看去, 忽地大笑去矣. 此外無可言者.(『대혜보각선사서』 제29권. 45. 이보문(李寶文) 무가(茂嘉)에 대한 답서)

214) 只管提撕擧覺, 左來也不是, 右來也不是. 又不得將心等悟.(『대혜보각선사서』 제30권. 61. 장사인(張舍人) 장원(狀元)에 대한 답서)

간화할 때에 가장 주의해야 한다고 당부한 것은, 간화하면서 일부러 깨달음을 기다리지 말라는 것이다. 화두를 자신에게 말해 주고 일깨워 줌으로써 화두를 살펴볼 때에 절대로 깨달음을 기다리는 심정으로 해서는 안 된다는 말이다. 깨달음을 기다리면서 화두를 살펴본다면 깨달음은 결코 없을 것이라고 한다.

깨달음을 기다린다는 표현은 보통 장심등오(將心等悟), 존심등오(存心等悟), 용의등오(用意等悟), 존심대파(存心待破), 집미대오(執迷待悟) 등으로 표현된다. 여기에서 존심(存心), 장심(將心), 용의(用意)는 '의도적으로' '일부러' '마음먹고' '고의로'라는 뜻이다. 등오(等悟), 대오(待悟)는 깨달음을 기다린다는 뜻이고, 대파(待破)는 화두가 부서지길 기다린다는 뜻이다. 집미(執迷)는 미혹(迷惑)함을 붙잡고 있다는 뜻이다. 그러므로 장심등오(將心等悟), 존심등오(存心等悟), 용의등오(用意等悟)는 '의도적으로 깨달음을 기다린다'는 뜻이고, 존심대파(存心待破)는 '의도적으로 화두가 부서지길 기다린다'는 뜻이고, 집미대오(執迷待悟)는 '미혹함을 붙잡고서 깨달음을 기다린다'는 뜻이다.

그러면 이처럼 의도적으로 깨달음을 기다리는 일이 왜 잘못인가? 대혜는 그 이유를 다음과 같이 밝히고 있다.

"무엇보다 일부러 깨달음을 기다리면 안 됩니다. 만약 일부러 깨달음을 기다린다면, '나는 지금 어리석다.'고 스스로 여기는 것입니다. 어리석음을 붙잡고 깨달음을 기다린다면, 헤아릴 수 없는 세월이 지나도 깨달을 수 없습니다."[215]

---

215) 第一不得用意等悟. 若用意等悟, 則自謂我卽今迷. 執迷待悟, 縱經塵劫, 亦不能得悟.(『대혜보각선사법어』 제19권. 1. 청정거사(淸淨居士)에게 보임)

"아침 저녁으로 오직 제가 지난번에 말씀드린 화두만 (자신에게) 일깨워 주고 계신다 하니 매우매우 좋습니다. 이미 이러한 마음을 갖추었다면, 마땅히 깨달음을 모범으로 삼아야 합니다. 만약 스스로 굴복하여 물러나려는 생각을 내어 근성(根性)이 열등하다고 하면서 다시 깨달아 들어갈 곳을 찾는다면, 이것은 바로 함원전(含元殿)[216] 속에서 장안(長安)이 어디냐고 묻는 것[217]과 같을 뿐입니다."[218]

"다만 이 무자(無字)를 자신에게 말해 줄 뿐, 일부러 깨달음을 기다리지는 마십시오. 만약 마음먹고 일부러 깨달음을 기다린다면, 경계도 차별되고, 불법도 차별되고, 번뇌도 차별되고, '개에게는 불성이 없다.'라는 화두도 차별되고, 사이가 끊어지는 곳도 차별되고, 사이가 끊어짐이 없는 곳도 차별되고, 번뇌를 만나 몸과 마음이 어지러워 편안하지 못한 곳도 차별되고, 여러 가지 차별을 능히 아는 것도 차별됩니다."[219]

깨달음을 기다리는 것은 "지금 나는 깨닫지 못했다."라고 생각하는 것이다. 다시 말하여, "지금 나는 깨닫지 못했으니 간화를 하여 화두를

---

216) 함원전(含元殿) : 당(唐) 태종(太宗) 정관(貞觀) 8년(634)에 장안(長安) 대명궁(大明宮)의 전전(前殿)으로 건립된 궁전(宮殿).

217) 경복궁에서 서울이 어디냐고 묻는 것.

218) 唯朝夕以某向所擧話頭提撕, 甚善甚善. 旣辦此心, 當以悟爲則. 若自生退屈, 謂根性陋劣, 更求入頭處, 正是含元殿裏問, 長安在甚處爾.(『대혜보각선사서』 제27권. 29. 왕내한(汪內翰) 언장(彦章)에 대한 답서(2))

219) 但只擧箇無字, 亦不用存心等悟. 若存心等悟, 則境界也差別, 佛法也差別, 情塵也差別, 狗子無佛性話也差別, 間斷處也差別, 無間斷處也差別, 遭情塵惑亂身心不安樂處也差別, 能知許多差別底亦差別.(『대혜보각선사서』 제28권. 38. 종직각(宗直閣)에 대한 답서)

부수고서 깨달음을 얻겠다.”라고 생각하는 것이다. 이러한 사람은 장안(長安)에 있는 함원전(含元殿) 속에서 다시 장안을 찾는 사람과 같다고 하였는데, 서울의 경복궁에서 다시 서울을 찾는 사람과 같다는 말이다. 이 말은 이른바 “물 속에서 물을 찾는다” “소를 타고서 소를 찾는다” “자기 머리를 찾는다” “부처가 다시 부처를 찾는다”라는 말과 같은 말이다.

　이러한 생각이 왜 잘못인가? 틀린 생각이기 때문에 잘못인가? 아니다. 틀린 생각이든 옳은 생각이든 모두 생각이요, 분별이다. 잘못은 생각을 일으킨 곳에 있다. 어떤 생각이든 생각을 일으켰기 때문에 잘못인 것이다. 생각을 일으키면 이미 분별이요, 망상이다. 그렇기 때문에 깨달음을 기다린다면, 경계도 차별되고, 불법도 차별되고, 번뇌도 차별되고, 화두도 차별되고, 온갖 것들이 다 차별 속에 떨어져 버린다고 한 것이다. 분별 망상인 차별경계 속에서 다시 깨달음을 기다리면 깨달음 역시 하나의 차별경계일 뿐이다. 그러므로 깨달음을 기다린다면, 영원히 차별경계 속에 있을 뿐, 차별에서 벗어난 참된 깨달음은 없다는 것이다.

　간화(看話)를 행하는 것은 화두를 가지고 분별망상을 부수어 차별경계에서 벗어난 곳에 있는 것이고, 이 차별경계에서 벗어난 곳에 자꾸 있으므로 하여 차별경계에서 벗어난 곳에 익숙해지는 것이다. 그렇기 때문에 대혜는 간화를 행하는 것을 일러 “낯선 곳에 익숙해지고 낯익은 곳에 낯설어지며, 무한히 힘을 덜고 무한히 힘을 얻는다.”라고 한 것이다. 간화를 통하여 분별망상인 차별경계에서 벗어난 곳에 자꾸 머물다 보면 어느 순간 문득 저절로 깨닫게 된다는 것이 간화선의 요점인 것이다.

(2) 헤아리거나 해석하지 말라

"다만 '개에게도 불성이 있습니까?' '없다.'만 살펴보시되, 절대로 생각으로 헤아려서는 안 됩니다."[220]

"화두를 살펴볼 때에는 이리저리 두루 헤아려서도[221] 안 되고, 해석해서도 안 되고, 분명히 밝히려 해서도 안 되고, …… 종사(宗師)가 말하는 곳에서 이해해서도[222] 안 됩니다."[223]

"이 한 글자는 수많은 잘못된 지식과 잘못된 깨달음을 물리치는 무기(武器)[224]입니다. 이 무(無) 한 글자는 유(有)니 무(無)니 하고 이해해서도 안 되고, 도리(道理)로서 이해해서도 안 되고, 생각으로 사량하고 헤아려서도 안 됩니다."[225]

"다시 다른 견해를 내지 말고, 다른 도리를 구하지 말고, 다른 솜씨를 부리지 말아야 합니다."[226]

---

220) 但只看 '狗子還有佛性也無?' 趙州云 : '無.' 切不可向意根下卜度.(『대혜보각선사서』 제26권. 17. 진소경(陳少卿) 계임(季任)에 대한 답서(1))

221) 박량(博量) : 널리 헤아리다. 두루 헤아리다.

222) 영략(領略) : (체험으로) 이해하다, 깨닫다, 감지하다, 음미하다.

223) 看時, 不用博量, 不用註解, 不用要得分曉, …… 不用向宗師說處領略.(『대혜보각선사법어』 제21권. 16. 여기의(呂機宜)에게 보임)

224) 기장(器仗) : ① 무기(武器). ② 곤봉(棍棒) 따위의 무기.

225) 此一字子, 乃是摧許多惡知惡覺底器仗也. 不得作有無會, 不得作道理會, 不得向意根下思量卜度.(『대혜보각선사서』 제26권. 13. 부추밀(富樞密) 계신(季申)에 대한 답서(1))

226) 更不得別生異解, 別求道理, 別作伎倆也.(『대혜보각선사서』 제25권. 6. 증시랑(曾侍郎) 천유(天游)에 대한 답서(5))

"다만 차별하는 곳에서 '개에게는 불성이 없다.'라는 화두를 스스로에게 말해 주십시오. 이때에는 부수어 없앤다는 생각도 하지 말고, 정식의 티끌이라는 생각도 하지 말고, 차별이라는 생각도 하지 말고, 불법(佛法)이라는 생각도 하지 마십시오. 다만 '개에게는 불성이 없다.'라는 화두만 살펴보십시오."[227]

"보통 총명한 사람은 말하는 것을 듣자마자 곧 심의식으로 이해하여 추측하고 헤아려 증거를 끌어들이며 당부한 곳이 있음을 말하려 하니, 증거를 끌어들이는 것도 용납하지 않고 두루 헤아리는 것도 용납하지 않고 심의식으로 이해하는 것도 용납하지 않는다는 것을 전혀 알지 못합니다. 비록 증거를 끌어들일 수 있고 두루 헤아릴 수 있고 이해할 수 있다고 하더라도, 이것들은 모두 육신 앞에 있는 정식(情識) 쪽의 일들로서 삶과 죽음의 기슭에서는 전혀 힘을 얻지 못합니다."[228]

"화두를 살펴볼 때에는 평소의 총명함과 영리함을 가지고서 생각하거나 헤아리거나 추측하지는 마십시오. 마음을 내어 헤아리려고 하면[229] 십만 팔천 리가 오히려 먼 것이 아닙니다."[230]

---

227) 但只就差別處, 擧'狗子·無佛性.'話. 不用作破除想, 不用作情塵想, 不用作差別想, 不用作佛法想. 但只看'狗子·無佛性.'話.(『대혜보각선사서』제28권. 38. 종직각(宗直閣)에 대한 답서)

228) 尋常聰明人, 纔聞擧起, 便以心·意識領會, 搏量引證, 要說得有分付處, 殊不知, 不容引證, 不容搏量, 不容以心·意識領會. 縱引證得搏量得領會得, 盡是髑髏前情識邊事, 生死岸頭定不得力.(『대혜보각선사서』제29권. 41. 왕교수(王敎授) 대수(大受)에 대한 답서)

229) 의심(擬心) : ① 마음으로 헤아리다. ② 마음을 내어 -하려 하다.

230) 看時不用將平昔聰明靈利思量卜度. 擬心思量, 十萬八千未是遠.(『대혜보각선사서』제29권. 52. 서현모(徐顯模) 치산(稚山)에 대한 답서)

"다만 스스로에게 일깨워 주고 스스로에게 말해 주기만 할 뿐이어야 하고, 왼쪽으로 가도 옳지 않고 오른쪽으로 가도 옳지 않습니다. …… 현묘(玄妙)하다고 이해해서도 안 되고, 있음과 없음으로 따져서도 안 되고, 참된 없음이라고 헤아리려도 안 됩니다."231)

"만약 진실이니 허위니 하며 따지고 헤아린다면,232) 다시 차별경계 속으로 들어가 버리게 됩니다. 한칼에 두 동강을 내어 버려서 앞이니 뒤니 하는 생각은 하지 말아야 합니다. 앞과 뒤를 생각한다면 다시 차별일 뿐입니다."233)

의근(意根)으로 사량복탁(思量卜度)한다는 것은 의식(意識)으로 생각하고 헤아린다는 말이다. 생각으로 두루 헤아려서 추측하고, 주석(註釋)하고, 분명하게 밝히고, 도리(道理)로 이해하고, 현묘(玄妙)하다고 이해하고, 있느니 없느니 하고 따지고, 부수어 없앤다고 생각하고, 정식의 티끌이라고 생각하고, 차별경계라고 생각하고, 불법(佛法)이라고 생각하고, 참으로 없다고 생각하고, 진실하냐 허망하냐 하고 따지고, 앞과 뒤를 분별하는 등이 모두 생각으로 헤아리는 것이다. 간화(看話)란 화두를 가지고 분별하고 헤아리는 생각을 끊어 버리는 것이니, 화두를 다시 생각으로 헤아리는 것은 당연히 있을 수 없는 일이다.

---

231) 只管提撕擧覺, 左來也不是, 右來也不是. …… 又不得作玄妙領略, 又不得作有無商量, 又不得作眞無之無卜度.(『대혜보각선사서』 제30권. 61. 장사인(張舍人) 장원(狀元)에 대한 답서)

232) 상량(商量) : 따지다. 상의하다. 의논하다. 상담하다. 이해하다. 값을 흥정하다. 값을 따지다. 값을 매기다. 헤아리다.

233) 若作虛實商量, 又打入差別境界上去也. 不如一刀兩段, 不得念後思前. 念後思前則又差別矣.(『대혜보각선사서』 제28권. 38. 종직각(宗直閣)에 대한 답서)

(3) 입을 열어 말을 하는 곳에서 이해하거나 받아들이지 말라

"말을 꺼내는 곳에서 바로 이해하면 안 되고, 입을 여는 곳에서 받아들이면 안 됩니다."[234]

"입을 여는 곳에서 받아들여서도 안 되고, 말을 꺼내는 곳에서 도리를 만들어서도 안 됩니다."[235]

"무엇보다도 조심할 것은 말을 꺼내는 곳에서 바로 받아들여서는 안 된다는 것입니다."[236]

여기에서는 거기처승당(擧起處承當)과 개구처승당(開口處承當) 및 거기처회(擧起處會)와 거기처작도리(擧起處作道理)를 하지 말라고 한다. 거기처(擧起處)란 '말을 꺼내는 곳'이란 뜻이고, 개구처(開口處)란 '입을 여는 곳'이란 뜻이니, 두 말이 같은 뜻이다. 승당(承當)이란 '맡다' '담당하다' 받들어 지키다'라는 뜻이다. 회(會)는 '이해하다'는 뜻이고, 작도리(作道理)는 '도리를 만든다'는 뜻이니, 이해하는 것은 어떤 도리를 세워 이해하는 것이므로 두 단어는 동일한 뜻이다. 그러면 입을 열어 말을 하는 곳에서 받들어 지킨다는 거기처승당(擧起處承當)과 입을 열어 말을 하는 곳에서 도리를 세워 이해한다는 거기처회(擧起處會)는 어떤 뜻인가? 다음 대혜의 말을 보자.

---

234) 不得向擧起處會, 不得去開口處承當.(『대혜보각선사보설』 제14권. 4. 진국태부인이 청한 보설)

235) 不用向開口處承當, 不用向擧起處作道理.(『대혜보각선사법어』 제21권. 16. 여기의(呂機宜)에게 보임)

236) 第一不得向擧起處承當.(『대혜보각선사서』 제28권. 35. 여사인(呂舍人) 거인(居仁)에 대한 답서(2))

"저 옛사람들의 인연(因緣)을 물을 때마다, 모두 말을 꺼내는 곳에서 바로 받아들이고, 부싯돌 불꽃이나 번갯불처럼 번쩍 스치는 곳에서 알아차리고, 말을 하면 바로 알아차립니다. 질문을 할 때마다 전혀 받아들이지 않고는, 깨끗이 벗어나 자재하며 큰 안락을 얻었다고 합니다."[237]

입을 열어 말을 하는 곳에서 받들어 지킨다는 거기처승당(擧起處承當)은 말을 하자마자 곧 이해해 버리는 거료변회료(擧了便會了)이다. 그러므로 거기처승당(擧起處承當)은 말을 꺼내는 곳에서 이해하는 거기처회(擧起處會)이다. 이것은 또한 입을 여는 곳에서 전광석화처럼 알아차리는 격석화섬전광처회(擊石火閃電光處會)인데, 입을 열어 말을 꺼내는 곳에서 곧장 선을 알았다고 하는 것이 바로 하나의 도리(道理)이니, 입을 여는 곳에서 도리를 세워 이해하는 것이다.

결국 거기처회(擧起處會) 혹은 개구처승당(開口處承當)의 뜻은 입을 열어 말을 꺼내는 행위에 이미 본래마음이 구족되어 있다거나, 입을 열어 말을 꺼내는 행위가 바로 본래마음이 드러나는 것이라거나, 어묵동정(語黙動靜)이 모두 본래마음 아님이 없다거나 하는 어떤 도리(道理)로 이해하여, 입을 열기만 하면 벌써 다 알았다고 하는 것이고 말을 꺼내기만 하면 이미 원만구족하다고 생각하는 것이다.

이러한 거기처회(擧起處會)와 개구처승당(開口處承當)이 잘못인 이유는 우선 입을 열고 말을 꺼낸다는 하나의 차별경계에서 법을 보기 때문이고, 또 어떤 도리를 세워서 이해하는 것이기 때문이다. 차별경계에서 법을 보는 것도 분별하여 헤아린 것이고, 도리를 세워 이해한 것도 분별하여 헤아리는 것이다.

---

237) 凡問他古人因緣, 皆向擧起處承當, 擊石火閃電光處會, 擧了便會了. 凡有所問皆不受, 喚作脫灑自在, 得大快樂.(『대혜보각선사보설』 제14권. 3. 황덕용이 청한 보설)

(4) 말로써 설명하거나 문자를 인용하여 증명하려 하지 말라

"다만 '개에게도 불성이 있습니까?' '없다.'만 살펴보시되, 절대로 생각으로 헤아려서도 안 되고, 말로써 설명하려고 해서도 안 됩니다."[238]

"다만 말을 하면 안 됩니다."[239]

"이 한 글자는 수많은 잘못된 지식과 잘못된 깨달음을 물리치는 무기입니다. …… 언어 위에서 살아갈 궁리를 해서도 안 되고, …… 문자 속에서 증거를 끌어와서도 안 됩니다."[240]

"문자를 찾고 과거의 사례를 끌어와 증명하거나[241] 제멋대로 추측하고 헤아려서 주석(註釋)하고 해설하는 일은 절대로 하지 마십시오. 비록 그렇게 주석하고 해설한 것이 분명하며 설명에 귀결점이 갖추어져 있다고 하더라도 모두가 귀신집의 살림살이일 뿐입니다."[242]

생각으로 헤아려서 말로써 설명하고 옛사람의 문자 속에서 사례를 끌어와 증거로 삼는 것들은 모두 분별이고 헤아림이다.

---

238) 但只看 '狗子還有佛性也無?' 趙州云 : '無.' 切不可向意根下卜度, 不可向言語上作活計.(『대혜보각선사서』제26권. 17. 진소경(陳少卿) 계임(季任)에 대한 답서(1))

239) 只是不得下語.(『대혜보각선사보설』제14권. 4. 진국태부인이 청한 보설)

240) 此一字子, 乃是摧許多惡知惡覺底器仗也. …… 不得向語路上作活計, …… 不得向文字中引證.(『대혜보각선사서』제26권. 13. 부추밀(富樞密) 계신(季申)에 대한 답서(1))

241) 인증(引證) : 과거의 예를 인용하여 증명하다.

242) 切忌尋文字引證, 胡亂搏量註解, 縱然註解得分明說得有下落, 盡是鬼家活計.(『대혜보각선사서』제28권. 33. 여랑중(呂郎中) 융례(隆禮)에 대한 답서)

(5) 일 없는 곳에 빠져 있지 말라

"화두를 살펴볼 때에는 …… 일 없이 편안한 곳에 빠져 있어도 안 됩니다."243)

"이 한 글자는 수많은 잘못된 지식과 잘못된 깨달음을 물리치는 무기입니다. …… 일 없는 곳으로 달려들어 가서도 안 됩니다."244)

"다만 스스로에게 일깨워 주고 스스로에게 말해 주기만 할 뿐이어야 하고, 왼쪽으로 가도 옳지 않고 오른쪽으로 가도 옳지 않습니다. …… 일 없는 방 안에 머물러 있어서도 안 됩니다."245)

무사갑리(無事甲裏)는 '일 없는 상자 속' '일 없는 껍질 속' '일 없이 편안한 곳'이라는 뜻이다. 도(掉)는 '떨어지다'라는 뜻이고, 양(颺)은 '달려들어 가다'라는 뜻이고, 좌(坐)는 '머물다'라는 뜻이다. 그러므로 도재무사갑리(掉在無事甲裏)는 '일 없이 편안한 곳에 떨어져 있다'라는 뜻이고, 양재무사갑리(颺在無事甲裏)는 '일 없이 편안한 곳으로 달려들어 가다'라는 뜻이고, 좌재무사갑리(坐在無事甲裏)는 '일 없이 편안한 곳에 머물러 있다'라는 뜻이다.

일 없이 편안한 곳으로 들어가 머물러 있다는 것은, 참으로 깨달아

243) 看時, …… 不用掉在無事甲裏.(『대혜보각선사법어』 제21권. 16. 여기의(呂機宜)에게 보임)

244) 此一字子, 乃是推許多惡知惡覺底器伏也. …… 不得颺在無事甲裏.(『대혜보각선사서』 제26권. 13. 부추밀(富樞密) 계신(季申)에 대한 답서(1))

245) 只管提撕舉覺, 左來也不是, 右來也不是. …… 又不得坐在無事甲裏.(『대혜보각선사서』 제30권. 61. 장사인(張舍人) 장원(狀元)에 대한 답서)

마음이 쉬어지고 하나하나의 인연에서 늘 해탈자재한 것이 아니라, 지금 있는 그대로가 전체요, 완전하여 더할 것도 뺄 것도 없다고 이치로 이해하고서 그 속에 머물러 있으면서 다시는 참된 깨달음을 찾지 않는 경우이거나, 감정적이고 정서적인 편안함에 기대어 머물러 있는 경우를 가리킨다. 이러한 경계에 머물러 있으면, 이러한 경계에 사로잡혀서 참된 깨달음을 얻을 수 없다. 화두를 살펴보면서 깨달음을 얻으려면, 마음이 어떤 경계에 머물러 있어서도 안 되고 어떤 그럴듯한 도리로 이해한 곳에 머물러 있어서도 안 된다.

(6) 화두를 버리고 다른 곳에서 의문을 일으키지 말라

"천 가지 만 가지 의문(疑問)이 다만 하나의 의문일 뿐입니다. 그러므로 화두 위에서 의문이 부서지면 천 가지 만 가지 의문이 일시에 부서집니다. 화두가 부서지지 않았으면 우선 바로 그 화두에서 화두와 서로 맞붙어 버티고 계십시오. 만약 화두를 버리고 도리어 다른 문자 위에서 의문을 일으키거나, 경전의 가르침 위에서 의문을 일으키거나, 옛사람의 공안(公案) 위에서 의문을 일으키거나, 매일 경계를 상대하는 피곤함 속에서 의문을 일으킨다면, 이것은 모두 삿된 마구니의 권속들입니다."[246]

---

246) 千疑萬疑, 只是一疑. 話頭上疑破, 則千疑萬疑一時破. 話頭不破, 則且就上面與之厮崖. 若棄了話頭, 却去別文字上起疑, 經敎上起疑, 古人公案上起疑, 日用塵勞中起疑, 皆是邪魔眷屬.(『대혜보각선사서』 제28권. 32. 여사인(呂舍人) 거인(居仁)에 대한 답서) (『대혜보각선사서』 제28권. 33. 여랑중(呂郎中) 융례(隆禮)에 대한 답서)

"일상생활의 여러 가지 행동 속에서 다만 막힘 없게 하며, 고요한 곳과 시끄러운 곳에서 늘 '똥 닦는 막대기.'를 자신에게 일깨워 주십시오. 날이 가고 달이 가면 수고우(水牯牛)[247]가 저절로 더욱 익숙해질 것입니다. 무엇보다 중요한 것은 밖을 향하여 따로 의문을 일으키지 않는 것입니다. '똥 닦는 막대기.' 위에서 의문이 부서지면, 갠지즈 강의 모래알만큼 많은 의문도 일시에 부서집니다."[248]

하나의 화두를 금강왕보검으로 삼아 분별망상을 부수는 것이 간화(看話)이며, 하나의 화두가 은산철벽(銀山鐵壁)이 되어 앞뒤를 가로막아 꼼짝할 수 없게 만드는 것이 간화(看話)이며, 하나의 화두가 쥐를 잡는 덫이 되어 분별망상의 쥐를 꼼짝달싹할 수 없도록 만드는 것이 간화(看話)이다. 한 사람이 여러 감옥에 들어갈 수 없고, 한 마리 쥐가 여러 덫에 들어갈 수 없듯이, 하나의 화두에 가로막혀서 그 화두와 마주하여 버티는 것이 간화(看話)이다. 그러므로 하나의 화두를 자기에게 말해 주고 자기에게 일깨워 주어 자기를 가로막는 장벽으로 삼고 자기를 사로잡는 덫으로 삼아야 한다. 하나의 화두를 살펴보다가 문득 깨달으면 분별망상에서 벗어나는 것이니, 여러 화두를 살펴볼 까닭이 없다.

---

247) 수고우(水牯牛) : 본래는 물소의 일종으로 암컷 또는 거세된 소를 가리키는 말이지만, 선사들은 마음을 가리키는 말로 사용하였다.

248) 日用四威儀中, 但常放敎蕩蕩地, 靜處鬧處常以"乾屎橛."提撕, 日往月來水牯牛自純熟矣. 第一不得向外面別起疑也. '乾屎橛'上疑破, 則恒河沙數疑一時破矣. (『대혜보각선사서』제28권. 33. 여랑중(呂郎中) 융례(隆禮)에 대한 답서)

(7) 애쓰거나 힘쓰지 말라

"다만 평소에 애쓰는[249] 것을 일삼으려 하지 마십시오. 이 문중(門中)에서는 애쓰는 것을 용납하지 않습니다. 노승은 늘 사람들에게 이런 말을 합니다. '힘을 얻는 것이 곧 힘을 더는 것이고, 힘을 더는 것이 곧 힘을 얻는 것이다.' 만약 한순간이라도 바라는 마음을 내어 깨달아 들어갈 곳을 찾는다면, 마치 사람이 자기 집 안에 앉아서 도리어 남에게 물어서 자기가 사는 곳을 찾는 것과 다를 바 없습니다."[250]

"일상생활의 여러 가지 행동 가운데 차별경계와 관계하여 수월함을 느낄 때가 바로 힘을 얻는 곳입니다. 힘을 얻는 곳에서 지극히 수월하게[251] 됩니다. 만약 털끝만큼이라도 힘을 써서 지탱한다면, 이것은 반드시 사법(邪法)이지 불법(佛法)이 아닙니다. 다만 길고 멀리 보는 마음을 갖추고서 '개에게는 불성이 없다.'라는 화두와 맞붙어 버티십시오. 버티고 또 버티다가 마음 갈 곳이 없어지면, 문득 자다가 꿈에서 깨어난 듯 하고, 연꽃이 피는 듯 하며, 구름을 헤치고 해가 나온 듯 할 것입니다. 이러한 때에 도달하면 저절로 한 덩어리가 됩니다.[252]"[253]

---

249) 비력(費力) : ① 애쓰다. 힘을 소모하다. ② 일이 까다롭다. 힘들다.

250) 但日用費力處莫要做. 此箇門中不容費力. 老漢常爲人說此話. '得力處乃是省力處, 省力處乃是得力處.' 若起一念希望心求悟入處, 大似人在自家堂屋裏坐却問他人覓住處無異.(『대혜보각선사서』제29권. 49. 황지현(黃知縣) 자여(子餘)에 대한 답서)

251) 생력(省力) : 힘을 덜다. 수월하다. 수고롭지 않다.

252) 성일편(成一片) : =타성일편(打成一片). 한 덩어리가 되다. 한데 뭉치다.(주로 감정이나 생각이 융합되는 것을 가리킨다)

253) 日用四威儀中, 涉差別境界, 覺得省力時, 便是得力處也. 得力處極省力. 若用一毫毛氣力支撑, 定是邪法, 非佛法也. 但辦取長遠心, 與'狗子無佛性.'話蘄崖. 崖來崖去, 心

118

힘을 들이고 애를 쓴다는 것은 곧 억지로 조작(造作)하는 유위행(有爲行)이니 올바른 공부가 아니다. 화두를 살펴보는 간화(看話)가 억지로 애를 쓰면서 행하는 유위행이 되면 안 된다. 늘 자신에게 화두를 말해 주고 화두를 일깨워 주는 것은 억지로 행하는 유위행이 아니다. 화두를 살펴보는 간화는 화두를 힘들여 억지로 붙잡고 있는 것이 아니라, 순간순간 자신에게 화두를 말해 주고 순간순간 자신에게 화두를 일깨워 주는 것이다. 이렇게 말해 주고 일깨워 주는 것이 화두를 살펴보는 것이고, 화두와 마주하여 버티는 것이다. 이렇게 힘들이지 않고 말해 주고 일깨워 주다 보면 저절로 익숙해지고 힘이 들지 않게 된다.

(8) 욕심을 내어 급하게 깨달음을 찾지 말라

"첫째로 명심할 것은, 일부러 생각을 움직여서 속으로 욕심을 내어 조급해하며 급하게 깨달음을 찾아서는 안 된다는 것입니다. 이러한 생각을 하자마자 바로 이 생각이 길목을 꽉 틀어막아서 영원히 깨달음을 얻을 수 없게 됩니다. 조사(祖師)께서 말씀하셨습니다. '붙잡고서 정도를 지나치게 되면 반드시 삿된 길로 들어가고, 자연스레 놓아두면 본바탕에는 가거나 머무는 일이 없다.'[254] 이것은 곧 조사께서 사람을 위하여 정성껏 털어놓으신 말씀입니다."[255]

無所之, 忽然如睡夢覺, 如蓮華開, 如披雲見日. 到恁麼時自然成一片矣.(『대혜보각선사서』 제28권. 38. 종직각(宗直閣)에 대한 답서)

254) 삼조승찬(三祖僧璨)의 『신심명(信心銘)』의 한 구절.

255) 第一記取, 不得起心動念肚裏熱忙急要悟. 纔作此念, 則被此念塞斷路頭, 永不能得悟矣. 祖師云 : '執之失度必入邪路, 放之自然體無去住.' 此乃祖師, 吐心吐膽, 爲人處也.(『대혜보각선사서』 제29권. 49. 황지현(黃知縣) 자여(子餘)에 대한 답서)

욕심을 내어 조급해하며 급하게 깨달음을 찾으면 삿된 길로 들어가게 된다. 선 공부에서 욕심은 금물이다. 깨달음에 욕심을 내는 순간 이미 삿된 길로 들어선 것이다. 본바탕은 언제나 자연스럽고 저절로 드러난다. 욕심을 내어 깨달음을 찾는 것이 이미 분별이고, 욕심을 내면 자기도 모르게 애를 쓰게 되고 조작하게 되어 삿된 길로 들어가는 것이다.

(9) 번개처럼 번쩍 스치는 곳에서 이해하지 말라

"다만 '개에게도 불성이 있습니까?' '없다.'만 살펴보시되, …… 번개처럼 번쩍 스치는 곳에서 이해해서도 안 됩니다."256)

"다만 스스로에게 일깨워 주고 스스로에게 말해 주기만 할 뿐이어야 하고, 왼쪽으로 가도 옳지 않고 오른쪽으로 가도 옳지 않습니다. …… 또 부싯돌 불꽃이 튀고 번갯불이 치는 곳에서 알아차려서도 안 됩니다."257)

부싯돌 불이 튀고 번갯불이 번쩍이는 곳에서 이해하는 것의 삿됨에 관해서는 상권(上卷) '제3장 대혜의 가르침' 가운데 '5. 잘못된 공부와 삿된 선(禪)'에서 자세히 살펴보았다. 이것은 입을 열어 말을 꺼내는 곳에서 곧장 알아차린다는 것과 일맥상통한다.

---

256) 但只看 '狗子還有佛性也無?' 趙州云 : '無.' …… 又不得向擊石火閃電光處會.(『대혜보각선사서』 제26권. 17. 진소경(陳少卿) 계임(季任)에 대한 답서(1))
257) 只管提撕舉覺, 左來也不是, 右來也不是. …… 又不得向擊石火閃電光處會.(『대혜보각선사서』 제30권. 61. 장사인(張舍人) 장원(狀元)에 대한 답서)

(10) 눈썹을 찡그리고 눈을 깜빡이는 곳에 빠져 있지 말라

"이 한 글자는 수많은 잘못된 지식과 잘못된 깨달음을 물리치는 무기입니다. …… 눈썹을 찡그리고 눈을 깜박이는 곳에 빠져 있어도 안됩니다."258)

양미순목(揚眉瞬目)은 '눈썹을 치켜뜨고 눈을 깜박인다'는 뜻으로서, 마음의 대기대용(大機大用)을 표현하는 것이다. 타근(垜根)은 '진흙에 발이 빠져 나아가지 못하다' '빠져서 붙잡혀 있다'는 뜻이다. 대기대용(大機大用)이라는 도리(道理)를 나타내는 행위에 붙잡혀 있다는 말이다. 역시 선을 도리로 이해하는 것이니 피해야 할 삿된 것이다.

(11) 구습(舊習)이 일어나더라도 억지로 눌러 막지 말라

"혹 그대의 오래된 습기(習氣)가 언뜻언뜻 일어날 때에도 또한 마음을 써서 억지로 눌러 둘 필요 없이, 다만 언뜻 일어난 곳에서 '개에게도 불성이 있습니까?' '없다.'라고 하는 화두를 살펴보십시오. 바로 그때에는 마치 붉은 화로 위의 한 점 눈송이와 같을 것입니다."259)

---

258) 此一字子, 乃是摧許多惡知惡覺底器仗也. …… 不得向揚眉瞬目處垜根.(『대혜보각선사서』 제26권. 13. 부추밀(富樞密) 계신(季申)에 대한 답서(1))

259) 忽爾舊習瞥起, 亦不著用心按捺, 只就瞥起處, 看箇話頭, '狗子還有佛性也無?' '無.' 正恁麽時, 如紅鑪上一點雪相似.(『대혜보각선사서』 제27권. 23. 유통판(劉通判) 언충(彦冲)에 대한 답서(1))

습(習)이란 오랫동안 익숙해 있어서 자기도 모르게 습관적으로 행하게 되는 생각이나 행동 등의 버릇을 가리킨다. 이러한 버릇은 하루아침에 억지로 고칠 수 없다. 이런 버릇을 억지로 눌러서 막으려고 하는 행위가 바로 분별이다. 이런 버릇들의 뿌리는 역시 분별망상이므로 화두를 살펴보면서 분별망상을 녹여 없앤다면, 이런 버릇들도 저절로 조복(調伏)이 된다. 이것이 오래된 버릇이라고 분별하여 그 버릇을 억지로 눌러 막으려고 하는 것이 오히려 분별이요, 망상이다.

(12) 지나간 일을 생각하거나 두려워하지 말라

"다만 당장 착실하게 공부해 나아갈 뿐, 지나간 일은 두려워할 필요도 없고 생각할 필요도 없습니다. 생각하고 두려워하면 공부에 장애가 될 뿐입니다."[260]

간화(看話)하는 사람은 과거를 돌아보지도 말고 미래를 기대하지도 말고 오로지 당장 눈앞의 화두만 살펴보아야 한다. 과거를 돌아보는 것이 바로 분별이고, 미래를 기대하는 것이 바로 분별이다. 과거의 잘못을 후회하지도 말고, 미래의 희망을 기대하지도 말고, 다만 화두만 말하고 화두만 일깨우고 화두만 살펴보아야 한다.

---

260) 但從脚下著實做將去, 已過者, 不須怖畏, 亦不必思量. 思量怖畏卽障道矣.(『대혜보각선사서』제25권. 2. 증시랑(曾侍郎) 천유(天游)에 대한 답서(1))

(13) 관대(管帶)와 망회(忘懷)를 피하라

"만약 즐거움과 괴로움을 균등하게 하고자 한다면, 다만 의도적으로 꽉 붙잡고 있거나 의도적으로 잊어버리려 하지 말고, 하루 24시간 언제나 탁 놓아서 막힘 없게 하십시오."[261]

기심관대(起心管帶)와 고심망회(枯心忘懷)에 관해서는 상권(上卷) '제3장 대혜의 가르침' 가운데 '5. 잘못된 공부와 삿된 선(禪)'에서 자세히 살펴보았다. '기심관대'는 마음을 일으켜 일부러 마음을 지니고 있는 것이고, '고심망회'는 마음을 죽여서 일부러 잊어버리는 것이니, 둘 모두 분별되고 조작된 것이다. 특히 주의할 것은, 화두를 말해 주고 화두를 스스로에게 일깨워 줌으로써 화두를 살펴보는 간화(看話)를 기심관대로 오해할 우려가 있다는 것이다. 보통 화두를 잡고 있다고 할 경우에는 아마도 기심관대에 해당하는 것으로 보인다. 화두는 순간순간 분별망상을 부수는 방편으로 순간순간 말하고 일깨우고 살펴보는 것일 뿐, 화두가 붙잡고서 놓지 않고 집착할 대상은 아니다. 화두를 붙잡고 집착한다면 화두가 다시 하나의 차별경계가 되니, 화두가 차별경계를 부수는 금강왕보검의 역할을 할 수 없는 것이다. 간화(看話)란 화두를 순간순간 자신에게 말해 주고 일깨워 주는 것이며, 간화에서 화두는 순간순간 일어나는 분별망상을 부수는 칼이며, 순간순간 일어나는 분별망상의 병을 치유하는 약인 것이다.

---

261) 要得苦樂均平, 但莫起心管帶, 將心忘懷, 十二時中放敎蕩蕩地.(『대혜보각선사서』 제27권. 23. 유통판(劉通判) 언충(彦冲)에 대한 답서(1))

(14) 텅 비고 고요한 곳에 떨어져 있지 말라

"화두를 살펴볼 때에는 …… 텅 비고 고요한 곳에 떨어져 있어서도 안 됩니다."[262]

텅 비고 고요한 곳에 떨어져 머무는 것은 역시 텅 비고 고요한 곳이라는 차별경계에 머물러 있는 것이다. 마음은 텅 비고 고요한 것도 아니고, 꽉 차고 시끄러운 것도 아니다. 마음은 텅 비고 고요할 때도 있고, 꽉 차고 시끄러울 때도 있다. 텅 비고 고요한 것도 차별경계이고, 꽉 차고 시끄러운 것도 차별경계이다. 보통 시끄러운 세상사에 시달리다가 선을 공부한다고 하면 곧 마음을 텅 비고 고요하게 만드는 것이라고 착각하는 경우가 많지만, 고요한 곳은 시끄러운 곳과 마찬가지의 차별경계이다. 텅 비고 고요한 곳에 떨어져 있는 것은 대혜가 삿되다고 비판해 마지않던 묵조선(默照禪)의 행태이기도 하다.

(15) 공(空)에 떨어질까 두려워하지 말라

"곧장 쓸 마음이 없고 마음 갈 곳이 없을 때에, 공(空)에 떨어질까 봐 두려워하지 마십시오. 여기가 도리어 좋은 곳이니, 문득 쥐가 쇠뿔 속으로 들어가 바로 멈추는 것과 같습니다."[263]

---

262) 看時, …… 不用墮在空寂處.(『대혜보각선사법어』 제21권. 16. 여기의(呂機宜)에게 보임)
263) 直得無所用心, 心無所之時, 莫怕落空. 這裏却是好處, 驀然老鼠入牛角, 便見倒斷也.(『대혜보각선사서』 제30권. 61. 장사인(張舍人) 장원(狀元)에 대한 답서)

간화를 하다가 분별망상이 부서질 때에 가까워지면 공부하는 사람은 마치 밑도 없는 아득한 허공 속으로 떨어져 버릴 것 같은 두려움을 느끼기도 한다. 이것은 분별망상에 의지하고 집착했던 마음이 의지하고 있던 분별망상이 부서지려 하니 느끼는 두려움이다. 이렇게 두려울 때에도 물러나지 않고 계속 간화를 하면, 한 순간 쥐가 쥐덫에 들어가 꼼짝 못하고 죽어 버리는 것처럼 문득 분별망상이 부서지고 깨닫게 된다. 그러므로 공에 떨어질까 두려울 때는 분별망상이 부서질 때가 가까운 것이니 도리어 좋은 때이다.

(16) 말할 때는 있고 침묵할 때는 없다고 하지 말라

"말할 때에는 있다가도 말하지 않을 때에는 없다고 해서도 안 됩니다."[264]

말할 때는 있고 침묵할 때는 없다고 한다면, 그것은 말과 침묵·있음과 없음을 분별하는 것이다.

---

264) 不可擧時便有, 不擧時便無也.(『대혜보각선사서』 제28권. 35. 여사인(呂舍人) 거인(居仁)에 대한 답서(2))

6. 대혜 간화선의 표준 모델

지금까지 살펴본 간화선을 다시 간략히 정리하여 간화선을 한눈에 알아볼 수 있도록 해 본다. 이것은 간화선의 표준적 모델이라고 할 만할 것이다.

(1) 간화선에서 화두의 역할은 무엇인가?

① 어떤 것들이 화두인가?

대혜가 살펴보라고 권한 화두들은 가장 대표적인 구자무불성화(狗子無佛性話)뿐만 아니라, '정전백수자(庭前栢樹子)'·'즉심시불(卽心是佛)'·'노(露)'·'비심비불(非心非佛)'·'수미산(須彌山)'·'방하착(放下着)'·'저울추를 톱으로 잘라라'·'흙덩이'·'망상(妄想)하지 말라'·'구지(俱胝)가 손가락을 세움'·'죽비자화(竹篦子話)'·'일구흡진서강수(一口吸盡西江水)'·'마삼근(麻三斤)'·'간시궐(乾屎橛)'·'동산수상행(東山水上行)' 등과, "내가 남에게 옳고 그름과 바르고 굽음을 결단해 줄 수 있는 것은 누구의 은혜로운 힘을

입은 것이며 결국 어느 곳에서 나오는 것인가?"라든가 "어떤 것이 헤아
림이 미치지 못하는 곳인가?"라든가 "있는가 없는가, 같은가 다른가?"
라든가 "태어날 때에는 어디에서 오고 죽을 때에는 어디로 가는가?"라
든가 "어둡고 우둔함을 능히 알 수 있는 것이 결국 무엇인가?"처럼 각자
의 궁금한 사항도 화두로 삼아 살펴볼 것을 권하고 있다.

② 화두의 역할은 무엇인가?

㉮ 화두는 사량(思量)하는 정식(情識)이 활동하지 않게 한다.

㉯ 화두는 잘못된 지식과 잘못된 깨달음을 물리치는 무기이다.

㉰ 화두는 큰 불덩어리와 같아서 아무것도 들러붙을 수 없다.

㉱ 화두는 감정이나 생각을 고요하게 만든다.

㉲ 화두는 망상이 일어나지 않게 한다.

㉳ 화두는 시끄럽게 뒤얽힌 마음을 사라지게 한다.

㉴ 화두는 혼침과 도거를 가라앉힌다.

㉵ 화두는 삶과 죽음에 대한 의심을 끊어 버리는 칼이다.

㉶ 화두는 삶과 죽음을 두려워하는 마음과 어리석고 어두운 마음과
   사량분별하는 마음과 총명한 마음이 일어나지 않게 한다.

㉷ 화두는 오래된 습기(習氣)가 일어나지 않게 한다.

이처럼 화두는 분별망상을 끊어 버리는 방편이고, 분별망상을 가로
막아서 활동하지 못하게 하는 방편이다. 간화선에서 화두는 온갖 의심
과 분별망상과 허망한 사량분별과 두려움과 혼침이나 도거 같은 선병
(禪病)을 끊어 버리는 칼과 같고, 태워 없애 버리는 불덩이와 같은 것이

다. 화두의 역할은 다만 분별망상과 의심과 지식과 두려움과 혼침과 도거를 가로막아서 사라지게 만드는 것이다.

③ 화두는 몇 개나 살펴보는가?

오직 하나의 화두에서 분별심을 끝장 내면 된다. 여러 가지 종류의 화두가 있지만, 그 가운데 하나를 골라서 자신의 분별심을 가로막는 장벽으로 삼고, 망상을 끊어 내는 칼로 삼고, 헛된 마음을 꼼짝 못하게 가두는 덫으로 삼아야 한다. 자신을 죽이는 칼은 하나면 족한 것이고, 자신을 가로막는 장벽은 하나면 되는 것이고, 자신을 가두는 덫은 하나이어야 한다.

(2) 간화선은 어떻게 깨달음으로 이끄는가?

① 화두를 살펴보고 또 살펴보고, 말하고 또 말하고, 일깨우고 또 일깨우고, 생각하고 또 생각하고 하면서 화두와 마주하여 버티고 또 버틴다.

② 그렇게 오래 하여 때가 되면 문득 입으로 따질 수도 없고 마음으로 생각할 수도 없고 붙잡을 것도 없어서 마음이 갑갑하고 초조하고 안절부절 못하게 되는데, 이때에는 마음이 마치 무쇠로 만든 말뚝을 물어뜯는 듯이 맛이 없고, 마치 뜨거운 쇳덩이를 놓아둔 듯이 견디기 어렵고, 마음은 갈 곳이 없어져서 마치 쥐가 쇠뿔 속으로 기어들어가 꼼짝도 못하는 것과 같아진다.

③ 다만 이 초조하고 갑갑하고 불편한 곳이 바로 깨달아 부처가 되고 조사가 되는 곳이니, 이러한 경계를 만나면 공(空)에 떨어질까 봐 두려워

하지 말아야 하고, 물러서지 말고 화두를 살펴보면서 버티어야 한다.

④ 여기에서 자기도 모르는 사이에 갑자기 생각이 폭삭 부서지고 심의식(心意識)의 소식이 끊어지면서 단번에 확 깨달음이 일어난다.

⑤ 생각 없고 조작 없음에 이와 같이 깨달음을 일으키는 공덕(功德)이 있다.

다만 화두를 말하여 일깨우고 살펴보면서 화두와 마주하여 버티고 있다 보면, 어느 순간 마음이 갈 길을 잃어버리고 생각할 것도 없고 붙잡을 것도 없이 초조하고 갑갑하고 불안해지는데, 여기에서 물러나지 않으면 갑자기 소식이 끊어지면서 단번에 깨닫게 된다. 화두는 생각을 차단하고 마음이 갈 곳을 차단하는 장벽의 역할을 한다. 그러므로 화두를 자신에게 말해 주고 일깨워 주어 화두를 살펴보면서 화두와 버티게 되면, 화두가 마음이 가는 길을 막는 장벽이 되어 마음은 마치 쥐가 쇠뿔 속에 들어가 꼼짝도 못하는 것처럼 되고, 이렇게 마음이 꼼짝 못하여 갑갑하고 초조하고 불안한 곳에서 자기도 모르게 갑자기 깨달음이 발생하는 것이다.

(3) 간화선은 어떻게 행하는가?

① 간화하기 전에 갖추어야 할 마음가짐

우선 꼭 깨닫겠다는 결정적 뜻을 먼저 갖추고서 아직 깨닫지 못한 것을 마치 빚을 갚지 못한 사람이 빚 독촉을 받는 듯이 하여야 하고, 다시 일시에 모든 아는 것들과 가진 것들을 다 비워 버리고 마음에 아무것도 남겨 두지 않아야 한다. 또, 간화 이외의 다른 불교나 선의 수행은 하지 말아야 하고, 마음을 붙잡고 있거나 마음을 잊어버리는 인위적 행동은 하지 말고, 허망한 생각이 일어나더라도 억지로 눌러 막지도 말고, 자연스럽게 인연에 응하여 반응하는 마음으로 두어야 한다.

② 언제 어디에서 간화하는가?

외면적인 측면에서 말하면, 일상생활 속의 모든 때에 모든 곳에서 화두를 살펴보아야 한다. 기쁠 때이든 슬플 때이든, 고요한 때이든 시끄러운 때이든, 한가한 때이든 바쁠 때이든, 일할 때이든 사람을 만날 때이든 언제든지 화두를 말하고 화두를 일깨우고 화두를 살펴보면서 화두와 버티고 있어야 한다. 간화를 하는 사람은 마음속에 빚을 지고 있는 사람이고, 꼭 해야 할 일을 못하고 있는 사람이고, 반드시 풀어야 할 문제를 가지고 있는 사람이다. 마음속에 이런 짐을 지고 있는 사람이 언제 어디에서든 이 짐으로부터 자유로울 수는 없다.

내면적인 측면에서 말하면, 허망한 세속의 감정이나 생각이 일어날 때에 화두를 살펴보고, 세간의 잡다한 일에 마음을 뺏길 때에 화두를 살펴보고, 마음속의 의문이 해소되지 못한 곳에서 화두를 살펴보고, 혼침(昏沈)과 도거(掉擧)가 일어날 때에 화두를 살펴보고, 돈을 빚진 사람이 갚을 길이 없는 것과 같아서 가슴속이 번민으로 가득 찰 때에 화두를 살펴보아야 한다. 분별망상이 일어날 때에 화두를 살펴보면 분별망상이 쉬어질 것이고, 혼침이나 도거처럼 차별경계가 나타날 때에 화두를 살펴보면 차별경계가 사라질 것이고, 가슴속이 번민으로 갑갑하고 불편할 때에 화두를 살펴보면 번민이 사라질 것이다.

③ 어떻게 간화하는가?

화두를 목적어로 삼는 용어들은 간(看)·제시(提撕)·거(擧)·거각(擧覺)·여지시애(與之廝崖)·애장거(崖將去)·참(參)·제철(提掇)·처포(覷捕)·사량(思量)·경경발전(輕輕撥轉) 등이 있다. 각 용어의 뜻은 다음과 같다.

- 간(看) : (화두를) 잘 살펴보다.
- 제시(提撕) : (화두를) 말하여 일깨우다. (화두를) 말하여 주의를 환기시키다.
- 거(擧) : (화두를) 말하다. (화두를) 말해 주다. (화두를) 거론(擧論)하다.
- 거각(擧覺) : (화두를) 말하여 일깨우다. (화두를) 말하여 주의를 환기시키다. =제시(提撕).
- 여지시애(與之廝崖) : (화두)와 맞붙어 버티다.
- 애장거(崖將去) : (화두와 맞붙어) 지속적으로 버티어 나아가다.
- 참(參) : (화두를) 참구(參究)하다.
- 제철(提掇) : (화두를) 말해 주다. =거(擧).
- 처포(覷捕) : (화두를) 자세히 살펴보며 찾다. =간(看).
- 사량(思量) : (화두를) 생각하고 헤아리다.
- 경경발전(輕輕撥轉) : (화두를) 살살 놀리다. (화두를) 가지고 놀다.

이러한 용어들은 간화(看話)를 행하는 행위를 나타내고 있다. 그런데 간화(看話)를 행하는 것은 하나의 행위이지 여러 개의 행위가 아니다. 이들 다양한 용어들은 모두 간화(看話)라는 하나의 행위를 나타내는 말들이다. 이 용어들이 어떻게 간화(看話)라는 하나의 행위를 나타내는가?

간화(看話), 즉 화두를 살펴보는 행위는 곧 화두를 자신에게 말하여 일깨워 주는 거(舉)·거각(舉覺)·제시(提撕)의 행위이다. 스스로 화두를 거론(舉論)함으로써 화두를 살펴보고, 화두를 자신에게 일깨워 화두에 주의를 환기시킴으로써 화두를 살펴본다. 이처럼 순간순간 화두를 거론하고 자신에게 일깨움으로써 순간순간 화두와 마주 보는 간화(看話)를 행하게 되고, 이렇게 순간순간 화두와 마주 보고 간화를 행하며 화두와 맞붙어 버티어 나아가는 것이 여지시애(與之廝崖)요, 애장거(崖將去)이다. 순간순간 화두를 거론하고 자신에게 일깨움으로써 순간순간 화두와 마주하는 것은 마치 축구 선수가 축구 공을 가지고 노는 것과 같고, 고양이가 잡은 쥐를 놀리는 것과 같으니, 경경발전(輕輕撥轉)이다. 순간순간 화두를 거론하고 자신에게 일깨움으로써 순간순간 화두와 마주 보는 것은 또한 화두를 생각하는 것이니, 사량(思量)이다. 이렇게 간화를 행하는 것이 바로 화두를 참구(參究)하는 것이다.

④ 순간순간 간화하라

간화를 말하면서 대혜가 자주 말하는 것 하나는 "시시(時時)에 간화하라."는 것이다. "시시(時時)에 간화(看話)하라."는 말의 뜻은 일상의 삶 속에서 순간순간 끊임없이 화두를 일깨워서 살펴보라는 뜻이다.

그러나 순간순간 끊임없이 화두를 자신에게 말해 주고 일깨워 줌으로써 화두를 살펴보라는 것이 기심관대(起心管帶)에 해당하면 안 된다. 기심관대란 마음을 일으켜 의식적으로 무엇을 붙잡고 놓지 않는 것으로서 착의(著意)라고도 하는데, 기심관대(起心管帶)와 그 반대인 고심망회(枯心忘懷)는 모두 의도적으로 조작하여 만든 경계이니 선병(禪病)에 해당한다. 화두의 기능은 우리 마음이 일으키는 분별망상과 이러한 선병을 부수고 우리의 마음이 도거(掉擧)나 혼침(昏沈)에 머무는 것을 가로 막는 금강왕보검(金剛王寶劍)의 역할이다.

즉 간화란 순간순간 화두를 자신에게 말해 주고 일깨워 줌으로써 마음에서 순간순간 일어나는 분별망상을 끊어 버리는 행위인 것이다. 이처럼 화두란 잡초가 올라올 때마다 잘라 버리는 칼과 같고, 가려운 곳을 긁는 효자손과 같고, 아픈 곳을 치료하는 약과 같은 것이다. 팔만 사천의 번뇌가 있으니 팔만 사천의 법문이 있다고 하는 것처럼, 화두란 분별망상이라는 병이 나올 때마다 그 병을 쳐부수어 치료하는 약이라고 할 수 있다. 병이 치유되면 약이 필요 없듯이, 분별망상이 적멸하면 화두라는 금강왕보검도 필요치 않다. 그러므로 깨달음을 얻을 때를 일러 화두가 부서졌다[타파(打破)]라든지 화두를 뚫고 벗어났다[투과(透過)]라고 하는 것이다.

순간순간 끊임없이 일어나는 분별망상을 쳐부수라는 뜻에서 순간순간 끊지 말고 놓지 말라고 하는 것이지, 화두를 붙잡고 놓지 말고 화두에 의지하고 화두와 하나가 되라는 뜻은 아니다. 화두란 어디까지나 망상의 병을 치료하는 약이고, 망상을 쳐부수는 방편인 칼일 뿐, 화두가 곧 우리의 본래면목은 아니기 때문이다.

⑤ 간화하여 어떻게 되는가?

간화를 하다 보면 결국 마음이 붙잡을 것도 없고, 맛도 없고, 이치의 길이 끊어지고, 초조하고, 갑갑하고, 불편하고, 솜씨를 부릴 수 없게 되는데, 이러한 때에도 화두를 놓고 게으름을 피우지 말고, 끊임없이 화두를 말해 주고 일깨워 줌으로써 화두를 살펴보아야 한다.

이처럼 마음이 붙잡을 것도 없고, 맛도 없고, 이치의 길이 끊어지고, 초조하고, 갑갑하고, 불편하고, 솜씨를 부릴 수 없게 된 곳에 이르면 마치 쥐가 쇠뿔 속으로 들어가 꼼짝달싹할 수 없게 된 것과 같은데, 여기에서 문득 슬그머니 마음이 사라지면 이것이 바로 깨달음이다.

이처럼 쥐가 쇠뿔 속에 갇힌 것처럼 마음이 꼼짝달싹할 수 없는 이곳이 바로 꿈에서 깨어나는 곳이요, 문득 생각이 끊어질 곳이요, 저절로 한 덩어리가 되는 곳이요, 문득 저절로 깨닫는 곳이다. 간화를 하여서 이렇게 되는 것은 바로 간화선이 어떻게 깨달음으로 이끄는가를 보여 주고 있다.

(4) 간화할 때 주의할 점은 무엇인가?

① 깨달음을 기다리지 말라.

② 헤아리거나 해석하지 말라.

③ 입을 열어 말을 하는 곳에서 이해하거나 받아들이지 말라.

④ 말로써 설명하거나 문자를 인용하여 증명하려 하지 말라.

⑤ 일 없는 곳에 빠져 있지 말라.

⑥ 화두를 버리고 다른 곳에서 의문을 일으키지 말라.

⑦ 애쓰거나 힘쓰지 말라.

⑧ 욕심을 내어 급하게 깨달음을 찾지 말라.

⑨ 번개처럼 번쩍 스치는 곳에서 이해하지 말라.

⑩ 눈썹을 찡그리고 눈을 깜빡이는 곳에 빠져 있지 말라.

⑪ 구습(舊習)이 일어나더라도 억지로 눌러 막지 말라.

⑫ 지나간 일을 생각하거나 두려워하지 말라.

⑬ 관대(管帶)와 망회(忘懷)를 피하라.

⑭ 텅 비고 고요한 곳에 떨어져 있지 말라.

⑮ 공에 떨어질까 두려워하지 말라.

⑯ 말할 때는 있고 침묵할 때는 없다고 하지 말라.

(5) 간화선의 본질과 관건

① 간화선의 본질

대혜종고는 육조혜능(六祖慧能)의 문하인 임제종(臨濟宗)에 속하는 선사(禪師)이다. 대혜종고의 선(禪)도 육조(六祖) 문하의 선이고 임제종의 종지(宗旨)를 계승한 선이다. 이 점에서 간화선 역시 예외가 될 수 없다.

상권(上卷) 제1장에서 살펴보았듯이 육조 문하의 선은 직지인심(直指人心)·견성성불(見性成佛)의 선이다. 스승이 사량분별할 수 없는 불이법(不二法)인 인심(人心)을 곧장 가리키면, 학인은 그 자리에서 분별망상이 끊어지면서 문득 깨달음을 얻는 것이다. 여기에서는 어떤 종류의 수행 방식도 말하지 않고, 어떤 종류의 수행을 행하라고 요구하지도 않는다. 다만 분별할 수 없는 마음을 곧장 가리킬 뿐이다. 『대혜어록』 전체에서 대혜가 말하는 선(禪)은 분명히 이러한 종지를 드러내고 있으며, 직지인심·견성성불의 선을 말하고 있다.

간화선이 비록 간화라는 행위를 하라고 요구하고 있지만, 직지인심·견성성불의 본질을 잃고서 수행을 요구하는 것은 아니다. 간화할 때에 깨달음을 기다리지 말고 헤아리지 말고 관대(管帶)와 망회(忘懷)에 떨어지지 말고, 다만 화두만 스스로에게 말해 주고 스스로에게 일깨워 주어 화두만 살펴보라고 가르치는 것이 바로 직지인심·견성성불의 종지를 드러내는 것이다. 이런 점에서 화두는 사량분별을 배제하고 곧장 불이법(不二法)을 가리키는 직지인심(直指人心)임이 분명하다. 화두가 사량분별을 배제한 직지(直指)임은 대혜의 다음 말에서도 명백히 드러나 있다.

"그러므로 이 일은 결코 언어(言語) 위에 있는 것이 아니다. 만약 언어 위에 있다면, 일대장교(一大藏敎)와 제자백가(諸子百家)가 온 하늘과 땅에 가득한데, 어찌 말이 없었겠느냐? 또 달마대사께서 서쪽에서 오셔서 곧장 가리키신[직지(直指)] 일이 왜 필요하겠느냐? 결국 어디가 곧장 가리키신 곳인가? 그대들이 마음으로 헤아리려고 하면, 벌써 굽어[265] 버렸다.

　　예컨대 한 승려가 조주(趙州)에게 물었다.
　　'무엇이 조사께서 서쪽에서 오신 뜻입니까?'
　　조주가 말했다.
　　'뜰 앞의 잣나무다.'

　　이것이 확실히 곧장 (가리키신 것)이다.

　　또 어떤 승려가 동산(洞山)에게 물었다.
　　'어떤 것이 부처님입니까?'
　　동산이 말했다.

---

265) '굽다'는 곡(曲)은 '어긋나다'는 뜻이고, '바르다' '곧다'는 직(直)은 '어긋남이 없다'는 뜻이다.

'마(麻)가 서 근이다.'

또 어떤 승려가 운문(雲門)에게 물었다.
'어떤 것이 부처님입니까?'
운문이 말했다.
'똥 닦는 막대기다.'

이것들이 확실히 곧장 (가리키신 것)이다.".266)

간화선의 본질은 이처럼 즉각 사량분별을 배제하고 불이법(不二法)을
곧장 가리킴으로써 공부인이 문득 분별망상에서 벗어나 깨달음을 얻게
하는 직지인심·견성성불의 선이며, 육조혜능의 남종돈교(南宗頓敎)를
계승하고 있는 선인 것이다. 간화선이 간화라는 수행을 통하여 점진적
으로 깨달음에 다가가는 점수법(漸修法)이라고 오해해선 안 될 것이다.

② 간화선 성공의 관건

간화선은 깨달음으로 이끄는 하나의 방편이다. 간화선이 깨달음으
로 이끄는 원리는 깨달음이 발생하는 조건 속으로 화두를 이용하여 마
음을 몰아넣는 것이다. 선에서 깨달음이 발생하는 조건이란, 분별할 수

---

266) 所以此事決定不在言語上. 若在言語上, 一大藏敎·諸子百家, 徧天徧地, 豈是無言?
更要達磨西來直指什麼? 畢竟甚麼處是直指處? 你擬心早曲了也. 如僧問趙州 : '如
何是祖師西來意?' 州云 : '庭前柏樹子.' 這箇忒殺直. 又僧問洞山 : '如何是佛?' 山云 :
'麻三斤.' 又僧問雲門 : '如何是佛?' 門云 : '乾屎橛.' 這箇忒殺直.(『대혜보각선사보설』
제13권 '1. 설봉에서 보리회 만들 때의 보설')

없는 곳에 다다라 분별심이 활동하지 못하여 마음이 마치 쥐가 덫에 갇힌 것처럼 꼼짝하지 못하게 되는 것이다. 간화선에서 가장 중요한 관건은 화두를 이용하여 마음을 이러한 곳으로 효과적으로 몰아넣는 것이다. 즉, 분별할 수 없고 머물 수 없고 갈 곳이 없는 곳으로 마음을 어떻게 잘 몰아넣느냐가 바로 간화선의 성패를 가름하는 관건인 것이다. 다시 말해, 사량분별을 배제하고 곧장 불이법문(不二法門) 속으로 어떻게 들어가게 하느냐 하는 것이 바로 간화선의 성패를 가름하는 관건이다.

간화선에서는 화두를 순간순간 자신에게 말해 주고 일깨워 주어 늘 화두를 마주 봄으로써 분별심을 가로막아 부수어 버리라고 하는데, 이 화두는 사량분별을 파괴하는 무기요, 사량분별이 들러붙을 수 없는 큰 불덩어리와 같아야 한다고 한다. 이처럼 사량분별이 들러붙을 수 없는 불덩어리인 화두를 순간순간 자신에게 일깨워 주어 화두를 마주 보게 되면, 사량분별은 저절로 쉬어진다고 한다. 이처럼 사량분별이 붙을 수 없는 화두를 가지고 분별심을 가로막아 부수는 것이 바로 간화선에서 깨달음이 일어나는 상황으로 마음을 몰고 가는 요점이다.

그러므로 간화할 때에는 다만 화두를 말해 주고 일깨워 주고 살펴볼 뿐, 어떤 종류의 분별도 없어야 하고 어디에도 마음이 머물거나 집착하지 말아야 한다. 화두를 말해 주고 일깨워 주고 살펴보면서, 만약 공부는 이렇게 하는 것이라고 견해를 가지고 있거나, 이렇게 하면 깨달음을 얻을 수 있다고 기대하고 있거나, 화두는 어떤 역할을 해야 한다고 생각하거나, 끊임없이 화두를 살펴보아야 한다고 생각하는 등 어떤 종류의 사량분별이라도 생긴다면, 분별망상은 절대로 사라지지 않고 마음은 절대로 죽지 않는다. 그렇기 때문에 간화를 하면서 깨달음을 기다리지 말라거나, 헤아리거나 해석하지 말라거나, 애쓰거나 힘쓰지 말라거나, 관대(管帶)와 망회(忘懷)를 피하라는 등의 여러 가지 주의할 점을 말한 것이다.

(6) 간화선의 문제점

① 간화를 수행 방식으로 오해하기 쉽다

대혜는 간화선에서 간화(看話)라는 행위를 어떤 방식으로 행하라고 가르쳤다. 말하자면, 수행의 방식을 가르친 것이다. 육조(六祖) 문하(門下)에서 대혜 이전까지의 선(禪)은 언제나 곧장 사람의 마음을 가리키는 직지인심(直指人心)이었고, 어떤 수행의 방식을 가르치지는 않았다. 선은 언제나 분별을 배제하고 불이법(不二法)인 자성(自性)을 곧장 가리키는 것이었다. 이것이 직지인심(直指人心)ㆍ견성성불(見性成佛)이라고 말하는 선의 방편 아닌 방편인 것이며, 선에서 깨달음을 얻게 하는 길이다.

그런데 대혜종고는 이와는 달리 간화라는 수행의 방식을 가르쳤다. 여기에 중대한 문제가 있을 수 있다. 상권(上卷) 제1장에서 보았다시피 육조 문하의 선에서는 어떤 종류의 수행 방식도 용납하지 않는다. 언제나 단도직입으로 사량분별이 용납되지 않는 불이법(不二法)을 가리킴으로써 곧장 불이법문(不二法門)으로 이끌어 들이는 것이 본래의 선이다. 그러므로 대혜의 간화선이 선의 전통을 따르고 있다면, 간화하는 행위라는 수행의 방식이 되지는 말아야 하고, 간화(看話)하는 행위 자체가 사량분별을 끊어 버리고 곧장 불이법문으로 이끄는 것이어야 한다.

대혜가 실중(室中)에서 즐겨 사용한 죽비자화(竹篦子話)가 그렇듯이, 간화선에서 화두를 살펴보는 것도 곧장 사량분별을 배제하고 불이법문으로 이끌어 들이는 것이 본질이다. 이러한 본질이 바탕이 될 때에 간화선은 육조 문하의 선이 되며, 사람들을 깨달음으로 이끄는 올바른 방편이 될 것이다. 만약 그렇지 않고 간화를 행하는 방식에 중점을 두고서 간화선을 하나의 수행 방식으로 여긴다면, 간화선은 육조 문하의 선이 될 수 없고 임제종의 종지를 살릴 수도 없다.

② 관건을 오해하기 쉽다

간화선의 관건은 화두를 살펴봄으로써 사량분별을 가로막아 부수어 버리는 것인데도 이것을 모르고, 도리어 화두를 얼마나 잘 붙잡고 있느냐 하는 것을 간화선의 요체라고 오해하는 사람들이 많다. 고요할 때에도 화두를 잡고서 놓지 않고, 움직일 때에도 화두를 잡고서 놓지 않고, 꿈속에서도 화두를 잡고서 놓지 않고, 깊은 잠속에서도 화두를 붙잡고 놓지 않아야 한다고 주장하는 이들이 이러한 사람들이다.

이들은 간화(看話)하는 행위가 화두를 잊어버리는 망회(忘懷)를 피하여 화두를 끊임없이 붙잡고 있는 관대(管帶)라고 오해한 것이다. 약이 단지 병을 치료하는 방편일 뿐이고 화두가 단지 사량분별을 가로막는 방편일 뿐인데도, 이들은 약이 곧 건강의 원인인 것처럼 오해하듯이 화두를 붙잡고 있는 것이 깨달음의 원인인 것처럼 오해한 것이다.

약은 단지 병에 대응하여 사용하는 것일 뿐 건강은 본래 스스로에게 갖추어져 있고, 화두는 단지 사량분별을 가로막는 방편일 뿐 깨달음은 본래 스스로에게 갖추어져 있다. 약이 건강의 원인이라면 건강한 사람은 언제나 약을 복용하여야 할 것이지만, 병이 나으면 약은 필요 없는 것이다. 마찬가지로 화두를 놓지 않고 붙잡고 있는 것이 깨달음의 바탕이라면 깨달은 사람은 모두 화두를 붙잡고 있어야 할 것이지만, 분별망상에서 벗어나 깨달으면 화두는 더 이상 필요 없는 것이다.

화두는 붙잡고 의지하는 대상이 아니라, 사량분별을 부수는 무기일 뿐이다. 화두를 얼마나 잘 붙잡고 있느냐가 관건이 아니라, 사량분별을 얼마나 잘 부수고 막아 주느냐가 관건인 것이다.

③ 기심관대(起心管帶)하기 쉽다

일부러 마음을 내어 지니고 있는 기심관대(起心管帶)는 의도적으로 마음을 죽여 마음을 잊는 고심망회(枯心忘懷)와 더불어 삿된 길이요, 잘못된 공부이다. 그런데 화두를 자신에게 말해 주고 화두를 자신에게 일깨워 주고 화두를 마주 보며 살펴보는 행위를 순간순간 끊임없이 행하라고 하는 것이 간화(看話)이니, 화두를 대상으로 하여 화두를 순간순간 끊임없이 살펴보라는 말을 기심관대(起心管帶)로 오해할 가능성이 다분히 있다. 화두와 맞붙어 버티라고 하는 여지시애(與之廝崖)나 애장거(崖將去)라는 말도 역시 관대(管帶)로 오해할 수 있는 말이다.

④ 깨달음을 기다리기 쉽다

대혜는 간화를 하면서 화두가 부서지기를 기다리지도 말고 깨달음이 오기를 기다리지도 말라고 누누이 당부하고 있지만, 사람들은 깨달음에 대한 욕심 때문에 그렇게 하기가 쉽지 않다. 화두를 살펴보는 목적이 깨달음을 얻는 것이고, 화두를 살펴보는 동기가 깨달음을 기대하는 것이므로, 화두를 살펴보기만 하고 깨달음을 기대하지 않기가 쉽지 않다.

⑤ 화두를 헤아리거나 해석하기 쉽다

고금(古今)의 많은 사람들이 화두(話頭)와 간화(看話)에 대하여 여러 가지로 헤아리고 해석하고 이야기하였다. 지금도 많은 사람들이 단지 화두와 공안을 헤아리고 따지고 해석하는 것을 공부로 삼고 있음을 볼 수 있다.

⑥ 화두를 선정(禪定)의 수단으로 삼는 경우가 있다

어떤 사람은 좌선(坐禪)하면서 화두를 선정(禪定)에 들어가는 수단으로 삼는 경우도 있다. 이들은 간화선을 마치 오조홍인(五祖弘忍) 선사가 가르친 일자관(一字觀)²⁶⁷)과 같은 관법(觀法)으로 오해한 경우이다.

⑦ 간화선은 대혜종고가 고안한 방편이다

상권(上卷) 제2장에서 보았다시피 대혜 자신은 간화선을 통하여 공부한 것도 아니고, 간화선을 통하여 깨달음을 얻은 것도 아니다. 간화선

---

267) "그대들이 좌선(坐禪)할 때에는, 평평한 곳에서 몸을 단정하게 하고 바로 앉아 몸과 마음을 풀어 놓고, 하늘 끝 저 멀리에 일자(一字)를 지켜보라. 그러면 저절로 진척이 있을 것이다. 만약 초심자(初心者)가 여러 가지 반연하는 생각이 많으면, 곧바로 마음속에서 일자(一字)를 바라보라. 마음이 깨끗해진 뒤에 앉아 있으면, 그 경지는 마치 끝없는 광야 속에서 멀리 하나만 우뚝 솟은 높은 산 꼭대기 확 트인 곳에 앉아 있어서 사방 어디를 돌아보아도 끝이 없는 것과 같다. 앉을 때에는 세계 가득히 몸과 마음을 풀어 놓고 부처님의 경계에 머물면, 청정법신(淸淨法身)의 끝없는 모습이 바로 이와 같다."(爾坐時, 平面端身正坐, 寬放身心, 盡空際遠看一字. 自有次第. 若初心人攀緣多, 且向心中看一字. 澄後坐時, 狀若曠野澤中, 迥處獨一高山, 山上露地坐, 四顧遠看, 無有邊畔. 坐時滿世界, 寬放身心, 住佛境界, 淸淨法身, 無有邊畔, 其狀亦如是.)(『능가사자기(楞伽師資記)』홍인장(弘忍章))

142

은 전적으로 대혜가 공부인들, 주로 출가하지 않은 세속의 공부인들을 염두에 두고 고안하여 만들어 가르친 방편이다. 이렇게 간화선이 대혜의 공부와 깨달음이라는 체험에 바탕을 둔 것이 아니라 대혜가 고안하여 만든 것이라는 점이 간화선이 가진 큰 단점이다. 헤아려서 고안한 것보다는 자신이 직접 체험한 것에 바탕을 두는 쪽이 진실로 효과적일 가능성이 훨씬 더 높다.

⑧ 대혜의 선은 본래 직지인심의 선이다

상권(上卷) '제3장 대혜의 가르침' 가운데 '7. 실중(室中) 가르침'에서 보았다시피, 대혜가 방장실에서 매일 백여 명의 납자들을 불러들여 지도할 때에는 공안이나 화두를 이용하여 그의 견해를 물어보면서 그 낙처를 추궁하기도 하고 개개인이 가진 문제점을 지적하여 그 문제에서 빠져나오도록 유도하기도 하는 식으로 지도하였고, 오로지 홀로 화두를 살펴보는 간화선만 하라고 시킨 것은 아니었다. 이 점은 대혜의 문하에서 깨달음을 얻은 사람들이 어떤 인연으로 말미암아 깨닫게 되었는지를 살펴보면 알 수 있다.

장준(張浚)이 지은 「대혜보각선사탑명(大慧普覺禪師塔銘)」에 의하면, 46세에 장락(長樂)의 양서암(洋嶼菴)에서는 따르는 무리가 53인이었는데 그 가운데 깨달음을 얻은 자가 13인이나 되었다고 하고,[268] 대혜의 제자인 혜

---

268) 양자강을 거쳐서 오른쪽으로 민(閩) 땅으로 들어가 장락(長樂)에 양서암(洋嶼菴)을 지었는데, 그때 스님을 따르는 자들이 겨우 53인이었는데, 50일도 지나지 않아 법(法)을 얻은 자가 13인이나 되었으니, 이전에는 없던 일이었다.(轉江右入閩 築菴長樂洋嶼, 時從之者纔五十有三人, 未五十日 得法者十三輩, 前此蓋未始有也.)(『대혜보각선사재주경산능인선원어록』 제6권 「대혜보각선사탑명(大慧普覺禪師塔銘)」)

연(慧然)이 기록하고 정지거사(淨智居士) 황문창(黃文昌)이 중편(重編)한『서
장(書狀)』에 실린 '대혜선사행장(大慧禪師行狀)'에서는 따르는 무리가 2,000
여 명에 이르렀는데,[269] 법을 이어받은 제자가 83인이라고 하였다.[270]

그러나 현재『대혜어록』과 후대의『오등전서(五燈全書)』[271] 등 여타 문
헌에서 대혜의 문하에서 어떤 인연으로 말미암아 깨달아 법을 얻었는
지를 확인할 수 있는 인원은 20명 정도이다. 이들 가운데 간화선으로
깨달음을 얻은 이는 진국태부인(秦國太夫人)[272] · 진기의(陳機宜)[273] · 채
자응(蔡子應)[274] · 유보학(劉寶學)[275] 등 재가자 4인과 출가자로는 천복오
본(薦福悟本)[276] 선사(禪師) 1인 등 5인이다.

간화선이 아니라 대혜의 가르침이나 다른 인연으로 깨달음을 얻은 이
는 출가자 11인과 재가자 4인 등 15인이다. 출가자 11인 가운데 미광(彌
光) 선인(禪人)은 "그대는 또 여기 와서 선(禪)을 말하는구나!"라는 대혜의

---

269) 원오 스님의 종지(宗旨)를 크게 선양하여 도법(道法)의 성함이 당시 세상을 뒤덮으니 따르
는 무리가 2,000여 명에 이르렀다.(大弘圓悟宗旨, 道法之盛, 冠于當世, 衆至二千餘人.)

270) 법을 이어 받은 자가 83인이다.(爲法嗣者, 八十三人也.)

271) 1693년에 편찬된『오등전서(五燈全書)』는『오등회원(五燈會元)』의 뒤를 이어 원초(元初)
에서 청초(淸初) 사이에 출현한 선사들의 기연(機緣)을 모아 놓은 책인데, 제45권에 대혜
의 승속 제자 34인의 깨달은 인연과 가르침을 실어 놓았다.

272) 『대혜보각선사보설』제14권의 '4. 진국태부인이 청한 보설'에 자세한 이야기가 나온다.

273) 『대혜보각선사법어』제23권의 '25. 진기의(陳機宜)에게 보임'에 언급되어 있다.

274) 『대혜보각선사연보(大慧普覺禪師年譜)』의 '1135년(47세) 소흥 5년 을묘(乙卯)'에 언급되어 있다.

275) 『대혜보각선사서(大慧普覺禪師書)』제27권의 '22. 유보학(劉寶學) 언수(彦修)에 대한 답
서'에 언급되어 있다.

276) 『오등전서』제45권 '요주천복오본선사(饒州薦福悟本禪師)'에 보면 천복오본 선사의 깨
달은 인연을 이렇게 기술해 놓았다 : 개에게는 불성이 없다는 화두를 가지고서 무자(無
字)를 말하여 일깨웠다. 어느 날 저녁 삼경(三更)에 가까워서 불전(佛殿)의 기둥에 기대
어 잠이 들려는 사이에 자기도 모르게 무자(無字)가 입 밖으로 튀어나왔는데, 문득 깨달
았다.(以狗子無佛性話, 擧無字而提撕. 一夕將三鼓, 倚殿柱昏寐間, 不覺無字出口吻,
忽爾頓悟.)

144

질책을 듣고서 문득 깨달았고,277) 만암도안(卍庵道顔) 선사(禪師)는 운문암(雲門菴)과 양서암(洋嶼菴)에서 아침저녁으로 질문하다가 문득 크게 깨달았고,278) 정수(鼎需) 선인(禪人)은 대혜에게 죽비로 3대를 두들겨 맞다가 문득 깨달았고,279) 대비한(大悲閑) 장로(長老)도 대혜에게 맞고서 깨달았고,280) 불조덕광(佛照德光) 선사는 대혜에게 한 방망이 맞고서 곧장 깨달았고,281) 고목조원(枯木祖元) 선사는 밤에 어떤 승려가 등불의 심지를 돋우는 것을 보고는 깨달았고,282) 무착도인(無著道人)은 "제가 석두 스님이 계신 곳에서는 마치 모기가 무쇠로 만든 소 위에 앉은 것과 같았습니다."라는 약산(藥山)의 말을 대혜가 인용하는 것을 듣고서 문득 깨달았고,283) 준박선인(遵璞禪人)은 대혜가 "악!" 하고 일할(一喝)을 외치는 소리를 듣고서 문득 깨달았고,284) 상운담의(祥雲曇懿) 장로(長老)는 대혜의 한 마디 말을 듣고서 깨달았고,285) 개선도겸(開善道謙) 선사(禪師)는 도반인 죽원암주(竹原菴主) 종원(宗元)과 함께 대혜의 심부름을 가다가 종원(宗元)이 말하는 "옷 입고, 밥 먹고, 똥 누고, 오줌 누고, 이 육체를 끌고 길을 가는 5가지 일만은 누구도 그대를 대신해 줄 수 없다."라는 말을 듣고서 문득 깨달았고,286) 묘도도인(妙道道人)은 대혜가 다른 스님에게 "마음도

---

277) 「대혜보각선사연보」의 '1134년(46세) 소흥 4년 갑인(甲寅)' 및 『총림성사(叢林盛事)』 상(上)에 자세한 이야기가 언급되어 있다.

278) 『오등전서(五燈全書)』 제45권 '강주동림만암도안선사(江州東林卍庵道顔禪師)'

279) 「대혜보각선사연보」의 '1134년(46세) 소흥 4년 갑인(甲寅)' 및 『총림성사(叢林盛事)』 상(上)에 자세한 이야기가 언급되어 있다.

280) 「대혜보각선사연보」의 '1134년(46세) 소흥 4년 갑인(甲寅)'에 자세한 이야기가 있다.

281) 『오등전서』 제45권 '경원부육왕불조덕광선사(慶元府育王佛照德光禪師)'

282) 『오등전서』 제45권 '온주안산능인고목조원선사(溫州雁山能仁枯木祖元禪師)'

283) 『대혜보각선사법어』 제22권의 '19. 영녕군부인(永寧郡夫人)에게 보임'에 자세한 이야기가 나온다.

284) 『대혜보각선사법어』 제24권 '33. 준박선인(遵璞禪人)에게 보임'에 자세한 이야기가 나온다.

285) 『대혜보각선사법어』 제24권 '33. 준박선인(遵璞禪人)에게 보임'에 언급되어 있다.

아니요, 부처도 아니요, 물건도 아니다. 이것이 무엇이냐?"라고 묻는 소리를 문 밖에서 듣고서 문득 깨달았다.[287]

재가자 4인 가운데 이참정(李參政)은 "애초에 풀이 길고 짧은 줄 알았었는데, 풀을 태우고 보니 원래 땅이 울퉁불퉁하구나."라는 대혜의 말을 듣고서 문득 깨달았고,[288] 무구거사(無垢居士) 장구성(張九成)은 격물(格物)만 알고 물격(物格)은 모른다는 대혜의 말을 듣고서 깨우쳐 주기를 당부했다가 대혜의 가르침을 듣고서 깨달았고,[289] 오제형(吳提刑)은 "솜씨는 내보일 필요가 없습니다. 곧장 우지끈 부러지고 뚝딱 끊어져야 비로소 삶과 죽음에 맞설 수 있습니다."라는 대혜의 말을 듣고서 작별하고 연평(延平)으로 길을 가다가 문득 깨달았고,[290] 황문사(黃門司)는 대혜의 일할(一喝)을 듣고서 의심이 사라졌다.[291]

이러한 인연들을 본다면 대혜가 오로지 간화선만 수행하라고 가르친 것은 아니었던 것을 알 수 있다. 대혜가 화두를 일깨우고 살펴보는 간화선을 출재가의 제자들에게 많이 권장하긴 하였으나, 또한 선원에서 함께 기거하였던 제자들에게는 평소 실중(室中)에서나 법당(法堂)에서 질문을 던지거나 할(喝)이나 방(棒) 등으로 상대하여 직접 지도하였음을 알 수 있다. 다시 말해, 대혜도 근본적으로는 직지인심(直指人心)·견성성불(見性成佛)의 직접적인 지도를 행하면서도, 또한 평소 생활 속에서 행하는 하나의 공부 방편으로 간화선을 제시하였음을 알 수 있다.

---

286) 『총림성사(叢林盛事)』 상(上) '38. 개선도겸(開善道謙) 선사의 전기'에 자세한 이야기가 나온다.

287) 『총림성사(叢林盛事)』 하(下) '8. 묘도도인(妙道道人)의 법문'에 이야기가 나온다.

288) 『대혜보각선사연보』의 '1135년(47세) 소흥 5년 을묘(乙卯)'에 자세한 이야기가 언급되어 있다.

289) 『오등전서』 제45권 '시랑무구거사장구성(侍郎無垢居士張九成)'

290) 『오등전서』 제45권 '제형오명위거사(提刑吳明偉居士)'

291) 『오등전서』 제45권 '문사황언절거사(門司黃彦節居士)'

제2장

간화선의 계승

대혜 이후 남송(南宋), 원(元), 청초(清初)까지의 임제종 선승들의 공부를 『오등전서』에서 살펴보면, 대부분 무자(無字) 화두의 뜻을 묻고 무자(無字) 화두를 살펴보라고 시키는 것을 공부로 삼고 있음을 알 수 있다. 즉, 대혜 이후 중국 임제종의 선은 대혜가 가르친 간화선(看話禪)을 주된 공부의 방편으로 선택함으로써 간화선이 널리 유행하게 되었던 것이다. 여기에선 대혜의 활동기인 12세기보다 1세기 정도가 지난 13세기 전반기에 활동한 무문혜개(無門慧開)와 13세기 후반기에 활동한 고봉원묘(高峰原妙)를 통하여 대혜의 간화선이 어떻게 계승되었는지를 살펴보겠다. 무문혜개는 『무문관(無門關)』이라는 책으로, 고봉원묘는 『선요(禪要)』라는 책으로 이미 우리에게 익히 알려져 있는 선사들이다.

1. 무문혜개

(1) 무문혜개의 공부와 깨달음

무문혜개(無門慧開; 1183-1260)는 남송대 임제종 양기파의 선승이다. 법계보는 오조법연(五祖法演)-개복도녕(開福道寧)-월암선과(月庵善果)-노납조등(老衲祖燈)-월림사관(月林師觀)-무문혜개(無門慧開)로서 대혜보다 약간 후대의 사람으로서 대혜의 직계 후손은 아니지만, 대혜와 마찬가지로 오조법연의 문하이다. 『오등전서(五燈全書)』제53권 '융흥부황룡무문혜개선사(隆興府黃龍無門慧開禪師)'에 행장과 설법이 소개되어 있다. 이에 의하면 무문혜개의 공부와 깨달음은 다음과 같다.

"만수(萬壽)로 월림(月林)을 찾아가자 월림은 혜개에게 무자(無字) 화두를 살펴보게 하였다. 6년이 지났으나 들어간 곳이 전혀 없자, 혜개는 뜻을 일으켜 스스로 맹서하여 말했다. '만약 잠에 빠진다면, 나의 몸을 불태우겠다.' 매번 피곤해질 때에는 복도를 걸어서 돌아다녔고, 잠이 오면 머리를 기둥에 박았다. 어느 날 재(齋)를 알리는 북소리를 듣고서 깨달았다."292)

(2) 무문혜개의 간화선

무문혜개의 간화선은 그가 지은 『무문관(無門關)』 제1칙에 소개되어 있다. "조주 스님은 어떤 승려가 '개에게도 불성이 있습니까?'라고 물으니, '무(無)!'라고 답했다."[293]라는 화두에 대하여 무문은 이렇게 말하고 있다.

"참선(參禪)은 반드시 조사(祖師)의 관문을 통과해야 하고, 철저히 깨달으려면 마음의 길이 끊어져야 한다. 조사의 관문을 통과하지 않고 마음의 길이 끊어지지 않으면, 모두가 풀에 의지하고 나무에 붙어 사는 도깨비다. 말해 보라. 무엇이 조사의 관문인가? 다만 이 무자(無字)가 바로 종문(宗門)의 한 개 관문이다. 그러므로 그것을 일러 선종무문관 (禪宗無門關)이라고 부른다. 이 한 글자 '무(無)'라는 관문을 통과할 수 있다면, 조주를 직접 만날 뿐만 아니라, 바로 역대 조사들과 손을 맞잡고 함께 걸어가며 한곳에 모여[294] 같은 눈으로 보고 같은 귀로 들으니 어찌 즐겁지 아니하랴? 관문을 통과하고자 하는 자가 있느냐? 360개의 뼈마디와 8만 4천 개의 털구멍에 이르기까지 온몸이 하나의 의문 덩어리가 되어, 이 한 글자 '무!'를 참구(參究)하라. 밤낮으로 '무!'를 자신에게 일깨워 주되[제시(提撕)], 허무(虛無)라고 이해해도 안 되고, 유무(有無)

---

292) 參月林於萬壽, 林令看無字話. 經六年, 迥無入處. 乃奮志自誓曰 : '若去睡眠, 爛卻我身.' 每至困時, 繞廊而行, 昏則以頭磕柱. 一日聞齋鼓聲有省.

293) 趙州和尙, 因僧問 : '狗子還有佛性也無?' 州云 : '無.'

294) 미모시결(眉毛厮結) : 직역하면 눈썹을 서로 매다는 뜻으로, 가까이 마주하여 있음을 가리킨다. 시(厮)는 '서로'라는 뜻의 부사. ① 착 달라붙어 놓지 않고 한판 겨루다. ② 한곳에 모이다. 한곳에서 합하다. =미모상결(眉毛相結).

라고 이해해도 안 된다. 마치 하나의 뜨거운 쇠구슬을 삼킨 것과 같아서 토해 내려고 하여도 토해 내지 못하게 되면, 종전의 나쁜 지식과 나쁜 깨달음을 모두 없애게 된다. 이렇게 오래오래 순수하게 익어 가면, 저절로 안팎이 한 덩어리가 된다. 그리하여 마치 벙어리가 꿈을 꾼 것처럼 다만 자신만이 알 뿐이게 되면, 갑자기 폭발하면서 하늘을 놀라게 하고 땅을 진동시킬 것이다. 이제는 마치 관운장의 청룡도를 빼앗아 손에 넣은 것과 같아서, 부처를 만나면 부처를 죽이고 조사를 만나면 조사를 죽여서 생사(生死)의 이 언덕에서 대자재(大自在)를 얻고, 육도사생(六道四生) 속에서 삼매(三昧)를 가지고 놀 것이다. 그럼 어떻게 '무!'를 자신에게 일깨워 주어야[제시(提撕)] 하는가? 죽을 힘을 다하여 '무!'를 자기에게 말해 주어라[거(擧)]. 만약 끊임이 없다면[불간단(不間斷)], 법의 초에 한 번 불을 붙여 바로 불이 붙는 것과 꼭 같을 것이다."295)

① 어떤 화두를 살펴보는가?

"무자(無字)."

"참선은 조사의 관문을 통과하는 것이다. 무엇이 조사의 관문인가? 단지 한 개 무자(無字)가 종문의 관문이다."

---

295) "參禪須透祖師關, 妙悟要窮心路絶. 祖關不透, 心路不絶, 盡是依草附木精靈. 且道, 如何是祖關? 只者一箇無字, 乃宗門一關也. 逐目之日 : 禪宗無門關. 透得過者, 非但親見趙州, 便可與歷代祖師, 把手共行, 眉毛廝結, 同一眼見, 同一耳聞, 豈不慶快? 莫有要透關底麼? 將三百六十骨節, 八萬四千毫竅, 通身起箇疑團, 參箇無字. 晝夜提撕, 莫作虛無會, 莫作有無會. 如呑了箇熱鐵丸相似吐又吐不出, 蕩盡從前惡知惡覺. 久久純熟, 自然內外打成一片. 如啞子得夢, 只許自知, 驀然打發, 驚天動地. 如奪得關將軍大刀入手, 逢佛殺佛, 逢祖殺祖, 於生死岸頭, 得大自在, 向六道四生中, 遊戱三昧. 且作麼生提撕? 盡平生氣力, 擧箇無字. 若不間斷, 好似法燭一点便著."

② 화두의 역할은 무엇인가?

의단(疑團) 즉 의문의 덩어리가 되어서 참구(參究)하는 대상이 화두이다. 의문의 덩어리가 무엇에 대한 의문인지를 무문은 구체적으로 밝히지 않았으나, 문맥으로 보건대 '무자(無字)'의 낙처(落處)에 대한 의문이라고 보아야 할 것이다. '무자'가 결국 어디로 돌아가는가? 하는 의문이라고 해야 한다. 그러므로 무문의 의문 덩어리는 화두의 귀결처(歸結處)에 대한 의문의 덩어리다.

③ 언제, 어디에서, 어떻게 간화하는가?

"360개의 뼈마디와 8만 4천 개의 털구멍에 이르기까지 온몸이 하나의 의문 덩어리[의단(疑團)]가 되어, 이 한 글자 '무(無)!'를 참구(參究)하라. 밤낮으로 '무!'를 자신에게 일깨워 주어라[제시(提撕)]."

"어떻게 '무!'를 자신에게 일깨워 주어야[제시(提撕)] 하는가? 죽을 힘을 다하여 '무!'를 자기에게 말하여 주어라[거(擧)]. 만약 끊임이 없다면[불간단(不間斷)], 법의 초에 한 번 불을 붙여 바로 불이 붙는 것과 꼭 같을 것이다."

㉠ 무문은 간(看)이라는 말을 사용하지 않고 참(參)이라고 하였다. 화두인 '무!'를 참구(參究)하는 조건은 자기의 마음이 온통 의문(疑問)뿐인 의문의 덩어리[의단(疑團)]가 되어야 한다.
㉡ '무!'의 낙처가 어디인가 하는 의문의 덩어리가 되어서, '무!'를 밤

낮으로 스스로에게 일깨워 주는[제시(提撕)] 것이 화두 참구이다.

㉰ 어떻게 일깨워 주는가? 죽을 힘을 다하여 '무!'를 끊임없이 자신에게 말해 주는[거(擧)] 것이다.

④ 어떻게 깨달음에 이르는가?

"묘한 깨달음은 마음의 길이 끊어지는 것이다."

"밤낮으로 '무!'를 자신에게 일깨워 주다가[제시(提撕)], 마치 하나의 뜨거운 쇠구슬을 삼킨 것과 같아서 토해 내려고 하여도 토해 내지 못하게 되면, 종전의 나쁜 지식과 나쁜 깨달음을 모두 없애게 된다. 이렇게 오래오래 순수하게 익어 가면, 저절로 안팎이 한 덩어리가 된다[타성일편 (打成一片)]. 그리하여 마치 벙어리가 꿈을 꾼 것처럼 다만 자신만이 알 뿐이게 되면, 갑자기 폭발하면서 하늘을 놀라게 하고 땅을 진동시킬 것이다. 이제는 마치 관운장의 청룡도를 빼앗아 손에 넣은 것과 같아서, 부처를 만나면 부처를 죽이고 조사를 만나면 조사를 죽여서 생사(生死)의 이 언덕에서 대자재(大自在)를 얻고, 육도사생(六道四生) 속에서 삼매 (三昧)를 가지고 놀 것이다."

㉠ 밤낮으로 끊임없이 '무!'를 자기에게 말하여 일깨워 주면, 드디어 마치 뜨거운 쇠구슬을 삼키고서 토해 내지 못하는 것처럼 된다. 이러한 상태는 이른바 율극봉(栗棘蓬)이라고 하는 것과 같다. 밤송이를 삼키다가 목에 걸리면 삼킬 수도 뱉을 수도 없는 진퇴양난(進退兩難)에 처하듯이, 마음이 어디로 갈 수도 없고 어디에 머물 수도 없고 어떤 솜씨를 부릴 수도 없어서 손쓸 수 없는 상황에 처하는 것이다. 이것은 육조혜능이 말한 마음

이 갈 길을 잃어버린 것과 같고, 대혜가 말한 쥐가 쇠뿔 속으로 들어가 멈추어 버린 것과 같다. 여기가 바로 마음의 길이 끊어지는 곳이다.

㉯ 이렇게 되면, 지금까지 얻었던 온갖 헛된 지식과 헛된 깨달음이 사라진다. 마음이 오도 가도 못하여 솜씨를 부릴 수 없게 되면 저절로 온갖 삿된 망상이 사라진다.

㉰ 이렇게 오래도록 익어 가면 저절로 한 덩어리가 된다. 이처럼 마음이 솜씨를 부릴 수 없는 곳에 오래도록 익숙해져 가면, 마음은 저절로 둘이 아닌 하나가 된다.

㉱ 마치 벙어리가 꿈을 꾼 것처럼 다만 자신만이 알 뿐이게 되면, 갑자기 폭발하면서 깨닫는다. 스스로에게는 분명하지만 헤아릴 수도 말할 수도 없는 상태에서 갑자기 폭발하듯이 깨달음이 일어난다. 대혜가 말한 쇠뿔 속에서 쥐가 멈추어 버리면 문득 확 뿜어 내듯이 단번에 깨닫는다고 하는 분지일발(噴地一發)과 같다.

⑤ 주의할 점은 무엇인가?

"'무(無)!'를 허무(虛無)라고 이해해도 안 되고, 유무(有無)라고 이해해도 안 된다."

화두를 헤아려 이해하지 말아야 한다. 화두는 분별의 대상이 아니다.

(3) 대혜의 간화선과 무엇이 다른가?

무문이 말하는 간화선은, 무자(無字) 화두를 거(擧)하고 제시(提撕)하면서 참구하면 마음의 길이 끊어지는 곳에서 문득 깨달음이 일어난다고 하는 것인데, 전체 줄거리는 대혜가 말한 간화선과 별 차이가 없다. 다만 몇 가지 눈에 띄는 차이점을 지적한다.

① 간화(看話)라는 말을 사용하지 않고, 화두를 참(參)하라고 하였다.
② 화두를 참구하는 자세로서 의문을 매우 강조하였다. 온몸이 의단(疑團) 즉 의문의 덩어리가 되라고 하는 것은 곧 온 마음이 의문의 덩어리가 되라고 하는 것이다. 의문은 화두의 낙처에 대한 의문인데, 이 의문을 가지고 화두를 참구하라고 하였다. 화두를 참구하는 방법은 거화(擧話)하여 제시(提撕)하는 것이니 대혜가 가르친 바와 같다. 다만 의문에 대하여 대혜보다는 더욱 강조하고 있는 점이 다르다고 할 수 있다. 대혜 역시 간화(看話)하는 사람의 의문에 관하여 몇몇 곳에서 말하였다.[296] 그러나 대혜는 의문에 대하여 그렇게 강조하여 말하고 있지는 않다. 아마도 대혜는 선을 공부하는 사람이라면 깨달음에 대한 의문 혹은 화두에 대한 의문을 당연히 가지고 있는 것이라고 여겨 크게 강조하

---

296) "천 가지 만 가지 의문(疑問)이 다만 하나의 의문일 뿐입니다. 그러므로 화두 위에서 의문이 부서지면 천 가지 만 가지 의문이 일시에 부서집니다. 화두가 부서지지 않았으면 우선 바로 그 화두에서 화두와 서로 맞붙어 버티고 계십시오."(千疑萬疑, 只是一疑. 話頭上疑破, 則千疑萬疑一時破. 話頭不破, 則且就上面與之廝崖.)(『대혜보각선사서』제28권. 32. 여사인(呂舍人) 거인(居仁)에 대한 답서) "'한 물건도 가져오지 않은 때에는 어떻습니까?' '내려놓아라.' 여기에서 의문(疑問)이 부서지지 않았다면 다만 여기에서 참구(參究)할 뿐입니다."(一物不將來時如何? 云 : '放下著.' 這裏疑不破, 只在這裏參.)(『대혜보각선사서』제25권. 4. 증시랑(曾侍郞) 천유(天游)에 대한 답서(3)) "원컨대 공은 다만 궁금한 심정이 해소되지 못한 곳에서 참구하십시오."(願公只向疑情不破處參.)(『대혜보각선사서』제26권. 17. 진소경(陳少卿) 계임(季任)에 대한 답서(1)) "우선 다만 궁금함이 해소되지 못한 곳에서 버티고 계십시오."(且只管在疑不破處崖將去.)(『대혜보각선사서』제26권. 17. 진소경(陳少卿) 계임(季任)에 대한 답서(1)) 의문에 대한 『대혜어록』의 언급은 이 네 곳뿐이다.

지 않은 것인지도 모르겠지만, 어쨌든 무문에 비하여 의문을 그렇게 강조한 것은 아니다.

③ 무문은 "죽을 힘을 다하여[盡平生氣力] '무!'를 말하라."[거(擧)]고 하였는데, 화두를 말할 때에 죽을 힘을 다하라는 말이 『대혜어록』에는 등장하지 않는다. 무문이 이렇게 말한 것은 아마도 자신이 공부한 경험에서 우러나온 말일 것이다. 위에서 보았다시피, 무문은 "만약 잠에 빠진다면, 나의 몸을 불태우겠다."라고 스스로 맹세하고서 매번 피곤해질 때에는 복도를 돌아다니며 잠이 오면 머리를 기둥에 박으면서 악착같이 무자 화두를 살펴보는 공부를 하였으니, 죽을 힘을 다하여 '무!'를 참구하라고 하는 것은 아마도 이런 자신의 경험에서 나온 말일 것이다.

화두의 역할이 무엇인가와 어떻게 하여 깨달음으로 이끌어 가는가 하는 두 가지 점에서 간화선의 특징을 비교하여 보겠다.

대혜의 간화선에서 화두는 분별심을 가로막고 분별심을 때려부수는 역할을 한다. 반면에 무문의 간화선에서 화두는 그 낙처를 묻는 의문을 일으키는 역할을 한다. 이 점이 서로 다르다.

대혜의 간화선에서 깨달음에 이르는 길은, 화두를 자신에게 말해 주고 일깨워 줌으로써 마음의 앞에 화두라는 장벽을 세우게 되고, 그럼으로써 마음을 깨달음이 일어나는 쇠뿔 속으로 몰아넣는 것이다. 반면에 무문의 간화선은 의문 덩어리라는 장벽을 마음 앞에 세움으로써 마음이 쇠뿔 속으로 들어가게 하는 것이다. 깨달음이 일어나는 상황으로 몰아가는 힘이 대혜에게는 화두를 제시(提撕)하고 간(看)하는 것에 있지만, 무문에게는 화두로 말미암아 일어난 의문의 덩어리에 있는 것이다. 이러한 점이 대혜의 간화선과 무문의 간화선의 차이다.

156

2. 고봉원묘

(1) 고봉원묘의 공부와 깨달음

고봉원묘(高峰原妙; 1238-1295)는 남송(南宋) 말(末)에서 원대(元代)의 임제종(臨濟宗) 양기파(楊岐派) 선승이다. 법계보는 원오극근(圓悟克勤)-호구소륭(虎丘紹隆)-응암담화(應庵曇華)-밀암함걸(密庵咸傑)-파암조선(破庵祖先)-무준사범(無準師範)-설암조흠(雪巖祖欽)-고봉원묘(高峰原妙)이니, 대혜보다는 많이 후배이지만 같은 원오극근의 문중이다. 고봉의 어록(語錄)인 『고봉원묘선사선요(高峰原妙禪師禪要)』에 실려 있는 '통앙산노화상의사서(通仰山老和尙疑嗣書)'에서 고봉은 어떻게 공부하여 어떻게 깨달음을 얻었는지를 스스로 토로하고 있는데, 요약해 보면 다음과 같다.

① 처음 선을 배울 때에 단교(斷橋) 화상이 고봉에게 "태어날 때에는 어디에서 왔으며, 죽을 때에는 어디로 가는가?"라는 화두를 살펴보게 시켰으나, 생각이 둘로 갈라지고 마음이 하나로 귀결되지 못하여 일 년

이 넘도록 허송세월하였다.

② 설암(雪巖)[297] 화상을 찾아가니 무자(無字)를 살펴보라고 시키고는, 매일 조실(祖室)로 오게 하여 "누가 너와 함께 이 송장을 끌고 왔는가?"라고 묻고는 답변을 하기도 전에 때려서 내쫓았다.

③ 설암과 작별한 뒤 다시 단교 화상이 있는 경산(徑山)으로 돌아가 승당(僧堂)에 들어갔다. 어느 날 밤에 꿈속에서 단교 화상이 말한 "만법이 하나로 돌아가는데, 하나는 어디로 돌아가느냐?"라는 말이 갑자기 기억났는데, 이로부터 의정(疑情)이 문득 일어나 한 덩어리가 되어서 곧장 동쪽과 서쪽을 구분하지도 않았고 먹고 자는 일도 잊어버렸다. 6일째 되는 날 삼탑각(三塔閣) 위로 올라가 머리를 들어 문득 오조법연(五祖法演) 화상의 진찬(眞讚)을 읽다가 마지막 두 구절인 "백년 삼만 육천 날 반복하는 것이 원래 이놈이다."라는 구절을 보는데, 갑자기 설암 화상이 다그쳤던 "누가 너와 함께 이 송장을 끌고 왔는가?"라는 말이 사라지면서, 곧장 죽었다가 다시 살아난 것과 같았고 백이십 근이나 나가는 짐을 내려놓은 듯하였다.[298]

④ 그 뒤 실중(室中)에서 설암 화상에게 여러 번 단련을 받아 공안(公案)도 밝혔고 남에게 속지도 않게 되었으나, 입을 열어 말을 하게 되면 마음속에 흐릿한 것이 있음을 느꼈고, 또 일상생활 속에서도 여전히 자

---

297) 고봉이 법을 이은 스승인 설암조흠(雪巖祖欽). 별호가 앙산(仰山)이다. '통앙산노화상의 사서(通仰山老和尙嗣書)'는 고봉원묘가 스승인 설암조흠에게 자신의 공부를 고백하는 글이다.

298) 夢中忽憶斷橋和尙堂中所擧, 萬法歸一一歸何處話, 自此疑情頓發, 打成一片, 直得東西不辨, 寢食俱忘. 至第六日辰巳間, 在廊下行, 見衆僧堂內出, 不覺輥於隊中, 至三塔閣上諷經. 抬頭忽睹五祖演和尙眞贊, 末後兩句云: '百年三萬六千朝, 返覆元來是這漢.' 日前被老和尙所問, 拖死屍句子, 驀然打破, 直得魂飛膽喪, 絕後再甦, 何啻如放下百二十斤擔子.

유롭지 못한 것299)이 마치 남에게 빚을 지고 있는 것과 같았다.300)

⑤ 다시 설암 화상 곁에서 따라다니며 시중을 들게 되었는데, 천녕(天寧)으로 가는 도중에 설암 화상이 물었다. "하루 중 떠들썩할301) 때에 주인공이 되느냐?" "주인공이 됩니다." 화상이 다시 물었다. "잠잘 때에 꿈속에서 주인공이 되느냐?" "주인공이 됩니다." 화상이 다시 물었다. "잠이 들어 꿈도 없고 생각도 없고 보이는 것도 없고 들리는 것도 없을 때에 주인공은 어디에 있느냐?" 여기에 이르자 고봉은 대답할 말이 없었고, 펼칠 도리가 없었다. 설암 화상이 다시 부탁하였다. "오늘 이후로 너는 불교를 배우지도 말고302) 법을 배우지도 말고 옛날과 오늘을 따져 보지도 말아라. 다만 배고프면 밥 먹고 피곤하면 잠자되, 잠에서 깨자마자 다시 정신을 차리고303) 살펴보아라. 내가 한잠 자면304) 주인공은 결국 어디에 자리를 잡고 편안히 있는가?305)"306)

⑥ 5년이 지나 어느날 고봉은 암자에서 잠을 자다가 깨어 바로 이 일

---

299) 비록 깨달음이 있었으나, 아직 완전히 마음의 길이 끊어진 무심(無心)이 되지는 못하였기 때문에 마음속에 흐릿한 무언가가 있는 것 같고 분별하고 말을 함에 자유롭지 못한 것이다.

300) 室中雖則累蒙鍛煉, 明得公案, 亦不受人瞞, 及乎開口, 心下又覺得渾了, 於日用中尙不得自由, 如欠人債相似.

301) 호호(浩浩) : 시끄럽게 떠드는 모습. 왁자지껄한 모습. 떠들썩한 모습.

302) 불요(不要) : ① −할 필요 없다. =불수(不須), 불필(不必). ② −하지 말라. 그만두라.

303) 두수정신(抖擻精神) : 정신을 차리다.

304) 일교(一覺) : ① 잠에서 깨다. ② 한숨 자다. 한잠.(수일교(睡一覺)는 한잠 자다는 뜻) 여기에서는 문맥으로 보아 ②번의 뜻으로 번역하였다.

305) 안신입명(安身立命) : 몸을 편안히 하고 목숨을 보존하다. 근심 없이 편안히 살다. 안심입명(安心立命)이라고도 한다. 심신(心身)을 천명(天命)에 맡기고 편안히 하는 것.

306) 又得依附隨侍, 赴天寧中間, 因被詰問 : "日間浩浩時, 還作得主麼?" 答云 : "作得主." 又問 : "睡夢中作得主麼?" 答云 : "作得主." 又問 : "正睡着時, 無夢無想, 無見無聞, 主在甚麼處?" 到者裏, 直得無言可對, 無理可伸. 和尙卻囑云 : "從今日去, 也不要你學佛學法, 也不要你窮古窮今. 但只飢來喫飯, 困來打眠, 纔眠覺來, 卻抖擻精神, 我者一覺, 主人公畢竟在甚處安身立命?"

을 의심하였다. 그때 문득 함께 자던 도우(道友)가 밀어낸 목침(木枕)이 땅에 떨어져 소리를 냈는데, 갑자기 의심 덩어리가 부서지면서 마치 그물 속에서 뛰쳐나온 듯하였다. 이전에 의심했던 부처님과 조사의 난해한[307] 공안(公案)과 고금의 여러 가지 인연들을 상기해 보니, 흡사 사주(泗州)에서 대성(大聖)을 보는[308] 것과 같았고, 멀리 나온 나그네가 고향으로 돌아가니 원래 다만 옛날 그 사람이어서 옛날의 행동거지를 고치지 않았다.[309] 이로부터 나라가 안정되고 천하가 태평하여서 한 순간 아무 하는 일이 없는데도 온 세계가 거꾸러졌다.[310]"[311]

---

307) 효와(誵訛) : ① 글이 까다로워 이해하기 어려움. 글이 난삽하여 오해하기 쉬움. 일부러 어렵게 보이도록 비틀어 말함. ② 난잡하게 뒤섞임. 뒤흔들어 어지럽힘. 뒤섞여 잘못됨. =오아(聱牙), 효와(淆訛), 효와(殽訛), 요와(譊訛), 오와(聱訛). ③ 고칙공안(古則公案)의 성격을 말함. 고칙공안은 수수께끼 같은 문제를 내어 듣는 이가 자신의 본성(本性)을 놓치고 말에 끌려가 헤매도록 유도하기 때문에 이렇게 말함.

308) 사주인견대성(泗州人見大聖) : 사주(泗州) 사람이 대성을 본다는 말. 대성(大聖)은 승가대사(僧伽大師)를 가리킨다. 사주 사람이 대성을 본다는 말의 뜻은, 온갖 재난에서 벗어난다 혹은 장애가 사라지고 평화로워진다는 것이다. 이 말은 승가대사를 숭배하는 승가신앙(僧伽信仰)과 관련이 있다. 승가대사는 사후에 관음보살(觀音菩薩)의 화현으로 여겨져서 수많은 설화가 생겨나는데, 질병을 퇴치하거나 홍수를 물러가게 하거나, 적의 침입을 저지하거나 하는 등으로 현세의 사람들을 재난으로부터 구원하는 일을 하였다. 승가대사는 우리나라에서는 약사보살(藥師菩薩)로 여겨지기도 하였다. 여기에 대한 자세한 논의는 본책 상권(上卷) 부록에 있는 '사주인견대성의 뜻에 관하여'를 참조하기 바람.

309) 주인공이 있다는 망상이 사라졌다.

310) 좌단(坐斷). =좌단(挫斷), 좌단(剉斷). 꺾다. 꺾어 끊다. 쪼개다. 거꾸러뜨리다.

311) 經及五年, 一日寓庵宿, 睡覺正疑此事. 忽同宿道友推枕子墮地作聲, 驀然打破疑團, 如在網羅中跳出. 追憶日前所疑, 佛祖誵訛公案, 古今差別因緣, 恰如泗州見大聖, 遠客還故鄉, 元來只是舊時人, 不改舊時行履處. 自此安邦定國, 天下太平, 一念無爲, 十方坐斷.

(2) 고봉원묘의 간화선

① 어떤 화두를 살펴보는가?

"만법은 하나로 돌아가는데, 하나는 어디로 돌아가는가?"[312]

"보지 못했는가? 옛사람이 말했다. '만약 삶과 죽음에서 벗어나고자 한다면, 반드시 조사의 관문을 통과해야 한다.' 결국 무엇이 관문인가? 죽비라고 부르면 저촉(抵觸)되고, 죽비라고 부르지 않으면 등진다. 말을 해서도 안 되고, 말을 하지 않아도 안 된다."[313]

고봉은 자신이 재미를 본 "만법은 하나로 돌아가는데, 하나는 어디로 돌아가는가?"라는 화두를 가장 많이 권하고 있지만, 이 화두가 자신에게 저절로 의문의 덩어리가 되었듯이 결국 누구에게든지 저절로 의문의 덩어리가 되는 것이 화두인 것이다.

② 화두의 역할은 무엇인가?

"전에 살펴본 무자(無字)는 3년이 되었는데, 아침에 죽 먹고 점심에 밥 먹는 두 때를 제외하고는 포단(蒲團) 위에 앉은 적이 없었고 피곤한

---

312) 萬法歸一—歸何處.『고봉화상선요』에 이 구절은 7번이나 등장하며, 고봉원묘 자신이 효과를 본 화두이기 때문에 가장 많이 권하고 있는 화두이기도 하다.

313) 不見? 古人道 : '若要脫生死, 須透祖師關.' 畢竟將甚麼作關? 喚作竹篦則觸, 不喚作竹篦則背. 不得有語, 不得無語.(『고봉화상선요』 '제야소참(除夜小參)')

때라도 역시 기대어 쉬지를 않았다. 비록 밤낮으로 동쪽으로 다니고 서쪽으로 다니고 하였지만, 늘 혼침(昏沈)과 산란(散亂)의 두 개 마장과 함께 흘러가며 한 덩어리가 되어서 온갖 솜씨를 다 부려도 물리칠 수가 없었다. 이 무자 위에서는 한 순간도 힘을 덜고 한 조각이 된 적이 결코 없었다. 스스로 해결(解決)한 뒤에 그 병의 원인을 찾아보았더니, 다른 까닭이 있었던 것은 아니고 다만 의정(疑情) 위에서 공부를 하지 않았기 때문이었다. 줄곧 다만 화두를 말하기만 하였는데, 말할 때에는 있다가도 말하지 않으면 곧 없었다. 설사 의정을 일으키려고 하여도 역시 손 댈 곳이 없었고, 설사 손을 대어 의정을 일으켜도 한 순간에 다시 혼침과 산란 두 장애물에 걸려 버렸다. 이렇게 많은 세월을 헛되이 보내며 공연히 많은 고생을 맛보았지만 조금의 진척도 없었다. 일귀하처(一歸何處)는 도리어 무자와 같지 않고 오히려 의정이 쉽게 생겨났다. 한 번 말하면 곧 의정이 있어서, 반복하여 생각하거나 헤아려서 관심을 쏟을 필요가 없었다. 의정이 있기만 하면 차츰차츰 한 조각이 되어서 즉시 하고자 하는 마음이 없어졌다. 하고자 하는 마음이 없으니 생각을 잊게 되었고, 온갖 인연을 쉬지 않아도 저절로 쉬어졌고, 여섯 감각 기관을 고요히 하지 않아도 저절로 고요해져서, 털끝만큼의 경계에도 관여치 않고 곧장 무심삼매(無心三昧) 속으로 들어갔다.”314)

314) 前所看無字, 將及三載, 除二時粥飯, 不曾上蒲團, 困時亦不倚靠. 雖則晝夜東行西行, 常與昏散二魔, 輥作一團, 做盡伎倆, 打屛不去. 於者無字上, 竟不曾有一餉間省力成片. 自決之後, 鞠其病源, 別無他故, 只爲不在疑情上做工夫. 一味只是擧, 擧時卽有, 不擧便無. 設要起疑, 亦無下手處, 設使下得手疑得去, 只頃刻間, 又未免被昏散打作兩橛. 於是空費許多光陰, 空喫許多生受, 略無些子進趣. 一歸何處, 卻與無字不同, 且是疑情易發. 一擧便有, 不待返覆思惟計較作意. 纔有疑情, 稍稍成片, 便無能爲之心. 旣無能爲之心, 所思卽忘, 致使萬緣不息而自息, 六窗不靜而自靜, 不犯纖塵, 頓入無心三昧.(『고봉화상선요(高峰和尙禪要)』 '개당보설(開堂普說)')

의정(疑情)을 불러일으키는 것이 곧 참된 화두이다. 의정을 일으키지 않는 것은 화두의 역할을 하지 못한다. 화두의 역할은 마음이 의문 덩어리가 되도록 하는 것이다. 그러므로 의문을 일으키는 것이 곧 화두이고 의문을 일으키지 못하면 화두가 아니다.

③ 어떻게 간화(看話)하는가?

㉠ 신심 · 분심 · 의심을 갖추어라

"만약 착실히 참선하는 것을 말하자면, 반드시 세 가지 요점을 갖추어야 한다. 첫 번째 요점은 큰 믿음이 있어야 하니, 이 일은 마치 하나의 수미산에 의지함과 같음을 분명히 알아라. 두 번째 요점은 크고 분한 뜻이 있어야 하니, 마치 부모를 죽인 원수를 만나서 곧장 한칼로 두 동강을 내려는 것과 같아야 한다. 세 번째 요점은 큰 의정(疑情)이 있어야 하니, 마치 어두운 곳에서 하나의 지극한 일을 하였는데 드러내고자 하나 아직 드러내지 못한 바로 그러한 때에 있는 것과 같아야 한다. 하루 24시간 속에서 참으로 이 세 가지 요점을 갖출 수 있다면, 틀림없이 315) 서단려316) 공을 이룰 것이다."317)

---

315) 관취(管取) : ① 보증하다. ② 틀림없이. 반드시. 꼭.

316) 극일(剋日) : 날짜를 한정하다. 기한을 정하다. 서두르다. 다그치다.

317) 若謂着實參禪, 決須具足三要. 第一要有大信根, 明知此事如靠一座須彌山. 第二要有大憤志, 如遇殺父冤讐, 直欲便與一刀兩段. 第三要有大疑情, 如暗地做了一件極事, 正在欲露未露之時. 十二時中, 果能具此三要, 管取剋日功成.(『고봉화상선요』 '시중(示衆)')

"곧장 커다란 믿음을 갖추고, 곧장 변함이 없어야 하고, 곧장 만 길 낭떠러지가 세워져야 한다."[318]

"무릇 참선이란 승속을 막론하고 다만 하나의 결정적인 믿음이 필요하다."[319]

"그러므로 말하기를, '믿음은 도의 근원이요, 공덕의 어머니이며, 믿음은 위없는 부처님의 깨달음이며, 믿음은 번뇌의 근본을 영원히 끊을 수 있으며, 믿음은 해탈문(解脫門)을 빠르게 깨달을 수 있다.'라고 하였다."[320]

"만법은 하나로 돌아가는데, 하나는 어디로 돌아가는가? 결단코 곧장 이렇게 믿고서 곧장 이렇게 의심하여야 한다."[321]

"천 가지 의심과 만 가지 의심이 다만 하나의 의심이니, 이 의심을 결단 내면 다시 남은 의심이 없다."[322]

"만약 의심하지도 않고 믿지도 않는다면, 비록 그대가 미륵부처님이

---

318) 直下具大信去, 直下無變異去, 直下壁立萬仞去.(『고봉화상선요(高峰和尚禪要)』 '개당보설(開堂普說)')
319) 大抵參禪不分緇素, 但只要一箇決定信字.(『고봉화상선요』 '시신옹거사(示信翁居士)')
320) 故云 : '信是道元功德母, 信是無上佛菩提, 信能永斷煩惱本, 信能速證解脫門.'(『고봉화상선요』 '시신옹거사(示信翁居士)')
321) 萬法歸一, 一歸何處? 決能便恁麼信去, 便恁麼疑去.(『고봉화상선요』 '시신옹거사(示信翁居士)')
322) 千疑萬疑, 只是一疑, 決此疑者, 更無餘疑.(『고봉화상선요』 '시신옹거사(示信翁居士)')

164

하생(下生)할 때까지 앉아 있더라도 다만 풀과 나무에 붙어 있는 도깨비 노릇을 할 뿐이고, 혼이 흩어지지 않은 시체와 같을 것이다."[323]

"곧장 큰 믿음을 내고 큰 의심을 일으켜서 의심하고 또 의심하여 한 순간이 만년이고 만년이 한 순간이 되어야 한다."[324]

부처님의 법과 조사의 도에 대한 믿음이 먼저 있어야 공부를 시작한다. 부처님의 법과 조사의 도를 꼭 깨닫겠다는 굳은 결의를 가져야 공부에 달려들게 된다. 공부란 곧 부처님의 법과 조사의 도가 무엇인지 의문을 품는 것이다. 그러므로 신심(信心)과 분심(奮心)과 의심(疑心)은 불법을 공부하는 누구나가 갖추어야 할 가장 기본이다.

㉔ 굳은 뜻이 있어야 한다

"철석같이 굳은 뜻을 갖추어라."[325]

"참선(參禪)에서 만약 서둘러 성공하려고 한다면, 마치 천 길 되는 우물 바닥에 떨어진 것처럼 아침부터 저녁까지 저녁부터 아침까지 천 번 생각하고 만 번 헤아리기를 오로지 밖으로 나가려는 마음 하나뿐이고 결단코 두 생각이 없어야 한다."[326]

---

323) 苟或不疑不信, 饒你坐到彌勒下生, 也只做得箇依草附木之精靈, 魂不散底死漢.(『고봉화상선요』 '시신옹거사(示信翁居士)')

324) 直欲發大信起大疑, 疑來疑去, 一念萬年, 萬年一念.(『고봉화상선요』 '시신옹거사(示信翁居士)')

325) 辦鐵石志.(『고봉화상선요(高峰和尙禪要)』 '개당보설(開堂普說)')

"또렷하게 이 한 법의 귀결점을 보려고 한다면, 마치 사람이 목숨을 걸고 갚아야 할 원수를 맺은 것처럼 마음이 분노에 떨면서 곧장 한칼에 두 동강을 내려고 하여 비록 함부로 행동할[327] 때라도 모두 맹렬하게 채찍질하는 때이어야 한다."[328]

ⓒ 지금까지 얻은 것들을 모두 내버려라

"종전의 나쁜 지식과 나쁜 이해와 기이한 말과 현묘한 구절과 선도(禪道)와 불법(佛法)과 평생 동안 눈으로 본 것과 귀로 들은 것들을 돌아보지 말고, 위태로움과 죽음과 얻음과 잃음과 남과 나와 옳음과 그름과 도달함과 도달하지 못함과 철저함과 철저하지 못함을 큰 분노를 내어 금강왕의 날카로운 칼을 뽑아서 마치 한 줌 실을 베듯이 한 번 베어서 모두 끊어 버리고 한 번 끊어진 뒤에는 다시 이어지지 않게 하여라."[329]

"만약 참되고 바르게 뜻을 결정하여 마음을 밝히기를 바란다면, 먼저 평소 마음속에 받아들였던 모든 좋고 나쁜 것들을 모조리 내버려 털 끝만큼도 남겨 두지 말고, 온종일 어리석은 바보와 같고 예전의 어린아이 때와 다름이 없어야 한다."[330]

---

326) 參禪若要剋日成功, 如墮千尺井底相似, 從朝至暮, 從暮至朝, 千思想萬思量, 單單只是箇求出之心, 究竟決無二念.(『고봉화상선요』'시중(示衆)')

327) 조차전패(造次顚沛) : 제멋대로 엎어지고 넘어지다. 함부로 행동하다.

328) 的的要見者一法子落着, 如與人結了生死冤讎相似, 心憤憤地, 卽欲便與一刀兩段, 縱於造次顚沛之際, 皆是猛利着鞭之時節.(『고봉화상선요』'시신옹거사(示信翁居士)')

329) 將從前惡知惡解, 奇言妙句, 禪道佛法, 盡平生眼裏所見底, 耳裏所聞底, 莫顧, 危亡得失, 人我是非, 到與不到, 徹與不徹, 發大忿怒, 奮金剛利刃, 如斬一握絲, 一斬一切斷, 一斷之後, 更不相續.(『고봉화상선요(高峰和尙禪要)』'시중(示衆)')

㉔ 한 개 의문 덩어리가 되어라

"먼저 육정(六情) · 육식(六識) · 사대(四大) · 오온(五蘊) · 산하대지(山河大地) · 삼라만상(森羅萬象)을 모두 녹여 한 개 의문 덩어리[의단(疑團)]를 만들어 눈앞에 놓아두면,331) 창(槍) 하나 깃발 하나 쓰지 않아도 고요하여332) 곧장 깨끗하고 평온한 세계와 같을 것이다. 이와 같이 걸어갈 때에도 다만 한 개 의문 덩어리이고, 앉을 때에도 다만 한 개 의문 덩어리고, 옷 입고 밥 먹을 때에도 다만 한 개 의문 덩어리고, 똥 누고 오줌 눌 때에도 다만 한 개 의문 덩어리고, 나아가 보고 · 듣고 · 느끼고 · 아는 것에 이르기까지 모두 다만 한 개 의문 덩어리여서, 의심하고 또 의심하여 의심하는 것이 힘이 덜 드는 곳에 이르면 곧 힘을 얻는 곳이니, 의심하지 않아도 저절로 의심이 되고, 화두를 말하지 않아도 저절로 말하게 된다."333)

"만약 그렇지 못하면, 거리낌 없이 마음 바퀴334)를 굴려 곧장 눈먼 거북이와 절름발이 자라의 화두에서 약간 정신을 가다듬어335) 한 개

---

330) 若要眞正決志明心, 先將平日胸中所受一切善惡之物, 盡底屏去, 毫末不存, 終朝兀兀如癡, 與昔嬰孩無異.(『고봉화상선요』 '시중(示衆)')

331) 돈(頓) : ① 안치하다. ② 방치하다.

332) 초초지(悄悄地) : 고요한. 조용한.

333) 先將六情六識, 四大五蘊, 山河大地, 萬象森羅, 總鎔作一箇疑團, 頓在目前, 不假一鎗一旗, 靜悄悄地, 便似箇淸平世界. 如是行也只是箇疑團, 坐也只是箇疑團, 着衣喫飯也只是箇疑團, 屙屎放尿也只是箇疑團, 以至見聞覺知, 總只是箇疑團, 疑來疑去, 疑至省力處, 便是得力處, 不疑自疑, 不擧自擧.(『고봉화상선요(高峰和尙禪要)』 '시중(示衆)')

334) 기륜(機輪) : 기(機)는 베틀 또는 기계를, 륜(輪)은 회전(回轉)을 뜻하는 말로, 기륜은 본래부터 갖추고 있는 신령한 기틀이나 근기 또는 작용을 의미한다. 마음 혹은 마음의 작용을 가리킨다.

335) 착정채(著精彩) : ① 정신을 가다듬다. ② 주의를 기울이다. 심혈을 기울이다. 노력하다.

의정(疑情)을 일으켜라."336)

"만법이 하나로 돌아가는데, 하나는 어디로 돌아가는가? 다만 활짝 깨어서337) 마음을 쏟아338) 의심해야 한다.339) 의심이 정식(情識)을 잊고 마음이 끊어지는 곳에 이르면, 태양이 한밤중에 하늘을 꿰뚫고 날으리라."340)

간화(看話)의 핵심은 화두가 하나의 의문 덩어리가 되는 것이다. 온갖 다른 의문은 사라지고 오직 화두 하나가 커다란 의문의 덩어리가 되어 가슴을 가득 채울 때에 온갖 망상은 사라지고 깨달음의 기회가 찾아온다.

④ 어떻게 깨달음에 이르는가?

"이와 같이 걸어갈 때에도 다만 한 개 의문 덩어리이고, 앉을 때에도 다만 한 개 의문 덩어리이고, 옷 입고 밥 먹을 때에도 다만 한 개 의문 덩어리이고, 똥 누고 오줌 눌 때에도 다만 한 개 의문 덩어리이고, 나아가 보고·듣고·느끼고·아는 것에 이르기까지 모두 다만 한 개 의문 덩어리여서, 의심하고 또 의심하여 의심하는 것이 힘이 덜 드는 곳에 이

애쓰다. ③ 주의하다. 조심하다.

336) 其或未然, 不妨撤轉機輪, 便就盲龜跛鱉上, 着些精彩, 起箇疑情.(『고봉화상선요』 '시직옹거사(示直翁居士)')

337) 성성(惺惺) : 총명하다. 맑고 고요하다. 깨어 있다.

338) 착의(著意) : ① 일부러. 고의로. 의식적으로. ② 생각을 하다. ③ 주의를 기울이다. 신경쓰다. 마음을 쏟다.

339) 귀(貴) : -해야 한다. =수(須).

340) 萬法歸一一何歸, 只貴惺惺着意疑. 疑到情忘心絕處, 金烏夜半徹天飛.(『고봉화상선요』 '시중(示衆)')

르면 곧 힘을 얻는 곳이니, 의심하지 않아도 저절로 의심이 되고, 화두를 말하지 않아도 저절로 말하게 된다. 아침부터 밤까지 머리와 꼬리가 이어져 하나가 되어 털끝만큼의 틈도 없으면, 흔들어도 움직이지 않고 밀어도 가지 않을 것이고, 밝고도 신령스러움이 늘 앞에 나타나 마치 흐르는 물을 따라 배를 띄운 듯이 전혀 손을 댈 필요가 없을 것이니, 다만 이것이 곧 힘을 얻는 때이다. 다시 정념(正念)에 성실하고 두 마음이 없도록 삼가면서 점차 마음의 빛을 닦아 무명(無明)을 가려내 버려서 지극히 현묘하고 지극히 미묘한 곳에 이르면, 한 개 털 끝에 몸을 세우리니 외롭고 아득하게 우뚝 뛰어나서 움직이지도 흔들리지도 않고 가지도 오지도 않고 한 생각도 생겨나지 않고 앞뒤의 시간이 끊어질 것이다. 이로부터 번뇌가 문득 쉬어지고 혼침과 산란이 사라져서, 가도 가는 줄 모르고, 앉아도 앉는 줄 모르고, 추워도 추운 줄 모르고, 더워도 더운 줄 모르고, 차를 마셔도 차맛을 모르고, 밥을 먹어도 밥맛을 모르고 온종일 어둡고 어리석어서 마치 진흙이나 나무로 만든 것과 같을 것이다. 그러므로 말하기를 장벽(牆壁)과 다름이 없다고 한다. 이러한 경계가 나타나기만 하면 곧 고향집에 도달하는 소식이어서 결코 멀리 떨어져 있지 않으니, 꽉 붙들어 꼭 쥐고서 다만 때가 되기를 기다리기만 하면 된다."341)

---

341) 如是行也只是箇疑團, 坐也只是箇疑團, 着衣喫飯也只是箇疑團, 屙屎放尿也只是箇疑團, 以至見聞覺知, 總只是箇疑團, 疑來疑去, 疑至省力處, 便是得力處, 不疑自疑, 不擧自擧. 從朝至暮, 粘頭綴尾, 打成一片, 無絲毫縫罅, 撼亦不動, 趁亦不去, 昭昭靈靈, 常現在前, 如順水流舟, 全不犯手, 只此便是得力底時節也. 更須慤其正念, 愼無二心, 展轉磨光, 展轉淘汰, 窮玄盡奧, 至極至微, 向一毫頭上安身, 孤孤逈逈, 卓卓巍巍, 不動不搖, 無來無去, 一念不生, 前後際斷. 從玆塵勞頓息, 昏散勦除, 行亦不知行, 坐亦不知坐, 寒亦不知寒, 熱亦不知熱, 喫茶不知茶, 喫飯不知飯, 終日憃憃地, 恰似箇泥塑木雕底. 故謂墻壁無殊. 纔有者境界現前, 卽是到家之消息也, 決定去地不遠也, 巴得搆也, 撮得着也, 只待時刻而已.(『고봉화상선요(高峰和尙禪要)』'시중(示衆)')

"다만 모든 곳에서 차갑게 하고 평안하게 하고 깨끗하게 하고 한 순간이 만년이 되게 하여 마치 시체를 지키는 귀신처럼 지키고 또 지키면, 의심 덩어리가 문득 펑 하고 터지면서 반드시[342] 하늘을 놀라게 하고 땅을 뒤흔들 것입니다."[343]

"의심하고 또 의심하여 곧장 안팎이 한 조각이 되어 온종일 털끝만큼의 틈도 없게 하여 가슴에 생선뼈가 박혀서 마치 독약에 중독된 듯하고, 다시 금강권(金剛圈)을 반드시 뚫으려 하고 율극봉(栗棘蓬)을 반드시 삼키려 하여 다만 일생의 솜씨를 다하여 분개(憤慨)해 나아가면, 저절로 깨달을 곳이 있을 것이다."[344]

"곧장 본에 따라 고양이를 그려라.[345] 그리고 또 그려서 뿔에 맺힌 나선형 무늬처럼 뱅글뱅글 도는[346] 곳, 심식(心識)의 길이 끊어지는 곳, 사람과 법을 모두 잊는 곳에 이르게 되면, 붓끝에서 갑자기 살아 있는 고양이가 뛰어나올 것이다. 앗! 원래 모든 대지가 선불장(選佛場)이고, 모든 대지가 자기 자신이었구나."[347]

---

342) 관취(管取) : 틀림없이. 반드시. 꼭.

343) 但只要一切處放敎冷冰冰地去, 平妥妥地去, 純淸絶點去, 一念萬年去, 如箇守屍鬼子, 守來守去, 疑團子欻然爆地一聲, 管取驚天動地.(『고봉화상선요(高峰和尙禪要)』 '시중(示衆)')

344) 疑來疑去, 直敎內外打成一片, 終日無絲毫滲漏, 鯁鯁于懷, 如中毒藥相似, 又若金剛圈栗棘蓬, 決定要呑, 決定要透, 但盡平生伎倆憤將去, 自然有箇悟處.(『고봉화상선요』 '시직옹거사(示直翁居士)')

345) 의양화묘아(依樣畵貓兒) : 그대로 모방하다. 아무 창의성 없이 단순히 모방만 하다. =의양화호로(依樣畵葫蘆).

346) 결각나문(結角羅紋) : 뿔에 맺힌 나선형 무늬처럼 뱅글뱅글 돌다.

347) 直下依樣畵貓兒去. 畵來畵去, 畵到結角羅紋處, 心識路絶處, 人法俱忘處, 筆端下驀

"큰 기한은 90일이고, 작은 기한은 7일이다. 거친 가운데 미세함이 있고, 미세한 가운데 빽빽함이 있다. 빽빽하여 틈이 없어서 먼지 하나도 들어올 수 없다면 바로 이러한 때가 은산철벽(銀山鐵壁)이다. 나아가면 문이 없고 물러서면 실패한다. 마치 만 길이나 되는 깊은 구덩이에 떨어져 사방이 절벽이고 가시덤불과 같을 때에 반드시 맹렬한 영웅이 되어서 곧장 몸을 뒤집어 벗어나려고 해야 한다. 만약 한 순간이라도 머뭇거리며 의심한다면, 부처님조차도 그대를 구제할 수 없을 것이다. 이것이 최상의 현묘한 문이다."[348]

"또 마치 쥐가 쇠뿔 속에 들어가 바야흐로 뾰족한 끝에 이른 것과 같고, 또 마치 도적을 붙잡아 심문함에 고문하여 감정과 이성이 버티지 못하는 곳에 이른 것과 같아서, 움직이지도 못하고 물러나지도 못하고 가지도 못하고 오지도 못하고 한 생각도 일어나지 않아서 앞뒤의 시간이 끊어지면, 우뚝하게 드높고 외롭게 아득하여 마치 만 길이나 되는 절벽 위에 앉은 것과 같을 것이다. 또 마치 백 척이나 되는 장대 위에 서서 한 순간 어긋나면 목숨을 잃는 것과 같다면, 공(功)이 거의 99프로에 이르렀으니 반드시 보임(保任)하여 온전히 붙잡아야 한다. 문득 걸어다니거나 앉거나 눕는 곳에서 자기도 모르게 '아!' 하는 한 마디를 내면, 마치 하늘까지 가득한 가시덤불 속에 죽어 있다가 한 줄기 몸을 빼어 살아 나올 길을 찾은 것과 같을 것이니, 어찌 상쾌하지 않으랴?"[349]

然突出箇活貓兒來. 団! 元來盡大地是箇選佛場, 盡大地是箇自己.(『고봉화상선요(高峰和尚禪要)』 '개당보설(開堂普說)')

[348] 大限九旬, 小限七日. 麤中有細, 細中有密. 密密無間, 纖塵不立, 正恁麼時, 銀山鐵壁. 進則無門, 退之則失. 如墮萬丈深坑, 四面懸崖荊棘, 切須猛烈英雄, 直要翻身跳出. 若還一念遲疑, 佛亦救你不得. 此是最上玄門.(『고봉화상선요』 '결제시중(結制示衆)')

"만약 이 일을 말한다면, 마치 모기가 무쇠소 위에 앉아 있는 것과 같아서 다시 이러니 저러니를 묻지 않고 곧장 입을 댈 수 없는 곳에서 목숨을 아끼지 않고 한 번 뚫어서 몸 속으로 들어가는 것과 같아야 한다."[350]

"만약 이 일을 궁구(窮究)하여 지극한 곳에 힘을 쏟으려고 한다면, 마치 허공 속에 꽃을 키우는 것과 같고 물 속에서 달을 건져 내려는 것과 같아서, 곧장 손을 댈 곳이 없고 마음을 쓸 곳이 없다. 흔히 이러한 경계가 눈앞에 나타나면 열에 열 모두 물러나 버리니, 바로 여기가 고향에 도달하는 소식임을 전혀 모르는 것이다."[351]

"의심은 믿음을 바탕으로 삼고 있고 깨달음은 의심을 작용으로 삼고 있음을 반드시 알아야 한다. 믿음이 충분하면 의심이 충분하고, 의심이 충분하면 깨달음이 충분하다. 비유하면 물이 불어나면 배가 높아지고 진흙이 많으면 불상이 큰 것과 같다."[352]

---

349) 又如鼠入牛角看看走至尖尖盡底, 又如捉賊討賊拷至情理俱盡, 不動不退無去無來, 一念不生, 前後際斷, 卓卓巍巍, 孤孤迥迥, 如坐萬仞崖頭. 又若停百尺竿上, 一念繾乖, 喪身失命, 將му功成九仞, 切須保任全提. 忽於經行坐臥處, 不覺團地一聲, 猶如死在漫天荊棘林中, 討得一條出身活路相似, 豈不快哉?(『고봉화상선요』 '시중(示衆)')

350) 若論此事, 如蚊子上鐵牛相似, 更不問如何若何, 便向下觜不得處挵命, 一鑽和身透入.(『고봉화상선요』 '시중(示衆)')

351) 若窮此事, 用工極際, 正如空裏栽花, 水中撈月, 直是無你下手處, 無你用心處. 往往繾遇者境界現前, 十箇有五雙, 打退鼓, 殊不知正是到家底消息.(『고봉화상선요』 '시중(示衆)')

352) 須知疑以信爲體, 悟以疑爲用. 信有十分, 疑有十分, 疑得十分, 悟得十分. 譬如水漲船高, 泥多佛大.(『고봉화상선요』 '시신옹거사(示信翁居士)')

의심하고 또 의심하여 가다가 마침내 은산철벽에 가로막힌 듯하고, 깊은 구덩이에 떨어진 듯하고, 쥐가 쇠뿔 속에 갇힌 듯한 곳에 이르러, 손을 댈 곳이 없고 마음을 쓸 수가 없어서 생각이 끊어지고 앞뒤의 시간이 끊어지고 사람도 법도 잊고서 진흙이나 나무로 만든 사람과 같을 때에, 문득 '아!' 하고 의문 덩어리가 터지면서 깨달음을 얻는다.

⑤ 주의할 점은 무엇인가?

"다시 이러한 말을 듣고서 한 순간이라도 정진(精進)하는 마음을 내어 그것을 구하면 안 되고, 다시 일부러 그것을 기다리면 안 되고, 다시 한 순간이라도 그것을 놓으려고 하면 안 되고, 다시 한 순간이라도 그것을 버리려고 하면 안 되고, 곧장 바른 생각을 단단하게 굳혀서 깨달음으로 모범을 삼아야 한다."[353]

"병이 어디에 있는가? 본분의 납승이라면 한번 집어내 보라. 타고난 영리함이 없는 것은 아닌가? 밝은 스승을 만나지 못한 것이 아닌가? 하다 말다 하는[354] 것은 아닌가? 근성이 부족하고 뜻이 작은 것은 아닌가? 번뇌에 빠져 있는 것은 아닌가? 공적(空寂)에 빠져 있는 것은 아닌가? 잡독(雜毒)[355]이 마음에 들어와 있는 것은 아닌가? 때가 아직 이르지 않은 것은 아닌가? 언구(言句)를 의심하지 않는 것은 아닌가? 엊지

---

353) 又卻不得見恁麼說, 起一念精進心求之, 又卻不得將心待之, 又卻不得要一念縱之, 又卻不得要一念棄之, 直須堅凝正念, 以悟爲則.(『고봉화상선요(高峰和尙禪要)』'시중(示衆)')

354) 일폭십한(一暴十寒) : 하루 햇볕을 쪼이고 열흘 식히다. 하다 말다 하다.

355) 잡독(雜毒) : 잡다한 독(毒). 온갖 헛된 견해(見解)를 가리킨다.

못했는데 얻었다고 여기고 깨닫지 못했는데 깨달았다고 여기는 것은 아닌가?"356)

"만약 참선의 요체를 말한다면, 포단 위에서 공부하는 것에 집착하여 혼침과 도거 속에 떨어지거나 편안함과 고요함 속에 떨어지면 안 된다. 이 모두는 알지 못하는 사이에 세월을 헛되이 보내는 것일 뿐만 아니라, 시주의 공양을 받기도 어려운 것이다."357)

"여기에 이르러 만약 털끝만큼이라도 깨달음을 기다리는 마음이 나오거나, 먼지만큼이라도 정진(精進)하고자 하는 생각이 일어난다면, 탐내는 마음이 아직 쉬지 못한 것이며 주관과 객관을 아직 잊지 못한 것이다. 이 하나의 병이 곧 도를 가로막는 장애물이다."358)

이상에서 언급한 공부할 때의 주의할 점을 다시 정리하면 다음과 같다.
㉮ 일부러 깨달음을 구하지 말라.
㉯ 일부러 깨달음을 기다리지 말라.
㉰ 마음을 놓으려고 하지 말라.
㉱ 마음을 버리려고 하지 말라.

---

356) 病在於何? 本分衲僧, 試拈出看. 莫是宿無靈骨麼? 莫是不遇明師麼? 莫是一暴十寒麼? 莫是根劣志微麼? 莫是汩沒塵勞麼? 莫是沈空滯寂麼? 莫是雜毒入心麼? 莫是時節未至麼? 莫是不疑言句麼? 莫是未得謂得未證謂證麼?(『고봉화상선요』 '시중(示衆)')

357) 若論參禪之要, 不可執蒲團爲工夫, 墮於昏沈散亂中, 落在輕安寂靜裏. 總皆不覺不知, 非唯虛喪光陰, 難消施主供養.(『고봉화상선요』 '시중(示衆)')

358) 到者裏, 設有毫釐待悟心生, 纖塵精進念起, 卽是偸心未息, 能所未忘. 此之一病, 悉是障道之端也.(『고봉화상선요』 '답직옹거사서(答直翁居士書)')

⑩ 하다 말다 하지 말라.

⑪ 공적(空寂)에 떨어지지 말라.

⑫ 잡다한 견해에 오염되지 말라.

⑬ 깨닫지 못했는데 깨달았다고 오해하지 말라.

⑭ 좌선에 집착하지 말라.

⑮ 혼침과 도거에 떨어지지 말라.

⑯ 편안함과 고요함에 떨어지지 말라.

⑰ 정진(精進)하고자 하는 생각을 내지 말라.

(3) 대혜의 간화선과 무엇이 다른가?

① 고봉이 처음에 설암에게서 받은 무자(無字) 화두에 대하여는 억지로 간화(看話)를 하였으나 언제나 혼침과 산란에 떨어져서 효과를 보지 못했는데, '만법귀일일귀하처(萬法歸一一歸何處)'는 저절로 의정(疑情)이 되고 의단(疑團)이 되어서 따로 간화(看話)할 필요가 없었다. 이처럼 화두가 저절로 의문의 덩어리가 되어서 일부러 화두를 말하지 않고 살펴보지 않아도 저절로 화두에서 벗어나지 않는 것이 공부를 이루는 열쇠임을 강조한 것이 고봉의 간화선이 대혜종고의 간화선과 다른 점이다. 의단(疑團)을 강조한 점에서 고봉의 간화선은 무문혜개의 간화선과 일맥상통한다.

② 가장 중요한 점은 어떻게 깨달음이 일어나는가 하는 것인데, 이 점에 관해서는 대혜종고와 고봉원묘와 무문혜개가 모두 별 차이 없이 말하고 있다. 이들 모두 마치 깊은 구덩이에 떨어진 것처럼, 쥐가 쇠뿔

속에 갇힌 것처럼 꼼짝할 수 없는 곳에서 생각이 끊어지고 마음이 갈 곳이 없을 때에 문득 깨달음이 일어난다고 한다. 금강권(金剛圈)에 갇히고 율극봉(栗棘蓬)을 삼킨 것처럼 어떻게도 손을 쓸 수 없고 어떠한 노력도 할 수 없는 곳에서 문득 깨달음이 일어난다고 하는 것은 육조혜능 이래로 선(禪)에 일관되게 흐르고 있는 근본적인 특징이다. 노력을 통하여 점차적으로 깨달음에 이르는 것이 아니라, 어떠한 노력도 할 수 없는 장벽에 가로막혀서 시체처럼 어떤 힘도 쓸 수 없을 때에 문득 폭발이 일어나듯이 중생심(衆生心)이 죽어 버리고 불심(佛心)이 살아나는 깨달음이 발생한다고 하는 것이 육조 문하 돈오선(頓悟禪)의 근본적인 특징이다. 그러므로 종사가 학인을 가르치는 기본적인 방편은 학인의 사량분별하는 마음을 가로막아 버리는 것이고, 사량분별하고자 하나 사량분별할 수 없는 곳이 바로 의문의 덩어리인 것이다.

화두의 역할이 무엇인가와 어떻게 하여 깨달음으로 이끌어 가는가 하는 두 가지 점에서 간화선의 특징을 비교하여 보겠다.

대혜의 간화선에서 화두는 분별심을 가로막고 분별심을 때려부수는 역할을 한다. 반면에 고봉의 간화선에서 화두는 의문을 일으키는 역할을 해야 한다. 의문이 저절로 일어나도록 하는 것이 화두이고, 의문을 일으키지 않는 것은 화두가 아니다. 이처럼 고봉은 무문보다도 더욱더 의문 덩어리의 역할을 강조하고 있다. 고봉은 화두를 자신에게 말해 주고 일깨워 주라는 말도 하지 않고, 오로지 의문의 덩어리가 화두로 말미암아 생겨야 함을 강조하고 있다. 고봉의 간화선에서는 의문 덩어리가 생겨나지 않는 화두는 화두로서 역할을 할 수 없다. 이 점에서 화두의 역할이 대혜와는 차이가 있다. 대혜에게 화두는 사량분별하는 마음을 가로막아 활동하지 못하게 하는 장벽이고 사량분별하는 마음을 죽이는 칼이다. 반면에 무문과 고봉에게 화두는 의문 덩어리를 만들어 내는 원인이다. 무문과 고봉에게 있어 사량분별하는 망심(妄心)을 가로막고 부수는 것은 화두가 아니라 의문의 덩어리인 것이다. 고봉이 이러한 간화선을 말하는 이유는 두말할 필요없이 자신이 공부하고 깨달은 경험 때문이다.

대혜의 간화선에서 깨달음에 이르는 길은, 화두를 자신에게 말해 주고 일깨워 줌으로써 마음의 앞에 화두라는 장벽을 세우게 되고, 그럼으로써 마음을 깨달음이 일어나는 쇠뿔 속으로 몰아넣는 것이다. 고봉의 간화선에서도 깨달음이 일어나는 계기는 대혜와 마찬가지로 마음이 함정에 빠져서 오도 가도 못하는 상황에서 문득 깨달음이 일어나는 것이다. 이러한 점은 대혜, 무문, 고봉 3인에게 차이가 없다. 다만 이처럼 깨달음이 일어나는 상황으로 몰고가는 힘이 어디에 있느냐 하는 점에서는 차이가 난다. 고봉도 무문과 마찬가지로 저절로 일어난 의문의 힘이 마음을 깨달음이 일어나는 상황으로 저절로 몰아간다고 한다. 화두에 의하여 저절로 일어난 의문에 의하여 마음은 쥐가 쇠뿔 속에 들어가서 꼼짝도 못하는 것과 같은 상황으로 스스로 몰려간다고 하는 것이 고봉의 간화선이다. 대혜는 화두를 가지고 마음의 길을 가로막아서 마음을 쇠뿔 속으로 몰아넣는 것이고, 고봉은 화두가 일으킨 의문에 의하여 마음은 저절로 쇠뿔 속으로 들어간다고 한다. 이 점이 대혜와 고봉의 차이다.

제3장

몽산법어와
한국의 간화선

1. 한국 간화선과 몽산법어

주지하다시피 우리나라 간화선에서 지침서로 삼고 있는 책은 대혜종고(大慧宗杲; 1089-1163)의 『서장(書狀)』, 고봉원묘(高峰原妙; 1238-1295)의 『선요(禪要)』, 몽산덕이(蒙山德異; 1231-1298)의 『몽산법어(蒙山法語)』이다. 간화선을 위주로 하여 공부하는 조계종(曹溪宗)에서 간화선 수행의 지침서로 발간한 『간화선』이라는 책을 보면, 『서장』과 대혜종고가 56회 인용되어 있고, 『선요』와 고봉원묘가 8회 인용되어 있고, 『몽산법어』와 몽산덕이가 16회 인용되어 있다. 이를 놓고 보더라도 『서장』이 간화선의 가장 중요한 지침서이며, 『선요』와 『몽산법어』 역시 중요한 지침서로 여겨지고 있음을 알 수 있다.

『서장』은 간화선을 창시한 대혜종고의 가르침으로서 간화선에 대한 상세한 설명이 들어 있다. 고봉원묘와 몽산덕이는 대혜종고보다 140여 년 뒤에 태어난 사람들로서 모두 임제종에 속하는 선승들이다. 『선요』는 『서장』과 더불어 강원(講院)에서 배우는 사집(四集)에 속한다. 『선요』에서 고봉원묘가 말하는 간화선은 『서장』에서 대혜종고가 말하는 간화선만큼 상세하지는 않으나 기본 취지는 동일하다. 그런데 『몽산법어』에서 몽산덕이가 가르치는 간화선은 여러 가지 점에서 대혜가 말하는 간화선과는 같지 않다. 우리나라의 간화선 수행자들은 『서장』과 『몽산법어』 모두를 간화선의 지침서로 삼고 있다. 그러므로, 『서장』과 『몽산법어』가 어떤 면에서 같고 다른지를 밝혀서 간화선 수행에서 범할지 모르는 잘못됨을 방지해야 할 필요가 있다.

몽산덕이(蒙山德異)는 원대(元代) 임제종(臨濟宗) 양기파(楊岐派)의 선승으로서 고려 왕실과 교류가 있었다. 우리나라에만 남아 있는 그의 법문집인 『몽산법어』와 『사법어』 외에 『오등전서』에 약간의 행적이 기록되어 있다. 우리나라에서 간화선의 지침서로 여기고 있는 『몽산법어』는 원제가 『몽산화상법어약록(蒙山和尙法語略錄)』인데 현재는 혜각신미(慧覺信眉) 대사가 언해한 언해본(諺解本)으로 남아 있다. 그 판본은 ① 간경도감본(刊經都監本; 1464-1468년 간행), ② 통문관본(通文館本; 1472-1481년 간행), ③ 심원사본(深源寺本; 1525년 간행), ④ 고운사본(孤雲寺本; 1517년 간행), ⑤ 빙발암본(氷鉢菴本; 1535년 간행), ⑥ 송광사본(松廣寺本; 1577년 간행) 등이 있다. 각 판본 사이에 몇몇 글자가 다르게 되어 있긴 하지만, 그 내용에서 차이는 없다.

『몽산법어』에 실린 내용은 ① 시고원상인(示古原上人), ② 시각원상인(示覺圓上人), ③ 시유정상인(示惟正上人), ④ 시총상인(示聰上人), ⑤ 무자십절목(無字十節目), ⑥ 휴휴암주좌선문(休休庵主坐禪文), ⑦ 시각오선인법어(示覺悟禪人法語) 등인데,[359] 이 가운데 ⑦ 시각오선인법어(示覺悟禪人法語)는 이 책을 엮은 보제존자(普濟尊者) 나옹(懶翁)의 시중설법(示衆說法)이다.[360] 그러므로 ⑦ 시각오선인법어(示覺悟禪人法語)을 제외한 나머지를

---

359) 이 가운데 ①-⑤까지는 백화문(白話文)으로 되어 있고, ⑥과 ⑦은 문어(文語)로 되어 있다.

가지고 몽산덕이의 간화선이 어떤 것인가를 살펴보겠다. 여기에서 살펴본 판본은 최초의 언해본인 간경도감본 『몽산화상법어약록』이다.

---

360) 몽산법어(蒙山法語)는 몽산덕이의 법어(法語)를 고려 공민왕(恭愍王)의 왕사(王師) 보제존자(普濟尊者) 나옹(懶翁) 화상이 간추려 엮은 책이다. 고려의 나옹 화상은 1350년(고려 충정왕(忠定王) 2, 원 지정(至定) 10)에 중국 평강(平江)의 휴휴암(休休庵)으로 가서 몽산덕이를 만나 100일 정도 머물렀다고 하므로, 이때 『몽산법어』의 원고를 얻었을 가능성이 높다. 조선의 혜각신미(慧覺信眉)가 이 책의 뒤에 보제존자 나옹의 법어를 붙이고, 한글로 구결을 달아 언해한 책이 『몽산화상법어약록언해(蒙山和尙法語略錄諺解)』이다.

2. 몽산덕이의 공부와 깨달음

몽산의 간화선을 살펴보기 전에 먼저 몽산이 어떻게 공부하여 어떻게 깨달았는지를 『오등전서』의 기록을 통하여 살펴본다.

"처음 승천고섬형(承天孤蟾瑩)을 찾아가니 섬형(蟾瑩)은 조주무자(趙州無字) 화두를 살펴보라고 시켰다. 하루는 섬형이 몽산에게 물었다. '스님들은 죽어서 어디로 가느냐?' 몽산은 어쩔 줄 몰라서 분발하여 참구(參究)하였는데, 수좌(首座)가 승당으로 들어와 향합(香盒)을 떨어뜨리는 소리를 듣고서 활짝 트이며 깨닫고는 게송을 지었다. '어처구니없게도361) 앞길이 막혔다가, 밟아서 뒤집으니 물결이 곧 물이로구나. 중생을 벗어난 조주의 면목이, 다만 이와 같도다.' …… 뒤에 퇴경허주(退耕虛舟)의 권유로 환산응(皖山凝) 선사를 찾아뵈었는데, 환산응 선사가 물었다. '밝은 빛이 온 세계를 고요히 비춘다고 하니, 이것은 장졸수재(張拙秀才)362)의 말이지?' 몽산이 대답하려고 하는데 환산응이 '악!' 하고 힘

---

361) 몰흥(沒興) : 재수가 없다. 불유쾌하다. 어처구니없다.
362) 장졸수재(張拙秀才) : 장졸상공(張拙相公)이라고도 한다. 선월(禪月) 대사(大師)의 권유

차게 소리쳤다. 이에 몽산은 즉시 의문이 풀려 개운해졌다."363)

향합 떨어지는 소리를 듣고 한 번 깨닫고, 다시 환산응의 일할(一喝)
에 모든 의문이 개운하게 풀어졌다. 이러한 깨달음의 체험은 선(禪)에
서 일반적인 언하변오(言下便悟)의 깨달음이다.

로 석상경저(石霜慶諸; 807-888)를 찾아갔는데, 석상(石霜)이 물었다. "수재(秀才)는 성
이 무엇이요?" "성은 장(張)이고 이름은 졸(拙)입니다." "교(巧; 솜씨 좋음)를 찾아도 오히려
찾을 수가 없는데, 졸(拙; 솜씨 없음)이 스스로 어디서 오는가?" 상공(相公)이 홀연 깨달은
바가 있어서, 이윽고 게송을 지어 드렸다. "광명은 고요히 비추어 항하사 세계에 두루하고,
범부와 성인과 모든 중생들이 나의 집에 함께 있네. 한 생각이 일어나지 않으면 전체가 드
러나지만, 육근이 움직이면 바로 구름에 막힌다. 번뇌를 끊으면 병이 더욱 더하고, 진여를
좇아가는 것 역시 삿되다. 세간의 인연을 따라도 장애가 없고, 열반과 생사가 함께 헛꽃이
라네."(光明寂照遍河沙 凡聖含靈共我家 一念不生全體現 六根纔動被雲遮 斷除煩惱
重增病 趣向眞如亦是邪 隨順世緣無罣礙 涅槃生死等空花)(『오등회원』 제6권)

363) 初參承天孤蟾瑩, 命看趙州無字話. 一日蟾問：'亡僧遷化, 向甚處去?' 師罔措, 悱發參
究, 因首座入堂, 墜香盒作聲, 豁然有省, 述偈曰：'沒興路途窮, 踏翻波是水. 超群老趙
州, 面目只如此.' …… 勸謁皖山凝, 凝問：'光明寂照遍河沙, 豈不是張拙秀才語?' 師
擬答, 凝震威一喝. 師當下釋然.(『오등전서(五燈全書)』 제56권 '송강부전산몽산덕이선
사(松江府澱山蒙山德異禪師)')

3. 몽산덕이의 간화선

(1) 어떤 화두를 살펴보는가?

어떤 승려가 조주에게 물었다. "개에게도 불성이 있습니까?" 조주가 말했다. "없다."[364] 꿈틀거리고 움직이며 영혼을 가진 중생[365]들은 모두 불성(佛性)을 가지고 있는데, 조주는 어찌하여 없다고 말했느냐? 결국 이 무자(無字)는 어느 곳으로 귀결되느냐?[366]

오조법연(五祖法演) 화상이 시중하였다. "석가와 미륵도 오히려 그의 하인이다." 그는 누구냐?[367]

---

364) 僧問趙州: "狗子還有佛性也無?" 州云: "無."(『몽산화상법어』 '몽산화상시각원상인(蒙山和尚示覺圓上人)')

365) 준동함령(蠢動含靈): 꿈틀거리고 움직이며 영혼을 가진 것들. 모든 생물. 중생(衆生).

366) 蠢動含靈, 皆有佛性, 趙州因甚道無? 畢竟者箇無字, 落在甚處?(『몽산화상법어』 '몽산화상시각원상인(蒙山和尚示覺圓上人)')

367) 五祖演和尙, 示衆云: "釋迦彌勒, 猶是他奴." 他是阿誰?(『몽산화상법어』 '몽산화상시유정상인(蒙山和尙示惟正上人)')

황벽(黃檗)은 백장(百丈)이 마조(馬祖)를 두 번째 찾아뵌 인연을 말하는 것을 듣고는 곧 혀를 내둘렀는데,[368] 이것은 백장의 힘이냐, 마조의 힘이냐?[369]

암두(巖頭)가 덕산(德山)의 일할(一喝)을 듣고서 곧 절을 하였는데,[370] 이것은 은혜를 아는 것이냐, 은혜를 갚는 것이냐? 또 동산(洞山)에게 답하여 말하길 "내가 당시에 한 손으로는 치켜세웠고 한 손으로는 억눌렀다."고 하였는데, 어디가 그가 치켜세우고 억누른 곳이냐?[371]

(2) 화두의 역할은 무엇인가?

『몽산법어』에서 제시하는 화두는 모두 질문의 형태이다. 몽산의 간화

---

368) 하루는 백장이 대중에게 말했다. "불법(佛法)은 작은 일이 아니다. 나는 옛날 마조 대사의 일할(一喝)을 거듭 듣고서 곧장 3일 동안 귀가 멀고 눈이 캄캄했었다." 황벽은 그 이야기를 듣고서 자기도 모르게 혀를 내둘렀다.(一日師謂衆曰："佛法不是小事. 老僧昔再蒙馬大師一喝, 直得三日耳聾眼黑." 黃檗聞擧不覺吐舌.)(『경덕전등록』 제6권 '홍주백장산회해선사(洪州百丈山懷海禪師)')

369) 黃檗見百丈, 擧再參機緣便吐舌, 是得百丈力耶? 得馬祖力耶?(『몽산화상법어』 '몽산화상시총상인(蒙山和尙示聰上人)')

370) 암두(巖頭)가 하루는 덕산(德山)에게 인사를 드리려고 조실로 올라가서 발이 문지방을 넘어서자마자 곧 물었다. "범부입니까? 성인입니까?" 덕산이 곧 일할(一喝)을 하니, 암두가 곧 절을 하였다. 동산(洞山)이 그 이야기를 듣고서 말했다. "만약 암두 스님이 아니었다면, 역시 수긍하기가 매우 어려웠을 것이다." 암두가 말했다. "동산 노인네는 좋고 나쁨도 알지 못하고 말을 잘못하였으니, 내가 당시에 한 손으로는 치켜세웠고 한 손으로는 억눌렀다는 것을 전혀 모르는구나.(師一日上問訊, 脚纔跨門, 便問：“是凡是聖?” 山便喝, 師便作禮. 洞山聞乃云：“若不是豁公, 也大難承當.” 師云：“洞山老漢, 不識好惡, 錯下名言, 殊不知, 我當時, 一手抬一手搦.)(『연등회요』 제21권 '악주암두전활선사(鄂州巖頭全豁禪師)')

371) 巖頭見德山, 一喝便禮拜, 是知恩耶? 報恩耶? 又答洞山語云：“我當時, 一手擡一手搦.” 那裏是他擡搦處?(『몽산화상법어』 '몽산화상시총상인(蒙山和尙示聰上人)')

선에서 화두는 의문을 일으키는 역할을 한다. 화두가 묻는 질문의 답을 찾아서 의문을 가지고 화두를 자신에게 일깨우고 살펴보는 것이 몽산의 간화선이다.

(3) 언제, 어디에서, 어떻게 간화하는가?

① 화두에서 의문이 일어나야 한다

"화두 위에서 의문(疑問)이 끊어지지 않으면, 이것을 참된 의문이라고 한다. 만약 의심을 단숨에[372] 하고서 잠시 후에[373] 다시 의심이 없으면, 참된 마음으로 의심을 낸 것이 아니고 조작(造作)된 가식(假飾)[374]에 속한다. 이 까닭에 혼침(昏沈)과 도거(掉擧)가 모두 침입할 것이다."[375]

"부디[376] 화두에 마음을 두고서[377] 늘 힘써 의심을 일으켜 오래오래 하여 공부가 순일(純一)하고 익숙해지면 비로소 힘을 덜 수 있다."[378]

---

372) 일상(一上) : ① 한 차례. 한 번. ② 단숨에. 단번에.

373) 소시(少時) : 잠시. 잠깐. 잠시 후.

374) 주작(做作) : ① 행위조작. 일에 종사하여 어떤 활동을 하는 것. 유위(有爲)로 조작(造作)하다. ② 꾸미다. 가식하다.

375) 話頭上有疑不斷, 是名眞疑. 若疑一上少時, 又無疑者, 非眞心發疑, 屬做作. 是故, 昏沈掉擧, 皆入作得.(『몽산화상법어』 '몽산화상시고원상인(蒙山和尙示古原上人)')

376) 천만(千萬) : 어기(語氣)를 강하게 하기 위하여 사용하는 부사. 신신당부하는 말.

377) 조고(照顧) : ① 조심하다. 주의하다. =유심(留心). ② 관심을 두다. 돌보다. ③ 처리하다. 뒷바라지하다. ④ 비추다. 비추어 보다.

378) 千萬照顧話頭, 及常常鞭起疑久久, 工夫純熟, 方能省力.(『몽산화상법어』 '몽산화상시고원상인(蒙山和尙示古原上人)')

188

"단지 참되고 바르게 믿는 마음을 내어 참된 마음 속에 의문이 있기만 하면, 저절로 화두가 앞에 나타날 것이다."379)

"본각(本覺)이 아직 밝아지지 않았으면 하나하나가 모두 의문이니, 큰 의문이 있으면 큰 깨달음도 있다."380)

"유정(惟正) 상좌(上座)는 철저히 깨달았느냐? 깨닫지 못했다면, 서둘러 정신을 맑게 하고서 참된 공부를 시작해야 한다. 여법(如法)하게 참구(參究)하되, 깨달음으로 들어가는 문으로 삼아라. 이른바 참구(參究)란, '석가와 미륵은 부처님인데 무슨 까닭에 도리어 그의 하인인가? 결국 그는 누구인가?' 하고 의심해야 하는 것이다.381) 만약 다른 공안에 의문이 있거나 경전에 의문이 있다면, 모두 모아서 '그는 누구인가?'의 위로 돌려 보아라."382)

"마땅히 본래부터 참구하던 공안에 의문이 있어야 한다. 큰 의문 뒤에 반드시 큰 깨달음이 있는 것이다. 천 가지 의문과 만 가지 의문이 모두 한 개 의문일 뿐이니, 본래 참구하던 곳에서 처리하여 해결해야 한

---

379) 但發眞正信心, 眞心中有疑, 則自然話頭現前.(『몽산화상법어』 '몽산화상시고원상인(蒙山和尙示古原上人)')

380) 本覺未明, 一一有疑, 大疑則有大悟.(『몽산화상법어』 '몽산화상시각원상인(蒙山和尙示覺圓上人)')

381) 惟正上座, 能悟徹也未? 否則急宜惺惺, 下眞實工夫. 如法參究, 以大悟爲入門. 所謂參究者, 當疑'釋迦彌勒是佛, 因甚猶是他奴? 畢竟他是阿誰?'(『몽산화상법어』 '몽산화상시유정상인(蒙山和尙示惟正上人)')

382) 若其他公案有疑, 及經典上有疑, 盡攝歸來'他是阿誰?'上看.(『몽산화상법어』 '몽산화상시유정상인(蒙山和尙示惟正上人)')

다.383) 만약 언구(言句)를 의심하지 않는다면, 이것은 큰 병이다.”384)

　화두는 질문의 형태로 되어 있고, 화두가 던지는 그 질문에 따라 의문을 가지는 것이 화두를 참구하는 첫걸음이다. “모든 중생들이 다 불성을 가지고 있는데 조주는 어찌하여 없다고 하였는가?” “석가와 미륵을 하인으로 삼는 그는 누구인가?” “백장의 힘인가, 마조의 힘인가?” “은혜를 아는 것인가, 은혜를 갚는 것인가?” 등의 질문에 따라 의문을 가지는 것이 화두를 참구하는 출발점이다.

　② 화두를 일깨워 스스로 살펴보라

　“의문 덩어리를 하루하루 더욱 풍성하게 하여 매일 24시간 생활하는 가운데 오직385) 무자(無字)만 말하여[제(提)] 빈틈없이 마음을 돌려 스스로 살펴보라[회광자간(廻光自看)]. 살펴보고 또 살펴보고[간래간거(看來看去)] 의심하고 또 의심하여[의래의거(疑來疑去)] 전혀 맛386)이 없을 때에 약간의 맛이 있으면 다시 번뇌를 일으켜선 안 된다.”387)

　“의심이 강해지면, 다시 ‘그는 누구인가?’를 자신에게 일깨워 주어[제

---

383) 취판(取辦) : ① 마련하여 갖춤. ② 처리하여 해결함.

384) 當於本參公案上有疑. 大疑之下, 必有大悟. 千疑萬疑, 倂作一疑, 於本參上取辦. 若不疑言句, 是爲大病.(『몽산화상법어』 '몽산화상시총상인(蒙山和尙示聰上人)')

385) 단단(單單) : 오직. 홀로.

386) 자미(滋味) : ① 맛. ② 재미. ③ 기분. 심정. 감정.

387) 從敎疑團日盛, 於二六時中四威儀內, 單單提箇無字, 密密廻光自看. 看來看去, 疑來疑去, 百無滋味時, 有些滋味, 却不可生煩惱.(『몽산화상법어』 '몽산화상시각원상인(蒙山和尙示覺圓上人)')

190

시(提撕)] 마음을 돌이켜 스스로 살펴보라[회광자간(廻光自看)]."388)

"모든 인연을 싹 내버리고 하루 24시간 행위하는 곳에서 오로지 화두만을 말하여[제(提)] 마음을 돌이켜 스스로 살펴보아야 한다[회광자간(廻光自看)]."389)

화두가 묻는 질문에 의문을 가졌으면, 끊임없이 그 화두의 질문을 자기에게 제기(提起)하여 그 질문을 살펴봄으로써 질문과 끊임없이 마주 대하도록 하여야 한다. 화두를 제(提) 혹은 제시(提撕)하여 회광자간(廻光自看)하라고 한다. 제(提)는 말하다는 뜻이고, 제시(提撕)는 말하여 일깨운다는 뜻이고, 회광자간(廻光自看)은 마음을 돌려 즉 주의를 기울여 스스로 살펴본다는 뜻이다. 화두의 질문을 의심하는 행위를 이렇게 표현하였다.

③ 맑게 깨어서 빈틈없이 화두를 제시하라

"다만 움직이거나 고요히 있는 가운데 공부가 끊이지 않도록 하면[무간단(無間斷)], 저절로 망상경계는 들어오지 않고 참된 경계가 날로 커져서 점차로 무명(無明)을 부수는 힘을 가질 것이다."390)

---

388) 疑得盛, 却提撕他是阿誰, 廻光自看.(『몽산화상법어』 '몽산화상시유정상인(蒙山和尙示惟正上人)')

389) 仍要盡捨諸緣, 於四威儀內二六時中, 單單提箇話頭, 廻光自看.(『몽산화상법어』 '몽산화상시총상인(蒙山和尙示聰上人)')

390) 但動中靜中, 要工夫無間斷, 自然塵境不入, 眞境日增, 漸漸有破無明力量.(『몽산화상법어』 '몽산화상시고원상인(蒙山和尙示古原上人)')

"무릇 참선의 묘함은 맑게 깨어 있음391)에 있다. 영리한 자라면 먼저 공안(公案)에서 점검하여 바른 의심이 있으면 다시 서두르지도 말고 늦추지도 말고 화두를 말하여[제(提)] 빈틈없이 마음을 돌이켜 스스로 살펴보라[회광자간(廻光自看)]. 그러면 쉽게 큰 깨달음을 얻어 몸과 마음이 안락해질 것이다."392)

"의문이 무거워져서 화두를 말하지[제(提)] 않아도 저절로 앞에 나타나면, 도리어 기뻐하지 말고 짙게 나타나든 옅게 나타나든 내버려두고 곧장 쥐가 관(棺)을 물어뜯듯이[노서교관재(老鼠咬棺材)] 다만 무자(無字)만을 말하여[제(提)] 보라."393)

"묘함은 그 마음을 잘 쓰는 데에 있으니, 참되고 바르게 믿는 마음을 내고, 모든 세간의 마음은 버리고서, 맑게 깨어서 빈틈없이[성성밀밀(惺惺密密)] 일깨워야[제시(提撕)] 한다."394)

맑게 깨어 있는 마음으로 빈틈없고 끊임없이 화두를 말하고 일깨우고 살펴보아서, 마침내 말하거나 일깨우거나 살펴보지 않아도 화두가 저절로 앞에 나타나게 하라고 한다. 화두가 저절로 앞에 나타나더라도

---

391) 성성(惺惺) : 총명하다. 맑고 고요하다. 깨어 있다.

392) 夫參禪, 妙在惺惺. 靈利者, 先於公案檢點, 有正疑, 却不急不緩, 提話頭, 密密廻光自看. 則易得大悟, 身心安樂.(『몽산화상법어』 '몽산화상시고원상인(蒙山和尙示古原上人)')

393) 疑得重, 話頭不提, 自然現前, 却不得歡喜, 濃淡任他, 直如老鼠咬棺材, 只管提箇無字看.(『몽산화상법어』 '몽산화상시각원상인(蒙山和尙示覺圓上人)')

394) 妙在善用其心, 發眞正信心, 捨盡一切世間心, 惺惺密密提撕.(『몽산화상법어』 '몽산화상시유정상인(蒙山和尙示惟正上人)')

마치 쥐가 관을 물어뜯듯이 계속하여 끊임없이 화두를 말하고 일깨우라고 한다.

④ 좌선하여 선정의 힘을 빌려 화두를 일깨워라

"다시 앉고자 하면 단정(端正)해야 한다. 첫째로 잠이 오면 마땅히 무슨 경계인지를 알아야 한다. 눈꺼풀이 무거움을 느끼자마자 곧 정신을 가다듬어[395] 화두를 한두 번 소리내어 말하라.[396] 잠이 물러가면 평소처럼 앉아야 한다. 만약 잠이 물러가지 않으면 곧 땅으로 내려가 수십 걸음을 걷고서 눈이 밝아지면 다시 앉아라.[397] 좌선하는 가운데 다시 정(定)[398]의 힘을 더하면, 서로 도와서 묘하게 될 것이다."[399]

"만약 앉아 있는 가운데 묘한 정(定)의 힘[정력(定力)]의 도움을 얻는다면, 바로 화두를 일깨우기[제시(提撕)]에 좋다. 다만 힘을 써서[400] 묘하게 되려고 하지는 말라.[401] 만약 힘을 써서 화두를 일깨운다면[제시(提撕)], 정(定)의 경계를 풀어서 흩어 버릴 것이다. 마음을 잘 써서 문득 정(定)

---

395) 착정채(著精彩) : 정신을 가다듬다.

396) 제(提) : ① 말을 꺼내다. 언급하다. ② 제시하다.

397) 更要坐得端正. 一者, 睡魔來, 當知是何境界. 纔覺眼皮重, 便着精彩, 提話頭一二聲. 睡魔退, 可如常坐. 若不退, 便下地, 行數十步, 眼頭淸明, 又去坐.(『몽산화상법어』 '몽산화상시고원상인(蒙山和尙示古原上人)')

398) 정(定) : 마음을 한곳에 머물게 하여 흩어지지 않게 하는 것. 3학(學)의 정학(定學)과 6도 (度)의 선정바라밀을 말함.

399) 於坐中更加定力, 相資爲妙.(『몽산화상법어』 '몽산화상시고원상인(蒙山和尙示古原上人)')

400) 착력(著力) : 힘을 쓰다. 힘을 내다.

401) 불용(不用) : ① ―할 필요 없다. ② ―하지 말라.

에 들어갈 때에는 도리어 정(定)을 탐내어 화두를 잊어버리지 않도록 하라. 만약 화두를 잊어버리면, 공에 떨어질 것이니 묘한 깨달음은 없다. 정(定)에서 나올 때에도 정(定)의 힘을 보호하여야 한다. 움직일 때에나 가만히 있을 때에나 한결같아서 혼침과 도거가 모두 사라지더라도 역시 기뻐하는 마음을 내지는 말라."402)

"좌선하는 가운데 힘을 얻기가 가장 쉬우니, 처음 앉을 때에 정신을 바짝 차리고403) 신체는 단정(端正)하게 하여라.404) 등은 굽히지 말고, 머리는 곧게 세우고, 눈꺼풀을 움직이지 않고, 눈은 평소처럼 뜨고, 눈동자가 움직이지 않는다면, 몸과 마음이 모두 고요해질 것이다. 고요해진 연후에 정(定)에 들면, 정(定) 속에서 도리어 화두가 앞에 나타나도록 하고, 정(定)을 탐내어 화두를 잊지는 않도록 하라. 화두를 잊으면, 공(空)에 떨어져 도리어 정(定)으로 말미암아 헤매게 될 것이니, 이러면 안 된다.405) 정(定) 속에서 힘을 얻기가 쉬우나, 맑게 깨어서 어둡지 않아야 하는 것이다. 혹시 온갖 좋아하거나 싫어하는 경계가 나타날 때에는 일절 관여하지 말아야 한다. 화두가 또렷하면406) 어느덧407) 경계가 저

---

402) 若於坐中, 得妙定力資, 正好提撕. 但不用着力爲妙. 若着力提撕, 則解散定境. 能善用心, 忽然入得定時, 却不可貪定, 而忘話頭. 若忘却話頭, 則落空去, 無有妙悟. 起定時, 亦要保護定力. 於動靜中一如, 昏沈掉擧悉絶, 亦莫生喜心.(『몽산화상법어』 '몽산화상시각원상인(蒙山和尙示覺圓上人)')

403) 두수정신(抖擻精神) : 정신을 차리다.

404) 방교(放敎) : 시키다. −하게 하다. =사(使), 령(令).

405) 무유시처(無有是處) : 이런 경우는 없다. 이런 경우는 없어야 한다. 이러면 안 된다. 있을 수 없는 일이다.

406) 분효(分曉) : ① 또렷하다. 분명하다. ② 똑똑히 알다.

407) 숙홀(倏忽) : 갑자기. 별안간. 문득. 어느덧.

194

절로 깨끗해질 것이다. 정(定)에서 나올 때에는 천천히 몸을 움직여 정(定)의 힘을 보호하여 지니도록 하여라."408)

"만약 좌선(坐禪) 속에 있다면, 힘을 얻기가 가장 쉽다. 앉아서는 마땅히 법(法)을 얻어야지 눈을 부릅뜨고 눈에 힘을 주어 몸과 마음을 억압하지는409) 말아야 한다. 만약 애를 쓴다면, 병고(病苦)를 불러올 것이다. 다만 몸을 단정하게 하여 똑바로 앉아 평소처럼 눈을 뜰 뿐, 몸과 마음의 경계를 돌아볼 필요는 없다. 혹시 혼침(昏沈)과 도거(掉擧)가 있을 때에는 정신을 조금 차리고 화두를 한두 번 소리내어 말하면[제거(提擧)], 저절로 모든 마장(魔障)이 사라질 것이다. 눈이 안정되면 마음이 안정되고, 마음이 안정되면 몸이 안정된다. 만약 정(定)을 얻었을 때에는, 정(定)을 능사(能事)로 여기지 말아야 한다. 만약 화두를 잊어버리면, 공적(空寂)에 빠져서 큰 깨달음을 얻지 못하고, 도리어 큰 병이 든다. 우리의 조사(祖師)께서는 서쪽에서 오셔서 다만 곧장 가리키는[직지(直指)] 것을 말씀하시고 큰 깨달음으로 들어가는 문으로 삼았을 뿐, 선정(禪定)과 신통(神通)을 말씀하시지는 않으셨으니, 이것들은 근본적인 일이 아니기 때문이니라. 만약 정(定) 속에서 깨달아 밝아진다면, 지혜가 도리어 드넓어져서 물과 뭍으로 함께 나아갈 것이다."410)

---

408) 於坐中最易得力, 初坐時抖擻精神, 放敎身體端正. 不可背曲, 頭腦卓竪, 眼皮不動, 平常開眼, 眼睛不動, 則身心俱靜. 靜而然後定, 定中却要話頭現前, 不可貪定而忘話頭. 忘則落空, 反被定迷, 無有是處. 定中得力易, 却要惺惺不昧. 忽有一切好惡境界現時, 都不要管他. 話頭分曉, 倏忽境界自淸. 起定之時, 緩緩動身, 護持定力.(『몽산화상법어』 '몽산화상시유정상인(蒙山和尙示惟正上人)')

409) 알랄(遏捺) : 억압하다. 꼼짝 못하게 눌러 막다. =알억(遏抑).

410) 若於坐中, 得力最多. 坐宜得法, 不要瞠眉努目, 遏捺身心. 若用氣力, 則招病苦. 但端身正坐, 平常開眼, 身心境界, 不必顧着. 或有昏沈掉擧, 着些精彩, 提擧一二聲話頭,

화두를 끊임없이 말하고 일깨우고 살펴볼 때에 좌선(坐禪)을 하여 선정(禪定)에 들어 그 선정의 힘을 빌리면 화두를 일깨우기가 대단히 쉽고 공부에 많은 도움이 된다고 한다. 좌선하면서 화두를 일깨우는데, 비록 선정에 들어가더라도 공적(空寂)한 선정에 머물지 말고 끊임없이 화두를 일깨워서 선정 속에서 깨달으면 그 지혜가 드넓을 것이라고 한다. 선정의 힘을 빌릴 때에는 선정 속에서 나오더라도 선정의 힘을 잃지 않고 잘 유지하면서 선정의 힘을 빌려서 화두를 일깨우라고 한다. 좌선을 하여 선정에 들어 선정의 힘을 빌려서 화두를 일깨우고 살펴보라는 이러한 가르침은 대혜나 무문이나 고봉에게서는 전혀 없었던 새로운 가르침이다. 또한 이 가르침은 육조(六祖) 문하(門下) 선종(禪宗)의 가르침에서도 없었던 새로운 가르침이다. 이것은 몽산의 간화선이 대혜의 간화선과는 본질적으로 다른 간화선일 수 있는 중요한 점이다.

(4) 어떻게 깨달음에 이르는가?

① 깨달음에 가까운 때

"만약 움직이거나 고요히 있는 가운데[동정중(動靜中)] 의심하는 공안(公案)이 흩어지지도 않고 세차게 찌르지도 않고 화두(話頭)가 급하지도 않고 늘어지지도 않으면서 저절로 앞에 나타난다면[자연현전(自然現前)], 이와 같은 때에는 공부가 힘을 얻은 것이니[득력(得力)], 다시 이러한 마

自然諸魔消滅. 眼定而心定, 心定而身定. 若得定時, 不可以爲能事. 或忘話頭, 沈空滯寂, 不得大悟, 反爲大病. 吾祖西來, 單提直指, 以大悟爲入門, 不論禪定神通, 此是末邊事. 若於定中, 得悟明者, 智慧却能廣大, 水陸並進也.(「몽산화상법어」 '몽산화상시총상인(蒙山和尚示聰上人)')

음을 잘 지녀서 늘 이어지게[상상상속(常常相續)] 해야 한다."[411]

"애써[412] 화두를 말하지 않아도 저절로 화두가 앞에 나타날[자연현전 (自然現前)] 때에 이르면 경계와 심신(心身)이 전혀 이전과 같지 않게 되고 꿈속에서도 역시 화두를 기억할 것이니[몽중기득화두(夢中記得話頭)], 이와 같은 때에는 큰 깨달음이 가깝다."[413]

"활동하는 가운데 화두를 지니고서 의심을 가지고 화두를 일깨워라[제시(提撕)]. 힘쓰지 않고서 끊임없고 빈틈없이 이어져[면면밀밀(綿綿密密)] 끊어지는 때가 없으면[무간단(無間斷)], 공부가 점차로 한 조각이 되어[타성일편(打成一片)] 맑은 가을 들녘의 물처럼 맑고 깨끗하게 되어 비록 바람이 불더라도 함께 맑은 물결이 될 것이다. 이와 같은 때에 이르면 큰 깨달음이 가깝다."[414]

"공부가 만약 혹 잘 되기도 하고 혹 안 되기도 하는 곳에 이르러 재미가 없을 때에는 점차로 정절(程節)[415]에 들어가기에 알맞은 때이니 절대로 놓아 버리면 안 된다. 맑게 깨어 있으면 곧 고요함에 들어가고, 고

---

411) 若動中靜中, 所疑公案不散不衝, 話頭不急不緩, 自然現前, 如是之時, 工夫得力, 却要護持此箇念頭, 常常相續.(『몽산화상법어』 '몽산화상시고원상인(蒙山和尚示古原上人)')

412) 용심(用心) : 마음을 쓰다. 심혈을 기울이다. 주의를 집중하다.

413) 做到不用心提話頭, 自然現前時, 境界及身心, 皆不同先已, 夢中亦記得話頭, 如是時, 大悟近矣.(『몽산화상법어』 '몽산화상시고원상인(蒙山和尚示古原上人)')

414) 於動用中, 保持得話頭, 有疑提撕. 不用力綿綿密密, 無有間斷時, 工夫漸漸成片, 得如澄秋野水, 湛湛淸淸, 縱有風動, 並是淸波. 到如是時, 大悟近矣.(『몽산화상법어』 '몽산화상시유정상인(蒙山和尚示惟正上人)')

415) 정절(程節) : 나아가는 과정(過程) 속의 마디를 뜻한다.

요한 이후에 정(定)이다. 정(定)에는 각기 이름이 있고, 삿됨도 있고 바름도 있으니, 마땅히 알아야 한다. 정(定)에서 나온 이후에 몸과 마음이 가볍고 깨끗하면, 모든 곳에서 힘을 덜게 되고 한 조각이 될 것인데, 다시 자세히 마음을 써야 한다. 공부를 해 가면서 처음부터 끝까지 고요함과 깨끗함의 두 글자를 벗어나지 말아야 한다. 고요함이 지극하면 곧 깨달음이 있고, 깨끗함이 지극하면 마음의 빛이 통달(通達)할 것이다. 기운이 엄숙하고 바람이 맑으며 움직이고 가만히 있는 경계가 마치 가을 하늘과 같은 때가 첫 번째 정절(程節)이니, 곧 기회를 타고 나아가야 한다. 마치 맑은 가을 들판의 물과 같고, 오래된 묘(廟) 속의 향로(香爐)와 같이 고요하면서도 맑게 깨어 있으면서[적적성성(寂寂惺惺)] 마음이 어디로도 가지 않을 때에는, 또한 인간(人間)에게 환상과 같은 몸이 있는 줄도 알지 못하고, 다만 화두만이 끊임없이 이어짐을 볼 뿐이다. 이러한 곳에 이르러 번뇌가 사라지려 하고 마음의 빛이 드러나려 한다면, 이것이 두 번째 정절(程節)이다. 여기에서 만약 느끼고 아는 마음을 낸다면, 순일(純一)한 묘함을 끊어 버릴 것이니 커다란 해악이다. 이러한 허물이 없다면 움직일 때에나 가만히 있을 때에나 한결같고[동정일여(動靜一如)], 잘 때나 깨어 있을 때나 맑아서[오매성성(寤寐惺惺)], 화두가 앞에 나타나는 것이 마치 물을 투과한 달빛이 출렁이는 물결 속에서도 활발하게 드러나 건드려도 흩어지지 않고 쓸어버려도 잃지 않을 때와 같으면, 안으로는 고요하여 흔들리지 않고 밖으로는 감각(感覺)[416]에 움직이지 않는다. 이것이 세 번째 정절(程節)이니, 의문 덩어리가 부서지고 바른 눈이 열릴 때가 가깝다."[417]

---

416) 감(憾)은 유감(遺憾)이라는 뜻이지만, 문맥으로 보아 외부의 감각(感覺)에 흔들리지 않는다는 뜻임.

깨달음에 가까운 상황을 몽산은 어떻게 말할까? 몽산의 말을 정리해 보면 다음과 같다.

- 움직일 때나 고요할 때나 화두가 흩어지지 않고 저절로 앞에 나타나 이어진다.
- 애써 말하지 않아도 화두가 저절로 앞에 나타나고 꿈속에서도 화두를 기억한다.
- 힘쓰지 않아도 끊임없고 빈틈없이 화두가 이어져 한 조각이 된다.
- 고요함이 지극하면 곧 깨달음이 있고, 깨끗함이 지극하면 마음의 빛이 통달(通達)할 것이다.
- 깨달음에 가까이 다가가는 과정에는 세 개의 마디인 3정절(程節)이 있다. 첫째 정절은 기운이 엄숙하고 바람이 맑으며 움직이고 가만히 있는 경계가 마치 가을 하늘과 같은 때이고, 둘째 정절은 마치 맑은 가을 들판의 물과 같고, 오래된 묘(廟) 속의 향로(香爐)와 같이 고요하면서도 맑게 깨어 있으면서[적적성성(寂寂惺惺)] 마음이 어디로도 가지 않고 다만 화두만이 끊임없이 이어지면서 번뇌가 사라지려 하고 마음의 빛이 드러나려 하는 때이고, 셋째 정절은 움직일

---

417) 工夫若到濃一上淡一上, 無滋味時, 正好進步漸入程節, 切不可放捨. 惺惺便入靜, 靜而後定. 定各有名, 有邪有正, 宜知之. 起定後, 身心輕淸, 一切處省力, 於動中, 打成一片, 却當字細用心. 趂逐工夫, 始終不離靜淨二字. 靜極便覺, 淨極光通達. 氣肅風淸, 動靜境界, 如秋天相似時, 是第一箇程節, 便宜乘時進步. 如澄秋野水, 如古廟裏香爐相似, 寂寂惺惺, 心路不行時, 亦不知有幻身在人間, 但見箇話頭綿綿不絕. 到這裏, 塵將息而光將發, 是第二箇程節. 於斯, 若生知覺心, 則斷純一之妙, 大害也. 無此過者, 動靜一如, 寤寐惺惺, 話頭現前, 如透水月華, 在灘浪中, 活潑潑, 觸不散, 蕩不失時, 中寂不搖, 外憾不動矣. 是第三箇程節, 疑團破, 正眼開近矣.(『몽산화상법어』, '몽산화상시총상인(蒙山和尚示聰上人)')

때에나 가만히 있을 때에나 한결같고[동정일여(動靜一如)], 잘 때나 깨어 있을 때나 맑아서[오매성성(寤寐惺惺)], 화두가 앞에 나타나는 것이 마치 물을 투과한 달빛이 출렁이는 물결 속에서도 활발하게 드러나 건드려도 흩어지지 않고 쓸어버려도 잃지 않을 때인데, 이때가 깨달음에 가까운 때이다.

깨달음이 일어나는 상황 혹은 깨달음에 가까운 때에 대한 몽산의 말은 대혜나 무문이나 고봉의 말과는 판이하게 차이가 난다. 대혜나 무문이나 고봉은 모두 마음이 쇠뿔 속에 갇힌 것과 같고 깊은 함정에 빠진 것과 같고 은산철벽에 가로막힌 것과 같아서 마음이 갈 길을 잃고 꼼짝달싹할 수 없는 상황을 깨달음이 일어나는 상황이라고 하였다. 이것을 일러 금강권(金剛圈)이니 율극봉(栗棘蓬)이니 하는 것도 대혜와 무문과 고봉은 동일하다. 그러나 몽산은 열심히 화두를 말하고 일깨우고 살피고 하여 마침내 움직일 때나 고요할 때나 화두가 힘들이지 않아도 저절로 앞에 나타나고, 꿈속에서도 앞에 나타나서 잘 때나 깨어 있을 때나 화두가 앞에 나타나서 정신이 언제나 맑고 고요한 성성적적(惺惺寂寂)한 때를 깨달음에 가까운 때이고 깨달음이 일어나는 때라고 한다. 몽산의 이러한 말은 금강권(金剛圈), 율극봉(栗棘蓬)과는 전혀 다른 상황을 말하는 것이다. 비유하면 대혜나 무문이나 고봉의 경우에는 길을 가다가 갑자기 길이 가로막혀서 오도가도 못하는 상황에 처한 경우이고, 몽산의 경우에는 길을 가다가 그 길에 익숙해져서 마침내 전혀 힘들이지도 않고 저절로 길을 가는 것과 같은 상황이다. 깨달음이 일어나는 상황에 대한 묘사에서 몽산은 대혜와 결정적으로 다른 말을 하고 있는 것이다.

② 깨닫는 때

"문득 빈틈없이 들어맞아[축착개착(築著磕著)]⁴¹⁸⁾ 마음의 길이 한 번 끊어지면[심로일단(心路一斷)] 곧장 크게 깨닫는다."⁴¹⁹⁾

"힘이 충분해지면 의심 덩어리가 부서지고[의단타파(疑團打破)] 무명도 부서질 것이고, 무명이 부서지면 묘한 도를 볼 것이다."⁴²⁰⁾

"문득 '아!' 하는 한 마디에[화지일성(𡌭地一聲)] 조주의 관문을 통과하여 한 마디 한 마디 하는 말이 합당하고 화살과 화살이 서로 맞부딪치듯 하면, 조주가 사람들의 미움을 받은 곳을 알아낼 것이다."⁴²¹⁾

"거듭된 의문이 급박하게 일어나 빈틈없이 들어맞게 되면[축착개착(築著磕著)], '아!' 하고 소리내며[화지일성(𡌭地一聲)] 바른 눈이 밝게 열릴 것이니, 곧 집에 돌아온 말과 기틀에 맞는⁴²²⁾ 말과 화살촉끼리 부딪히는 듯한 말을 할 수 있게 되고, 차별되는 여러 가지 인연들과 앞서부터 있던 온갖 의심과 장애가 얼음 녹듯이 남김없이 사라질 것이다."⁴²³⁾

---

418) 축착개착(築著磕著) : 축(築)은 축(𥔥)과 같은 뜻으로서, '빈틈없이 틀어막아 채운다'는 뜻. 눈에 가득하고 귀에 가득한 것. 불성(佛性)이 법계(法界)에 가득하여 틈이 없는 것. 빈틈없이 가득하다. 빈틈없이 들어맞다.

419) 忽然築着磕着, 心路一斷, 便有大悟.(『몽산화상법어』 '몽산화상시고원상인(蒙山和尚示古原上人)')

420) 力量充廣, 疑團破無明破, 無明破則見妙道.(『몽산화상법어』 '몽산화상시고원상인(蒙山和尚示古原上人)')

421) 忽然𡌭地一聲, 透過趙州關已, 一一下語諦當, 箭箭柱鋒, 勘破趙州得人憎處.(『몽산화상법어』 '몽산화상시각원상인(蒙山和尚示覺圓上人)')

422) 투기(投機) : 기틀에 들어맞다. 선기(禪機)에 계합하다.

"문득 딱 들어맞아[축착개착(築著磕著)] 우지끈 부서지고 뚝딱 끊어지면
[쵀지절폭지단(啐地絶爆地斷)],[424] 자기를 밝혀서 불조(佛祖)가 사람들에게
미움 받는 곳을 붙잡을 것이다."[425]

문득 빈틈없이 들어맞아 '아!' 하는 한 마디에 혹은 우지끈 부서지고
뚝딱 끊어지면서 깨닫게 된다. 홀연(忽然) 축착개착(築著磕著)하여 화지
일성(団地一聲) 혹은 쵀지절폭지단(啐地絶爆地斷) 하는 깨달음은 대혜의
말과 동일하다.[426]

---

423) 衆疑逼發, 築着磕着, 団地一聲, 正眼開明, 便能下得到家語, 投機語, 箭鋒相　語, 識
得差別機緣, 前來所有一切疑碍, 氷消無餘.(『몽산화상법어』 '몽산화상시유정상인(蒙山
和尙示惟正上人)')

424) 쵀지절폭지단(啐地絶爆地斷) : 우지끈 부서지고 뚝딱 끊어지다. 분지일발(噴地一發)처
럼 깨달음을 체험하는 순간을 표현하는 말. 단번에 확 깨닫다. 확 하고 단번에 통하다. 확
한 번 뚫리다. 앗 하고 한 번 열리다. =쵀지파박지단(啐地破嚗地斷).

425) 忽然築着磕着, 啐地絶爆地斷, 洞明自己, 捉敗佛祖得人憎處.(『몽산화상법어』 '몽산화
상시총상인(蒙山和尙示聰上人)')

426) 『대혜어록』에서 비슷한 내용은 다음과 같다 : 묘명거사는 다만 여기에 의지하여 공부하십
시오. 오래오래 하면 저절로 빈틈없이 딱 들어맞을 것입니다.(妙明居士但只依此參. 久
久自築著磕著也.)(『대혜보각선사법어(大慧普覺禪師法語)』 제23권 '30. 묘명거사(妙明
居士)에게 보임') 공(公)께서는 한번 이와 같이 공부해 보십시오. 오래오래 계속하다 보면
저절로 빈틈없이 들어맞을 것입니다.(公試如此做工夫. 日久月深, 自然築著磕著.)(『대
혜보각선사서(大慧普覺禪師書)』 제25권 '3. 증시랑(曾侍郎) 천유(天游)에 대한 답서(2)')
다만 마음을 한곳에 두고 있으면 반드시 이룰 것이니, 알맞은 때가 되면 저절로 빈틈없이
들어맞아 확 깨달을 것입니다.(但只存心於一處, 無有不得底, 時節因緣到來, 自然築著
磕著, 噴地省去耳.)(『대혜보각선사서(大慧普覺禪師書)』 제25권 '4. 증시랑(曾侍郎) 천유
(天游)에 대한 답서(3)') 오직 일찍이 반야(般若)의 씨앗을 깊이 심고, 오랜 옛날부터 참된
선지식(善知識)을 받들어 모시고, 바른 지견(知見)을 영식(靈識) 속에 훈습하여야, 경계
에 접하고 인연을 만나 행위를 드러내는 곳에서 빈틈없이 들어맞아 마치 만 사람이 모인
속에서도 자기 부모를 알아보는 것과 같을 것입니다.(除是夙曾種得般若種智之深, 曾於
無始曠大劫來, 承事眞善知識, 熏習得正知正見, 在靈識中, 觸境遇緣, 於現行處, 築
著磕著, 如在萬人叢裏認得自家父母相似.)(『대혜보각선사서(大慧普覺禪師書)』 제30권
'61. 장사인(張舍人) 장원(狀元)에 대한 답서')

③ 깨달음 뒤의 공부

"깨닫고 나면 다시 깨달은 뒤의 일을 물어야 한다."[427]

"법마다 두루 통하고 차별되는 인연들에도 하나하나 밝으면, 바로 깨달은 뒤의 삶을 구해야 한다. 만약 그렇지 않으면, 어떻게 법기(法器)를 이루겠느냐? 마땅히 앞선 성인들의 본보기를 살필지언정, 제멋대로 하는 것은 절대로 피해야 한다. 알겠느냐?"[428]

"법과 법이 두루 통하여 법당(法堂)에 올라 법을 말할 수 있게 되면, 작은 깨달음에 만족하지 말고 다시 오너라. 그대를 입실(入室)[429]토록 하여 큰 일을 철저히 마치도록 해 줄 것이다."[430]

"다시 대종장(大宗匠)을 만나 단련(鍛鍊)하여 대법기(大法器)가 되기를 바라야 하지 작은 깨달음으로 만족해서는 안 된다. 깨달은 뒤에 만약 사람을 만나지 않는다면, 깨달은 뒤의 일을 끝마치지 못할 것이니, 그 해로움이 하나만이 아니다."[431]

---

427) 悟了, 更問悟後事件.(『몽산화상법어』 '몽산화상시고원상인(蒙山和尚示古原上人)')

428) 法法圓通, 差別機緣, 一一明了, 正要求悟後生涯. 若不然, 如何得成法器? 宜觀先聖標格, 切忌杜撰. 會麼?(『몽산화상법어』 '몽산화상시각원상인(蒙山和尚示覺圓上人)')

429) 입실(入室) : 학인이 방장이나 조실의 방에 들어가 공부를 점검받는 것.

430) 法法圓通, 得昇堂已, 切忌小了更來. 指汝進步入室, 了徹大事.(『몽산화상법어』 '몽산화상시유정상인(蒙山和尚示惟正上人)')

431) 又宜見大宗匠, 求煅煉, 成大法器, 不可得少爲足. 悟後若不見人, 未免不了後事, 其害非一.(『몽산화상법어』 '몽산화상시총상인(蒙山和尚示聰上人)')

깨달은 뒤에 종장(宗匠)을 찾아가 다시 점검받고 공부를 단련해야
한다.

(5) 주의할 점은 무엇인가?

① 깨달음을 기다리지 말라.[432]

② 마음을 써서 급하게 하지 말라.[433]

③ 애써 억지로 하지 말라.[434]

④ 헤아리고 추측하지 말라.[435]

⑤ 있다거나 없다고 이해하지 말라.[436]

⑥ 완전히 없다고 이해하지도 말라.[437]

⑦ 오로지 쓸어버리기만 하지는 말라.[438]

⑧ 마음을 묶어 놓고만 있지도 말라.[439]

---

432) "그러나 일부러 깨달음을 기다리면 안 된다."(却不得將心待悟.)(『몽산화상법어』 '몽산화
　　 상시고원상인(蒙山和尙示古原上人)') "또 뜻을 가지고 깨달음을 구하면 안 된다."(又不
　　 得以意求悟.)(『몽산화상법어』 '몽산화상시각원상인(蒙山和尙示覺圓上人)')

433) "만약 마음을 써서 급히 한다면, 심장을 무리하게 움직여 피가 조화롭게 돌지 못하는 등
　　 의 병이 생길 것이니, 바른 길이 아니다."(若用心急, 則動肉團心, 血氣不調等病生, 非
　　 是正路.)(『몽산화상법어』 '몽산화상시고원상인(蒙山和尙示古原上人)')

434) "만약 애써 화두를 말하게 되면, 공부가 힘을 얻지 못할 것이다."(若涉用力擧話時, 工夫
　　 不得力在.)(『몽산화상법어』 '몽산화상시고원상인(蒙山和尙示古原上人)')

435) "생각으로 헤아리고 추측하지도 말고, 뜻으로 이해하려고 하지도 말아라."(不要思量卜
　　 度, 不要求解會.)(『몽산화상법어』 '몽산화상시유정상인(蒙山和尙示惟正上人)')

436) "있다거나 없다고 이해하면 안 된다."(不得作有無會.)(『몽산화상법어』 '몽산화상시각원상
　　 인(蒙山和尙示覺圓上人)')

437) "허무(虛無)라고 이해해도 안 된다."(不得作虛無會.)(『몽산화상법어』 '몽산화상시각원상
　　 인(蒙山和尙示覺圓上人)')

438) "무쇠 빗자루 노릇을 해서도 안 된다."(不得作鐵掃箒用.)(『몽산화상법어』 '몽산화상시각
　　 원상인(蒙山和尙示覺圓上人)')

⑨ 긴장하지도 말고 늘어지지도 말라.[440)

⑩ 선정(禪定)을 능사로 여기지 말라.[441)

주의할 점들은 모두 대혜가 언급했던 것들이다.

---

439) "말을 묶는 말뚝 노릇을 해서도 안 된다."(不得作繫驢橛用.)(『몽산화상법어』 '몽산화상시 각원상인(蒙山和尙示覺圓上人)')

440) "마음을 써서 너무 긴장하지는 말아야 하니, 긴장하면 심장에 무리를 주어 병이 생길 것 이다. 또 너무 늘어지지도 말아야 하니, 늘어지면 화두를 잊어버리고 혼침(昏沈)과 도거 (掉擧) 속으로 들어가 버린다."(不要用心太緊, 緊則動色心, 生病. 不可太緩, 緩則忘却 話頭, 入昏沈掉擧去也.)(『몽산화상법어』 '몽산화상시유정상인(蒙山和尙示惟正上人)')

441) "만약 정(定)을 얻었을 때에는, 정(定)을 능사(能事)로 여기지 말아야 한다. 만약 화두를 잊어버리면, 공적(空寂)에 빠져서 큰 깨달음을 얻지 못하고, 도리어 큰 병이 든다."(若得 定時, 不可以爲能事. 或忘話頭, 沈空滯寂, 不得大悟, 反爲大病.)(『몽산화상법어』 '몽산 화상시총상인(蒙山和尙示聰上人)')

4. 대혜와 몽산 간화선의 동이점

(1) 화두의 형태에 차이가 있다

몽산이 제시한 화두는 모두 질문의 형식을 취하고 있다. 대혜가 제시한 화두는 질문의 형식도 있고, 그렇지 않은 것도 있다. 그러므로 화두의 형태에서 특별한 차이가 있다고 할 수는 없지만, 몽산이 모든 화두를 질문의 형태로 제시한 것은 분명히 대혜와는 다르다.

(2) 화두의 역할이 다르다

몽산이 제시한 화두의 역할은 질문하는 형식 그대로 의문을 제기하는 것이고, 의문을 일으키는 것이다. 대혜가 말한 화두의 역할은 분별망상을 가로막아 활동하지 못하게 하는 장벽이나 쥐덫 같은 것이다.

206

(3) 간화하는 방법이 다르다

몽산도 대혜와 마찬가지로 화두를 제시(提撕)하고 자간(自看)하라고 한다. 즉 화두를 자신에게 말하여 일깨우면서 화두를 살펴보라는 것은 대혜와 동일하다. 그러나 몽산은 좌선(坐禪)하여 화두를 제시(提撕)하고 선정(禪定)의 힘을 빌려서 화두를 제시하라고 하는데, 이것은 대혜가 말하지 않았던 것이고 대혜와는 전혀 다른 것이다. 몽산이 좌선(坐禪)하여 정력(定力)에 의지하여 화두를 제시하고 그리하여 정력의 힘을 빌려 화두가 저절로 현전(現前)하도록 하는 것은 대혜와는 확연히 다르다.

몽산도 "우리의 조사(祖師)께서는 서쪽에서 오셔서 다만 곧장 가리키는[직지(直指)] 것을 말씀하시고 큰 깨달음으로 들어가는 문으로 삼았을 뿐, 선정(禪定)과 신통(神通)을 말씀하시지는 않으셨으니, 이것들은 근본적인 일이 아니기 때문이니라."라고 하여 육조 문하의 선에서 하는 주장과 같은 주장을 하고, 다시 "만약 정(定)을 얻었을 때에는, 정(定)을 능사(能事)로 여기지 말아야 한다. 만약 화두를 잊어버리면, 공적(空寂)에 빠져서 큰 깨달음을 얻지 못하고, 도리어 큰 병이 든다."라고 하여 좌선과 선정이 단지 화두를 제시하는 힘을 얻기 위한 방편이라고 말하고 있기는 하다. 그러나 대혜는 좌선하면서 화두를 제시하라고 말한 적이 없고, 다만 일상생활 속에서 언제나 화두를 제시하라고 말했을 뿐이다. 이것은 확실히 대혜와 몽산이 다른 점이고, 또 상권(上卷) 제1장에서 살펴본 육조 문하 선의 일반적 특성과 몽산의 선이 다른 점이기도 하다.

(4) 깨달음에 이르는 길이 다르다

몽산은 선정(禪定) 속에서 화두를 끊임없이 제시하여 화두가 움직일 때나 고요할 때나 꿈속에서까지 저절로 나타나 지속할 때에 깨달음이 일어난다고 한다. 이러한 주장은 대혜를 비롯한 선의 일반적인 가르침과는 전혀 다른 것이다. 선에서 깨달음이 일어나는 일반적인 상황은 절대로 부술 수 없는 금강(金剛)으로 만든 감옥에 갇혔다는 뜻인 금강권(金剛圈)과 밤송이가 목에 걸려서 삼킬 수도 없고 뱉을 수도 없다는 뜻인 율극봉(栗棘蓬)으로 일컬어지듯이 분별사유가 가로막혀서 마음이 솜씨를 부릴 수 없고 어떻게도 손쓸 수 없는 진퇴양난(進退兩難)의 곳에 마주친 상황이다. 깨달음에 이르는 길이 이처럼 다르다는 점은 몽산의 선과 대혜의 선, 나아가 몽산의 선과 육조 문하의 선이 근본적으로 다르다는 것을 의미한다고 할 수 있다.

5. 몽산의 선이 가진 특성

몽산의 선이 가진 특성을 몇 가지 언급하고, 여기에 대한 필자의 사견(私見)을 말해 본다.

(1) 좌선(坐禪)하여 화두를 제시(提撕)한다

좌선(坐禪)을 하라고 가르치는 것은 북종선(北宗禪)이나 묵조선(黙照禪)의 가르침과 같다. 상권(上卷) 제1장에서 보았듯이 육조(六祖) 문하의 남종선에서는 좌선을 권장하지 않았고, 대혜 역시 좌선을 시끄럽게 온갖 세간의 일에 끄달리는 사람들의 마음을 안정시켜 이 공부로 돌리도록 하는 하나의 일시적인 방편으로만 인정하였을 뿐이다. 그러므로 반드시 좌선을 하면서 화두를 제시하라는 몽산의 가르침은 남종선의 일반적인 가르침과도 어긋나고, 대혜의 간화선과도 어긋난다.

(2) 정력(定力)에 의지하여 공부의 힘을 얻는다

선정(禪定)의 힘에 의지하여 공부한다는 것은 『경덕전등록』, 『오등회원』, 『오등전서』 등에 등장하지 않는 것으로 보아 선종의 역사에는 등장하지 않는 가르침으로서, 몽산의 독특한 가르침이라고 할 수 있다. 육조 문하와 후대의 임제종에서는 선정의 힘을 빌려서 공부하라는 말이 전혀 없다.

(3) 동정(動靜)에서 몽중(夢中)에서 화두가 저절로 현전(現前)해야 공부에 진전이 있다

화두가 고요할 때와 움직일 때에 한결같이 앞에 나타나고, 잠잘 때와 깨어 있을 때에 한결같이 앞에 나타나고, 꿈속에서도 한결같이 앞에 나타난다고 하는 주장은 대혜에게도, 무문에게도, 고봉에게도 없었던 주장이며 육조 문하의 선(禪)에서도 나타나지 않는 생소한 주장이다.

(4) 몽중(夢中)에서 화두가 현전(現前)하고 오매(寤寐)에서 성성적적(惺惺寂寂)함이 유지되면 깨달음이 가깝다

이러한 몽산의 주장 역시 선종의 역사에서 등장하지 않는 독특한 주장이다. 『몽산법어』 이외에 이러한 주장을 하는 문헌을 찾아보면, 고려(高麗) 태고보우(太古普愚; 1301-1382)의 『태고화상어록(太古和尙語錄)』과 명(明) 감산덕청(憨山德淸; 1546-1623)의 『감산노인몽유집(憨山老人夢遊集)』이 있다.

"움직이고 고요함에 한결같고, 말하고 침묵함에 한결같아서, 화두가

늘 앞에 나타나면, 마치 급히 흐르는 물결 위의 달빛과 같아서 건드려
도 흩어지지 않고 뿌리쳐도 사라지지 않고 쓸어 내도 없어지지 않는다.
이렇게 잘 때나 깨어 있을 때나 한결같으면, 크게 깨달을 때가 멀지 않
았다."442) ―『태고화상어록』

"만약 이렇게 힘을 얻는 곳에 이르면, 거듭 의정(疑情)을 내려놓기에 딱
좋다. 하루 종일 언제나 어디에서나 순간순간 바꾸지 않고 오래오래 되
면, 꿈속에서도 한결같고 깨어 있을 때에도 한결같을 것이다. 만약 힘써
이러한 곳에 도달하면, 결코 물러날 수 없다. 문득 의문의 덩어리가 부서
져 흩어지면, 저절로 본래면목을 볼 것이다."443) ―『감산노인몽유집』

"안양(安養)에 왕생(往生)할 원을 내면 염불(念佛)의 바른 수행을 하여
라. 그러나 염불은 반드시 생사심(生死心)이 끊어져야 하는 것이다. 먼
저 밖의 인연을 끊고 다만 일념(一念)을 내어 아미타불(阿彌陀佛) 한 구절
을 목숨으로 삼아 생각생각 잊지 않고 마음마음에 끊어짐이 없어야 한
다. 하루 24시 가운데 가고 · 머물고 · 앉고 · 눕고 · 숟가락과 젓가락을
들고 · 몸을 굽히거나 젖히고 · 움직이고 · 가만히 있고 · 한가하고 · 바

---

442) 動靜一如, 語黙一如, 話頭常現在前, 猶急流灘上月華相似, 觸不散撥不去蕩不失. 寤
寐一如, 大悟時近矣.(『태고화상어록(太古和尙語錄)』 상권(上卷) '답방산거사(答方山居
士)') 이 내용은 『몽산법어』의 '몽산화상시총상인(蒙山和尙示聰上人)'에 등장하는 제삼
정절(第三程節)의 내용과 거의 같다. 이밖에도 『태고화상어록』 상권의 '시진선인(示眞禪
人)' '시문선인(示文禪人)' '시소선인(示紹禪人)' 등에서도 오매일여(寤寐一如)를 언급하
고 있다.

443) 若到此得力處, 正好重下疑情. 於日用一切時, 一切處, 念念不移, 乃至久久, 夢中一
似, 醒時一般. 若用力到此, 決不可退墮. 忽然疑團迸裂, 自然頓見本來面目.(『감산노
인몽유집(憨山老人夢遊集)』 제8권 '시성각선인(示性覺禪人)')

쓰고 하는 모든 때에 어리석지도 않고 어둡지도 않아서 전혀 다른 인연이 없어야 한다. 이와 같이 마음을 써서 오래오래 순수하게 익으면 꿈속에서도 잊지 않을 것이니, 잠잘 때나 깨어 있을 때에나 한결같으면 공부가 면밀하여 한 조각이 된다. 이때가 힘을 얻는 때이니, 만약 일념(一念)이 한 마음에 이르러 흩어지지 않으면, 목숨이 끊어질 때에 정토(淨土)의 경계가 앞에 나타날 것이다."444) –『감산노인몽유집』

태고보우는 원(元) 석옥청공(石屋淸珙; 1272~1352)의 법을 이었다고 하지만, 석옥청공의 어록인『복원석옥공선사어록(福源石屋珙禪師語錄)』에 이런 내용이 등장하지 않는 것으로 보아, 태고보우의 이런 주장은『몽산법어』의 영향을 받고 있음이 틀림없다. 감산덕청 역시 몽산의 영향을 받아서 이런 주장을 하는 것이라고 볼 수 있다. 그런데 오매일여(寤寐一如)를 말하고 있는 감산덕청의 글은 정토법문(淨土法門)의 염불수행(念佛修行)을 가르치는 글이다. 즉 몽산의 가르침이 정토종(淨土宗)의 염불수행에 영향을 주었다는 것을 알 수 있다.

(5) 공부는 노서교관재(老鼠咬棺材), 즉 쥐가 관을 쏠 듯이 하는 것이다

대혜는 노서입우각변견도단(老鼠入牛角便見倒斷)이라 하여 쥐가 쇠뿔 속으로 들어가 곧장 꼼짝도 못하는 것이 곧 간화(看話)하여 도달하는 곳

---

444) 發願往生安養, 立念佛正行. 然念佛必要爲生死心切. 先斷外緣, 單提一念, 以一句阿彌陀佛, 以爲命根, 念念不忘, 心心不斷. 二六時中, 行住坐臥, 拈匙擧箸, 折旋俯仰, 動靜閒忙, 於一切時, 不愚不昧, 並無異緣. 如此用心, 久久純熟, 乃至夢中, 亦不忘失, 寤寐一如, 則工夫綿密, 打成一片. 是爲得力時也, 若念至一心不亂, 則臨命終時, 淨土境界現前.(『감산노인몽유집』제9권 '시수정토법문(示修淨土法門)')

212

이고, 여기에서 문득 깨달음이 일어난다고 하였다. 그런데 몽산은 대혜의 이 구절을 노서교관재(老鼠咬棺材)라고 변형하여 쥐가 관의 널빤지를 이빨로 쏠 듯이 오로지 무자(無字)만을 제시(提撕)하라고 하였다. 대혜가 노서(老鼠)로 비유한 구절과 몽산이 노서(老鼠)로 비유한 구절의 차이가 바로 대혜의 선과 몽산의 선의 차이를 상징적으로 보여 주고 있다. 노서교관재(老鼠咬棺材)라는 구절은 선(禪)의 역사에서는 몽산을 제외하고 등장하지 않는데, 감산덕청(憨山德淸)의 『감산노인몽유집(憨山老人夢遊集)』에 비로소 등장한다.

"공부해야 할 바로 그때에 다만 조주무자(趙州無字)를 육조(六祖)의 본래무일물(本來無一物)과 더불어 참구(參究)하라. 화두를 제기(提起)하기 전에 먼저 몸과 마음의 안팎을 모두 놓아 버려라. 놓고 또 놓아서 놓을 수 없는 곳에 이르면 이 무자(無字)에 결국 무슨 냄새[445]가 있는지를 철저히 살펴보아라. 한 생각이 일어나는 곳이 있자마자 곧장 한 번 자세히 보고, 자세히 볼 때에는 반드시 그것이 결국 무엇인지를 살펴보아라. 이와 같이 안신입명(安身立命)[446]은 화두에 의지하여 정해지니, 깊이 찌르고

---

445) 기식(氣息) : ① 호흡. 숨결. ② 냄새. 향기. ③ 기운. 기백.
446) 안신입명(安身立命) : 몸을 편안히 하고 목숨을 보존하다. 근심 없이 편안히 살다. 안심입명(安心立命)이라고도 한다. 심신(心身)을 천명(天命)에 맡기고 편안히 하는 것. 입명(立命)은 원래 『맹자(孟子)』「진심(盡心) 상(上)」 첫머리에 맹자가 말하기를, "그 마음을 다하는 자는 그 성품을 알 것이니, 그 성품을 알면 곧 하늘을 알게 된다. 그 마음을 보존하고 그 성품을 기르는 것이 하늘을 섬기는 것이요, 요절과 장수를 둘로 보지 아니하고 몸을 닦아서 그것을 기다리는 것이 명(命)을 세우는 것이다."(盡其心者 知其性也 知其性則知天矣 存其心 養其性 所以事天也 夭壽不貳 脩身以俟之 所以立命也)라는 말에서 온 것이다. 선종(禪宗)에서는 이것을 전용(轉用)하여, 식심견성(識心見性)하여 생사(生死)를 벗어나 심신(心身)이 편안해짐을 가리키는 말로 사용하였다.

아프게 찔러서 한 순간도 옮기지 말고 마치 쥐가 관(棺)을 쏠 듯이[노서교 관재(老鼠咬棺材)] 하면, 저절로 뚫고 벗어날 때가 있을 것이다."[447]

그런데 알려져 있는 바와 같이 감산덕청은 정토종(淨土宗)의 염불(念佛)과 임제종(臨濟宗)의 간화선(看話禪)을 함께 수행해야 한다고 주장한 인물이다. 정토종의 염불과 임제종의 간화선이 결합한 수행 형태를 염불선(念佛禪) 혹은 염불화두법(念佛話頭法)이라고 하는데, 감산덕청에 앞서 몽산덕이가 염불화두법을 가르쳤다는 자료가 있다.[448] 한국정신문화연구원에 소장되어 있는 『불설장수멸죄호제동자다라니경(佛說長壽滅罪護諸童子陀羅尼經)』의 끝에 필사되어 있는 「몽산화상염불화두법(蒙山和尚念佛話頭法)」과 「몽산화상서씨거사염불법어(蒙山和尚徐氏居士念佛法語)」 등 두 개로서 1605년에 간행된 것이다. 이 가운데 「몽산화상염불화두법」의 내용은 다음과 같다.

"나무아미타불을 하루 24시간 행동하는 가운데 혀를 움직이지 말고 마음으로 어둡지 않게 염(念)하되, '염하는 자가 누구인가?'[염자시수(念者是誰)] 하고 순간순간 점검하면서[시시점검(時時點檢)] 돌이켜 보고 스스로 살펴보아라[반조자간(返照自看)]. 이 몸은 헛되이 가탁(假託)한 것이니 오래지 않아

---

447) 正當做工夫時, 只將趙州無字, 與六祖本來無一物同參. 於未提起時, 先將身心內外, 一齊放下. 放下又放下, 放到無可放處, 透底看者無字畢竟有什麼氣息. 纔有一念起處, 當下一覷, 覷定看他畢竟是個甚麼. 如此安身立命, 在話頭上靠定, 深錐痛箚, 一念不移, 如老鼠咬棺材, 自有透脫時也.(『감산노인몽유집(憨山老人夢遊集)』 제9권 '시수육일관주(示修六逸關主)')

448) 몽산덕이의 염불화두법에 관한 더 자세한 내용은 인경 스님이 지은 『몽산덕이와 고려후기 간화선사상 연구』(목우학술총서1. 서울, 명상상담연구원, 2009.)의 287-309쪽을 참고하기 바란다.

죽을 것인데, 아득히 문드러지고 부서질 때에는 염하는 자가 어디로 돌아가는가[염자귀하처(念者歸何處)]? 이렇게 공부하여 하루가 가고 한 달이 가면 저절로 색신(色身)을 벗어나지 않은 때에 곧 서방정토(西方淨土)에 이르러 아미타불을 볼 것이다. 부디 거듭 정신을 가다듬고[449] 용맹한 마음을 내어 끊임이 없게 하면[물령간단(勿令間斷)], 저절로 고향집에 도달할 때가 있을 것이니, 소홀히 하지 말아라."[450]

몽산이 염불화두법이라고 가르친 이 내용을 보면『몽산법어』에 나오는 내용과 별 차이가 없다. "염하는 자가 누구인가?"[염자시수(念者是誰)]와 "염하는 자가 어디로 돌아가는가?"[염자귀하처(念者歸何處)]는『몽산법어』에서 몽산이 제시한 질문 형태의 화두와 같으며, 순간순간 끊임이 없게 마음을 돌려 스스로 살펴보라[반조자간(返照自看)]는 것 역시『몽산법어』의 가르침과 다를 바 없다.

이로써 본다면『몽산법어』에서 몽산이 가르친 간화선(看話禪)은 몽산의 염불화두법(念佛話頭法)과 같은 종류의 수행법에 속한다. 이처럼 몽산의 간화선은 간화선(看話禪)에다 정토(淨土)의 수행법을 도입한 것이며, 북종(北宗)의 좌선선정(坐禪禪定)의 수행법도 함께 혼합한 것이다. 그러므로『몽산법어』의 간화선은 대혜가 가르친 간화선이 아니며, 또한 좌선수행을 배척하고 불이법(不二法)의 견성(見性)만 말하는 육조(六祖)

---

449) 착정채(著精彩) : ① 정신을 가다듬다. ② 주의를 기울이다. 심혈을 기울이다. 노력하다. 애쓰다. ③ 주의하다. 조심하다.

450) 南無阿彌陀佛, 於十二時中, 四威儀內, 舌根不動, 心念不昧, 念者是誰? 時時檢點, 返照自看. 此身虛假, 不久死去, 堂堂爛壞, 念者歸何處? 如是用功, 日久月深, 自然不離色身時, 卽到西方, 得見阿彌陀佛. 千萬更著精彩, 發勇猛心, 勿令間斷, 自有到家時節, 毋忽.

문하의 남종돈교법문(南宗頓教法門)과 임제종(臨濟宗)의 종지(宗旨)[451]에 속하는 것도 아니다. 따라서 『몽산법어』를 『대혜서장』과 같이 간화선의 지침서로 여기는 것은 잘못된 것이다.

451) 본 『간화선 창시자의 선』 상권 제1장 참조.

부록

간화(看話) 용어의 번역에 관하여

간화(看話) 용어의 번역에 관하여

우리는 현재 "화두를 든다" 혹은 "화두를 잡는다"라고 한다. "화두를 든다"와 "화두를 잡는다"는 올바른 번역인가? 대혜는 화두를 어떻게 하라고 하는가? '화두를 어떻게 한다'라고 할 때에, '어떻게 한다'에 해당하는 용어에는 어떤 것들이 있으며, 그 뜻은 무엇인가? '(화두를) 어떻게 한다'에 해당하는 용어의 뜻을 정확히 밝히는 일은 단순히 번역의 문제이기에 앞서 대혜의 간화선을 올바로 이해하기 위하여 매우 중요한 문제이다. 여기에서는 가능한 모든 자료를 빠짐없이 검토하여 '(화두를) 어떻게 한다'에 해당하는 용어의 정확한 뜻을 밝혀보겠다.[452]

---

452) 간화용어의 번역에 관한 이 글은 본래 소명출판사에서 간행한 졸역(拙譯) 『대혜보각선사어록』의 제6권에 수록되었던 것이지만, 이 책에서도 꼭 필요한 글이기 때문에 다시 싣는다. 인용문의 중국어 원문은 모두 실었으나, 번역에 관련된 어학(語學)적인 주석은 생략하고 내용을 이해함에 필요한 주석과 본 글에 필요한 주석만 남겨 두었다. 인용문의 번역에 관련된 어학적인 주석을 보려면 졸역 『대혜보각선사어록』(소명출판사)에서 인용된 부분을 참고하기 바란다.

1. 『대혜어록』에서 화두를 다루는 용어들

대혜는 간화선을 공부하는 사람에게 화두를 어떻게 취급하라고 말하는가? 대혜가 간화선을 말하면서 화두를 어떻게 하라고 말한 것을 살펴보면 다음과 같이 몇몇 형태로 분류된다.

① 다만 놓아 버린 곳에서 화두(話頭)를 간(看)하십시오. 어떤 스님이 조주(趙州) 스님에게 묻되 "개에게도 불성이 있습니까?" 하니, 조주 스님이 말하기를 "없다."라고 하였습니다.(只就按下處 看箇話頭. 僧問趙州. "狗子還有佛性也無?" 州云 : "無.")[453]

② 다만 하루 종일 가고 머물고 앉고 눕는 속에서 늘 **제시**(提撕)하시고 끊임없이 **거각**(擧覺)하셔서, "개에게도 불성이 있습니까?" "없다."를 일상의 삶에서 떼어놓지 마십시오.(但向十二時中四威儀內, 時時**提撕**, 時時**擧覺**, "狗子還有佛性也無?" 云 : "無." 不離日用.)[454]

---

453) 『대혜서(大慧書)』 13. 부추밀(富樞密) 계신(季申)에 대한 답서(1)
454) 앞과 같은 곳.

③ 단지 "개에게는 불성이 없다."는 화두를 **거(擧)**하십시오.(但只擧'狗子無佛性話.')[455]

④ 다만 의문이 해소되지 못한 곳에 **참(參)**하시되, 가고 머물고 앉고 눕는 일상생활 속에서 놓아 버려서는 안 됩니다. 어떤 스님이 조주 스님에게 묻되 "개에게도 불성이 있습니까?" 하니 조주 스님은 "없다."라고 말했습니다.(只向疑情不破處**參**, 行住坐臥不得放捨. 僧問趙州 : "狗子還有佛性也無?" 州云 : "無.")[456]

⑤ 다만 길고 멀리 보는 마음을 갖추고서 "개에게는 불성이 없다."라는 **화두와 시애(廝崖)**하십시오. **애(崖)**하고 또 **애(崖)**하다가 마음 갈 곳이 없어지면, 문득 꿈에서 깨어난 듯 하고, 연꽃이 피는 듯 하며, 구름을 헤치고 해가 나온 듯 할 것입니다.(但辦取長遠心 **與**'狗子無佛性話'**廝崖**. 崖來崖去 心無所之, 忽然如睡夢覺, 如蓮華開, 如披雲見日.)[457]

⑥ 다만 이와 같이 **애장거(崖將去)**하십시오. 늘 고요함 속에 있더라도 절대로 "수미산"과 "방하착"의 두 개 화두를 잊어버려서는 안 됩니다.(但如此**崖將去**. 時時於靜勝中 切不得忘了須彌山放下著兩則語.)[458]

이처럼 대혜는 화두를 취급하는 용어를 다양하게 말하고 있다. 『대혜

---

455)『대혜서』15. 부추밀(富樞密) 계신(季申)에 대한 답서(3)
456)『대혜서』17. 진소경(陳少卿) 계임(季任)에 대한 답서(1)
457)『대혜서』38. 종직각(宗直閣)에 대한 답서
458)『대혜서』2. 증시랑(曾侍郎) 천유(天游)에 대한 답서(1)

어록』에서 대혜가 화두를 대하는 태도 혹은 취급하는 방법을 말한 용어의 종류와 출현 횟수는 다음과 같다.

- 간(看) : 총 35회.

  간(看), 거(擧) 동시 언급 : 5회.

  간(看), 거(擧), 제시(提撕) 동시 언급 : 1회.

  간(看), 제시(提撕) 동시 언급 : 3회.

  간(看), 제철(提掇) 동시 언급 : 1회.

  간(看), 제시(提撕), 거각(擧覺), 거(擧) 동시 언급 : 1회.

  간(看), 참(參) 동시 언급 : 1회.

  간(看), 여지시애(與之厮崖) 동시 언급 : 3회.

  간(看), 애장거(崖將去) 동시 언급 : 1회.

- 제시(提撕) : 총 23회.

  제시(提撕), 거각(擧覺) 동시 언급 : 6회.

  제시(提撕), 간(看) 동시 언급 : 2회.

  제시(提撕), 거(擧), 간(看) 동시 언급 : 1회.

  제시(提撕), 거각(擧覺), 간(看), 거(擧) 동시 언급 : 1회.

- 거(擧) : 총 11회.

  거(擧), 간(看) 동시 언급 : 5회.

  거(擧), 거기(擧起) 동시 언급 : 1회.

  거(擧), 간(看), 제시(提撕) 동시 언급 : 1회.

  거(擧), 간(看), 제시(提撕), 거각(擧覺) 동시 언급 : 1회.

- 거각(擧覺) : 제시(提撕)와 동시 언급으로 총 6회.

- 여지시애(與之廝崖) : 총 5회.
  여지시애(與之廝崖), 간(看) 동시 언급 : 3회.

- 애장거(崖將去) : 총 5회.
  애장거(崖將去), 간(看) 동시 언급 : 1회.
  애장거(崖將去), 참(參) 동시 언급 : 1회.
  애장거(崖將去), 경경발전(輕輕撥轉) 동시 언급 : 1회.

- 참(參) : 총 4회.
  참(參), 간(看) 동시 언급 : 1회.
  참(參), 애장거(崖將去) 동시 언급 : 1회.

- 거기(擧起) : 1회. (거(擧)와 동시 언급)
- 제철(提掇) : 2회.
- 처포(覷捕) : 4회.

오늘날 우리나라에서는 보통 "화두를 든다"라고만 말하지만, 대혜종고는 이처럼 "화두를 간(看)한다" "화두를 제시(提撕)한다" "화두를 거각(擧覺)한다" "화두를 거(擧)한다" "화두를 거기(擧起)한다" "화두를 제철(提掇)한다" "화두를 참(參)한다" "화두를 애장거(崖將去)한다" "화두를 여지시애(與之廝崖)한다"는 등 다양한 말로써 표현하고 있다. 간(看)이 총35회로서 가장 많이 사용되었고, 제시(提撕)가 26회, 거(擧)가 11회, 거각

(擧覺)이 6회, 여지시애(與之廝崖)가 5회, 애장거(崖將去)와 참(參)이 각 4회 등의 순서로 사용 빈도가 나타난다.

그 가운데에서 간(看)은 나머지 모든 용어들과 동시에 사용되고 있으므로 이 모든 용어를 대표하는 용어는 간(看)이다. 이로써 보면 대혜가 가르친 화두 공부를 간화선(看話禪)이라는 말로 표현하는 까닭을 알겠다. 그런데 오늘날 우리나라의 간화선에서는 평소 '간화(看話)' 즉 "화두를 본다"는 말은 사용하지 않고, "화두를 든다"는 말을 사용하고 있다. 왜 "화두를 본다"고 하지 않고 "화두를 든다"고 할까? "화두를 든다"고 할 때에 '든다'는 말은 이처럼 다양한 말들 가운데 어느 말의 번역일까? 알맞은 번역일까? 이러한 의문은 이들 용어에 대한 번역의 문제를 살펴보아야 알 수 있을 것이다. 이들 용어의 한글 번역이 어떠했는지를 살펴볼 수 있는 가장 초기의 문헌은 15-6세기에 출간된 언해본(諺解本) 선어록(禪語錄)들이다.

여기에서는 이들 용어의 뜻을 다음과 같이 조사하여 살펴보겠다.

① 이들 용어의 기존 번역이 어떤지를 조사한다.

② 중국어와 선어록 관련 각종 사전(辭典)에서의 각 용어의 의미를 조사한다.

③ 대혜 이전 당대(唐代)와 동시대의 송대(宋代) 어록(語錄)에서의 각 용어의 사용 사례와 그 의미를 조사한다.

④ 대혜어록에서의 각 용어의 사용 사례를 살펴본다.

⑤ 이러한 조사를 종합하여 이들 용어의 가장 적절한 뜻을 정한다.

⑥ 마지막으로 훈민정음 창제 후 번역된 언해본 선어록에서 이들 용어가 한글로 어떻게 번역되었는가를 살펴봄으로써 현재 우리가 알고

있는 '화두를 든다'는 문구(文句)가 어떻게 만들어졌으며, 얼마나 대혜의 본래 취지와 부합하는지를 살펴본다.

사전은 일반적인 사전으로는 중국과 일본의 한자(漢字) 사전을 총 망라하여 가장 최근에 편찬된 『한한대사전(漢韓大辭典)』(단국대학교 동양학연구소 편찬. 단국대학교출판부. 2000~2008년 간행)과 당대(唐代) 및 송대(宋代)의 초기 백화(白話)를 수록한 『당오대어언사전(唐五代語言詞典)』(江藍生, 曹廣順 編著. 上海教育出版社. 1997年) 및 『송어언사전(宋語言詞典)』(袁賓 等 4人 編著. 上海教育出版社. 1997年)과 『중한대사전(中韓大辭典)』(고대민족문화연구소 중국어대사전편찬실 편. 고려대학교민족문화연구소. 1995년) 등을 참고하였고, 불교 및 선학(禪學) 전문사전으로는 일본의 『신판선학대사전(新版禪學大辭典)』(駒澤大學 禪學大辭典編纂所 編. 東京 大修館書店. 1985年)과 『선어사전(禪語辭典)』(古賀英彥 編著. 京都 思文閣出版. 1991年), 중국의 『선종사전(禪宗詞典)』(袁賓 編著. 湖北人民出版社. 1994年), 우리나라의 『가산불교대사림(伽山佛教大辭林)』(지관(智冠) 편저. 서울 가산불교문화연구원. 1998년~2009년)과 『주해어록총람(註解語錄總覽)』[459](白斗鏞 編纂, 尹昌鉉 增訂. 朝鮮 京城 翰南書林. 1919年)등을 참고하였다.

---

459) 『주해어록총람(註解語錄總覽)』은 어록(語錄)에 쓰인 중국어 속어(俗語)와, 이두(吏讀)를 모아 한문과 한글로 설명을 붙인 책이다. 백두용(白斗鏞)이 편찬하고 윤창현(尹昌鉉)이 증정(增訂)하여 1919년 서울 한남서림에서 간행한 1책의 목판본이다. 남이성(南二星)의 『어록해(語錄解)』(1669)를 다시 간행한 『주자어록』과, 소설어록인 『수호지어록』, 『서유기어록』, 『서상기어록』, 『삼국지어록』, 그리고 이두를 수록한 『이문어록』이 순서대로 함께 실려 있다. 이 책에는 이두뿐 아니라, 중국 소설인 『수호지』, 『서유기』, 『서상기』, 『삼국지』 등에 나오는 중국어 속어에 대한 설명이 자세히 붙어 있어 당시 이들 소설의 언어를 이해하는 데에도 길잡이 역할을 했을 것으로 추정된다. 이전 시기 간행된 『어록해』의 내용과 일치하는 『주자어록』의 어록에 대해서는, 『어록해』의 그것을 일부 삭제하거나 덧붙여 당대의 필요에 의해 수정을 행하였다.

224

2. 기존 번역의 검토

먼저 이들 용어의 지금까지의 번역이 어떠했는지를 살펴보겠다. 지금까지 『대혜어록』 가운데 번역되거나 주석된 것은 오직 『대혜서(大慧書)』뿐이다. 지금까지 국내외에서 번역되거나 주석된 『대혜서』는 다음과 같다.

『사집사기(四集私記)』 이지관(李智冠) 저(著)(경남 합천. 해인총림승가대학. 1968)

『서장(書狀)』 김탄허(金呑虛) 역저(譯著)(서울. 교림(敎林). 1974)

『참선의 길』 장순용 옮김(서울. 고려원. 1997)

『서장(書狀)』 지상(智象) 역해(譯解)(서울. 불광출판부. 1998)

『大慧書』〈禪の語錄17〉荒木見悟 著(東京. 筑摩書房. 昭和44)

이들 책에서 주요한 용어의 번역을 조사해 보면 다음과 같다.

『사집사기(四集私記)』 이지관(李智冠)
① 간(看) : 거(擧)하다.

② 거(擧) : 없음.

③ 거각(擧覺) : 없음.

④ 제시(提撕) : 종사(宗師)가 학인(學人)을 제휴접인(提携接引)해서 정안(正眼)을 열어 주는 것. 공안(公案)을 제창(提唱)하여 후진(後進)을 시도(撕導)하는 것.(잡드리다)

⑤ 여지시애(與之廝崖) : 저(화두)와 더불어 겨루어 갈지어다.

⑥ 애장거(崖將去) : 다다해 가져 가면. 애(崖).

『서장(書狀)』 김탄허(金呑虛)

① 간(看) : 보다.

② 거(擧) : 들다.

③ 거각(擧覺) : 들어 깨닫게 하다.

④ 제시(提撕) : 잡들다.

⑤ 여지시애(與之廝崖) : 더불어 겨루어 닿다.

⑥ 애장거(崖將去) : 닿아 가져 가다.(천인(千仞) 벼랑에 완보(緩步)하여 향전(向前)하는 뜻)

『참선의 길』 장순용

① 간(看) : 살펴보다. 살피다.

② 거(擧) : 제시하다.

③ 거각(擧覺) : 들어서 자각하다. 주시하다.

④ 제시(提撕) : 잡아들다.

⑤ 여지시애(與之廝崖) : 궁리해 나가다. 겨루어 나가다. 겨루어 닿다.

⑥ 애장거(崖將去) : 차근차근 파고들어 가다. 일편단심 파고들어 가다.

『서장(書狀)』지상(智象)

① 간(看) : 들다. 살펴보다.

② 거(擧) : 들다.

③ 거각(擧覺) : (화두를) 들어서 깨닫게 하다. 알아차리다.

④ 제시(提撕) : 잡아 이끌다. 붙잡아 겨루다.

⑤ 여지시애(與之廝崖) : 더불어 겨루어 가다.

⑥ 애장거(崖將去) : 다잡아가다.

『大慧書』〈禪の語錄17〉荒木見悟

① 간(看) : 참구(參究)하다.

② 거(擧) : 거(擧)하다. 거시(擧示)하다.

③ 거각(擧覺) : 파지(把持)하다.(꼭 붙잡다. 마음에 간직하다.) 촉발(觸發)하다.

④ 제시(提撕) : 공부(工夫)하다. 명심(銘心)하다.

⑤ 여지시애(與之廝崖) : 끝까지 가다.

⑥ 애장거(崖將去) : 끝까지 파고들어 밝혀 내다.

이로써 보면 모두 통일된 의미가 없이 제각각 달리 번역하고 있음을 알 수 있다.

3. 사전에서의 의미 및
   당송대 어록에서의 사례 조사

각 단어의 여러 가지 뜻 가운데 목적어(目的語)가 화두(話頭)일 경우에 해당할 수 있는 것을 살펴본다. 화두(話頭)에서 두(頭)는 접미어(接尾語)이니 화두(話頭)는 화(話)와 같고 그 뜻은 '말' '이야기' '이야기의 실마리' '이야기의 주제' 등이다.[460]

---

[460] 화두(話頭)에 대한 사전의 해설은 다음과 같다 : ① 『당오대어언사전』= 화제(話題), 화(話)와 같음. 두(頭)는 사철(詞綴). ② 『중한대사전』=말의 실마리. 말의 방향. 화제(話題). ③ 『한한대사전』=선종의 화두. 문인들이 문제를 제기하는 말을 두루 이르는 말. 이야기의 첫머리. 머리말. 말. 또는 화제(話題). 이야깃거리. 문제 삼거나 논의할 만한 점. ④ 『선어사전』= 이야기의 실마리. 이야기의 주제. 문제점. ⑤ 『선학대사전』=이야깃거리. 화제(話題). 고칙공안(古則公案). ⑥ 『선종사전』=화(話)와 같음. 선종의 문답 가운데 실마리가 되는 한 구절. 문제(問題).

(1) 간(看)

⟨1⟩ 사전에서의 뜻

『한한대사전(漢韓大辭典)』

• 간(看) :

① 이마에 손을 얹고 바라보다.(『說文』「目部」看, 睎也.「徐鍇繫傳」以手翳目而望也.)

② 보다.(『廣雅』「釋詁」1. 看, 視也. 南朝宋, 劉義慶『世說新語』「規箴」『水滸傳』103回.)

③ 구경하다. 감상하다.(唐 王建『醉後憶山中故人詩』遇晴須看月. 南唐 李中『寄廬山白大師詩』一秋同看月.)

④ 자세히 살펴보다. 헤아리다.(『晉書』「刑法志」古人有言, 善爲政者, 看人設敎. 唐 吳兢『貞觀政要』「論仁義」太宗曰, 朕看古來帝王, 以仁義爲治者, 國祚延長.)

⑤ 가리다. 선택하다.(唐 王建『贈溪翁詩』看日和仙藥, 書符救病人.)

『당오대어언사전(唐五代語言詞典)』

• 간(看) :

① 보살피다. 돌보다.

② 응대하다. 다루다. 취급하다.

『중한대사전(中韓大辭典)』

• 간(看) :

① 지키다. 돌보다.

② 맡아보다. 관리하다.

③ 감시하다. 주시하다. 구류하다.

④ 보다. 구경하다.

⑤ 대하다. 취급하다.

⑥ 생각해 주다. 고려해 주다.

⑦ 보살피다.

⑧ 면하다. 향하다.

⑨ 내오다. 가져오다.

『신판선학대사전(新版禪學大辭典)』

• 간(看) : 간화(看話)에서 화(話) 즉 공안(公案)을 공부한다는 뜻.

『선어사전(禪語辭典)』

• 간(看) : 간화(看話)에서 화(話)는 화두(話頭) 즉 고칙공안(古則公案)을 말하고, 간(看)은 참구(參究)한다는 뜻.

『선종사전(禪宗詞典)』

• 간(看) : 참선하는 사람이 옛사람의 몇몇 이야기를 한마음으로 반복 하여 자세히 살피고 탐구하는 것을 일러 간(看)이라 함.

『가산불교대사림(伽山佛教大辭林)』

• 간(看) : 선종(禪宗) 어록(語錄)에서 '보다, 지키다, 간수하다, 잘 보다' 는 뜻.

간(看)이라는 글자는 본래 '이마에 손을 얹고 바라보다'라는 뜻이지만, 이와 같이 다양하게 파생된 뜻도 있다. '화두(話頭)를 간(看)한다' 즉 '화두를 본다'는 것은 어떤 것인가? 화두는 한두 개의 단어 또는 몇 개의 문장으로 이루어진 말이다. 말은 육체의 눈으로 보이는 대상이 아니므로, '화두를 본다'는 것은 마음속으로 화두를 보는 것이다. 마음속으로 화두를 보는 것은 어떻게 하는 것인가? 여기에 관해서는 다음 몇 개의 대혜의 언급을 살펴보면 대혜가 간(看)을 어떤 뜻으로 사용하였는지 알 수 있다.

〈2〉 대혜어록에서의 사례

다만 화두를 들추어 내어 (속으로) 말할 때에 잠시 정신을 차리고[461] **"무슨 도리인가?" 하고 보십시오.**(但擧話頭時, 略抖擻精神, **看是箇甚麼道理?**)(『대혜보각선사법어(大慧普覺禪師法語)』1. 청정거사(淸淨居士)에게 보임)

도리어 덕산(德山)은 무슨 까닭에 승려가 문으로 들어오는 것을 보면 곧 몽둥이를 휘둘렀는지, 또 임제(臨濟)는 **무슨 까닭에 승려가 문으로 들어오는 것을 보면 곧 고함을 내질렀는지를 차분하게 자세히 보십시오.**(卻緩緩地子細看他德山何故見僧入門便棒? 臨濟何故見僧入門便喝?)(『대혜보각선사법어(大慧普覺禪師法語)』27. 방기의(方機宜)에게 보임)

평전(平田) 스님은 말했습니다.

---

461) 두수(抖擻) : ① 넘겨 주다. ② 기운을 내다. 정신을 차리다. ③ 흔들어 털다. 떨쳐 버리다. ④ 벗어나다. 빠져나오다.

"신령스러운 빛이 어둡지 않고 영원히 아름답게 빛난다. 이 문으로 들어오려 한다면 알음알이로 이해하지 말라."

또 옛 스님은 말했습니다.

"이 일은 마음을 가짐으로써 찾을 수도 없고 마음을 버림으로써 얻을 수도 없으며, 언어로써 도달할 수도 없고 침묵으로써 통할 수도 없다."

이런 말들은 무엇보다도 진흙에 빠지고 물에 들어가는 노파심에서 나온 말들이지만, 흔히 참선하는 사람들은 다만 "이렇구나." 하고 생각하며 지나칠 뿐, **"무슨 도리인가?"** 하고 자세히 보지는 결코 않습니다.(平田和尙曰:"神光不昧, 萬古徽猷. 入此門來, 莫存知解." 又古德曰:"此事不可以有心求, 不可以無心得, 不可以語言造, 不可以寂黙通." 此是第一等入泥入水, 老婆說話, 往往參禪人, 只恁麼念過, 殊不子**細看, '是甚道理?'**)(『대혜보각선사서(大慧普覺禪師書)』3. 증시랑(曾侍郎) 천유(天游)에 대한 답서(2))

앞서 말한 어둡고 우둔함에 의지하여 도(道)에 들어간다는 것이 바로 이것입니다. 이 어둡고 우둔함을 능히 알 수 있는 것이 **결국 무엇인지를 단지 보기만 하십시오.** 단지 여기에서 보기만 하셔야지, 깨달아 초월할 것을 구하면 안 됩니다. 보고 또 보고 하다가 문득 크게 웃을 것입니다. 이 밖에 말할 것은 없습니다.(前所云借昏鈍而入是也. **但只看能知得如是昏鈍底畢竟是箇甚麼.** 只向這裏看, 不用求超悟. 看來看去 忽地大笑去矣. 此外無可言者.)(『대혜보각선사서(大慧普覺禪師書)』45. 이보문(李寶文) 무가(茂嘉)에 대한 답서)

재빨리 마음이 활짝 트이고자 한다면, 다만 행할 수 있음과 행할 수 없음 · 이해함과 이해하지 못함 · 같음과 같지 않음 · 다름과 다르지 않음 등 이와 같이 사량하고 이와 같이 헤아릴 수 있는 것을 몽땅 다른 세계로 쓸어버리십시오. 그리하여, 도리어 쓸어버릴 수 없는 곳에서 **있는지 없는지, 같은지 다른지를 보시면**, 문득 생각과 상념(想念)이 끊어질 것이니, 바로 이런 때에는 저절로 남에게 물어볼 필요가 없습니다.(要得 徑截心地豁如, 但將能與不能, 解與不解, 同與不同, 別與不別, 能如是思量, 如是卜度 者, 掃向他方世界. 却向不可掃處看, **是有是無, 是同是別**, 驀然心思意想絶, 當恁麽 時, 自不著問人矣.)(『대혜보각선사서(大慧普覺禪師書)』63. 번제형(樊提刑) 무실(茂實) 에 대한 답서)

이들 사례로 보건대, 무슨 도리인지를 보고, 무슨 까닭인지를 보고, 무엇인지를 보고, 같은지 다른지를 보는 것이 곧 간(看)이다. 이렇게 보는 것을 우리말로 가장 적당하게 번역하면 '살펴본다'는 것이다. 그러므로 '간화(看話)'는 '화두를 살펴본다'로 번역하는 것이 적당하다.

(2) 거(擧)

〈1〉 사전에서의 뜻

『한한대사전(漢韓大辭典)』

• 거(擧) :

① 말하다. 일컫다.(『廣韻』「語韻」擧, 言也. 『正字通』「臼部」擧, 稱引也. 『禮記』 「雜記」下, 過而擧君之諱則起. 「鄭玄注」擧, 猶言也. 唐, 韓愈『原道』不惟擧之于其口, 而又筆之于其書.)

② 제기하다. 질문하다.(『禮記』「曲禮」上. 主人不問, 客不先擧. 「孔穎達疏」擧 亦問也.)

③ 기록하다. 등록하다.(『左傳』「襄公」27年, 仲尼使擧是禮也, 以爲多文辭.「陸德明釋文」沈云, 擧謂記錄之也.)

④ 들다.(『廣韻』「語韻」擧, 擎也.)

⑤ 잡다. 가지다.(『詩』「大雅」烝民, 德輶如毛, 民鮮克擧之.「孔穎達疏」擧者, 提持之, 言旣以重輕爲喩, 故以擧言之.)

⑥ 가지다.(『呂氏春秋』「下賢」錐刀之遺於道者, 莫之擧也.「高誘注」擧, 猶取也.)

• 거례(擧例) : 예를 들다. 예를 들어 말하다.

• 거명(擧名) : 이름을 부르다.

• 거범(擧凡) : 요점을 들어 말하다.

• 거사(擧似) : 알려 주다. 말해 주다.

• 거요(擧要) : 요점을 말하다.

『당오대어언사전(唐五代語言詞典)』

• 거(擧) : 해설(解說)하다. 설명하다.

『중한대사전(中韓大辭典)』

• 거(擧) :

① 제시하다. (예 따위를) 들다. 제출하다.

② 일으키다. 흥기하다.

『신판선학대사전(新版禪學大辭典)』

• 거(擧) : 입으로 말을 한다는 뜻. 선문(禪門)에서는 고칙공안(古則公案)을 제시(提示)한다는 뜻.

• 거화(擧話) : 고인(古人)의 화두(話頭)를 말하여 제시(提示)하는 것.

- 거사(擧似) : 고칙(古則)을 말로써 제시(提示)하다. 사(似)는 향(向), 여(與)와 같은 뜻의 조사(助詞).

- 거칙(擧則) : 거(擧)는 거창(擧唱), 칙(則)은 고칙공안(古則公案). 수좌법전식(首座法戰式)에서 수좌(首座)가 고칙공안을 소리내어 읽는 것.

- 거념(擧拈) : 거시(擧示), 거사(擧似)와 같음.

『선어사전(禪語辭典)』

- 거(擧) : 거(擧)하다. 고칙(古則)을 제기(提起; 말함)하다. 혹은 고칙을 제기할 때의 첫 번째 소리.

- 거향(擧向) : =거사(擧似).

- 거사(擧似) : 화두(話頭)를 제시(提示)하는 것.

- 거창(擧唱) : 선언(宣言)하여 밝히다.

- 거착(擧著) : 문제(問題)를 제기(提起)하다.

『선종사전(禪宗詞典)』

- 거(擧) :

① 예를 들어 말하다. 거듭 말하다.

② 선사어록의 기록 방식. 공안을 예로 들어 말함을 표시함.

- 거고(擧古) : 공안(公案)을 들어서 말하며, 서로 의견을 교환하면서 논하다. 이것은 선사(禪師)가 설법(說法)할 때의 일종의 형식이고, 또 선어록(禪語錄)의 일종의 종류이다.

- 거양(擧揚) : 들어서 말하다. 천양(闡揚)하다.

- 거창(擧唱) : 공안을 들어서 말하다. 말하여 보이다.

『가산불교대사림(伽山佛敎大辭林)』

- 거(擧) : 거시(擧示)의 줄임말. 공안을 드는 것. 거(擧)가 기록하는 사람의 말이라면, 자기 자신이 스스로 공안을 드는 것을 말할 때에는 기득(記得; 기억하다)이라 한다.
- 거기(擧起) : 공안을 제시하는 것. 즉, 공안을 말해 주는 것.
- 거념(擧拈) : 거시(擧示)와 같음. 공안이나 화두(話頭)를 남에게 말해 주는 것.
- 거사(擧似) : 거향(擧向), 거념(擧拈)과 같은 말. 고칙이나 화두를 제시하다, 말하다.
- 거칙(擧則) : 거고(擧古)와 같음. 거(擧)는 거창(擧唱), 칙(則)은 고칙공안(古則公案). 수좌법전식(首座法戰式)에서 수좌(首座)가 고칙공안을 소리내어 읽는 것.

이로써 보면 거화(擧話)라고 할 경우의 거(擧)는 화두(話頭) 즉 이야기를, '말하다' '(옛 이야기를) 말해 주다' '(말을) 끄집어내다' '(예화를 들어) 말하다' '제시(提示)하다' '제출(提出)하다' '제기(提起)하다'는 뜻이다. 선종(禪宗)에서는 종사(宗師)가 상당하여 설법할 때에 경전의 이야기나 옛 조사나 종사의 이야기나 혹은 공안(公案)을 끄집어내어 인용하여 말해 주는 것을 그 설법을 기록하는 자가 거(擧)라는 말로써 표현하였다. 대혜 이전까지의 용례 몇몇을 살펴보면 다음과 같다.

〈2〉당송대 선어록에서의 사례

앙산(仰山)이 모시고 서 있을 때에 위산(潙山)이 바야흐로 **이 이야기를**

하다가, 아직 말을 끝내기도 전에 앙산이 곧장 물었다. "괭이가 황벽(黃
蘗)의 손에 있었는데, 무엇 때문에 임제에게 **빼앗겼습니까?**"(潙山因仰山
侍立次, 方**擧此話**未了, 仰山便問 : "钁在黃蘗手裏, 爲什麼被臨濟奪卻?"(『경덕전등
록』 제12권 '진주임제의현선사(鎭州臨濟義玄禪師). 1004년 간행)

스님이 뒤에 대전(大顚)에게 **이 이야기를 해 주자,** 대전이 말했다. "이
미 사람을 살리는 화살인데, 무엇 때문에 활줄 위에서 판단하느냐?" 스
님이 대답이 없자, 대전이 말했다. "30년 뒤에는 **이 이야기를 해 줄** 사
람을 바라기도 어려울 것이다."(師後**擧似**大顚, 顚云 : "旣是活人箭, 爲什麼向
弓絃上辨?" 師無對, 顚云 : "三十年後, 要人**擧此話**也難.")(『경덕전등록(景德傳燈錄)』
제14권 '장주삼평의충선사(漳州三平義忠禪師))

운문(雲門) 선사(先師)가 말했다. "내가 **고칙공안(古則公案) 하나를 말하**
여 너희들이 곧장 수긍하도록 하여도, 벌써 똥물을 뿌린 것이다."(雲門
先師道 : "我**擧一則語**, 敎汝直下承當, 早是撒屎着.")(『건중정국속등록(建中靖國續燈
錄)』 제2권 '성도부향림징원선사(成都府香林澄遠禪師). 1101년 간행)

상당(上堂)하여 말했다. "**옛사람의 공안(公案) 하나를 말하여** 대중에게
보시하겠다."(上堂云 : "**擧古人一轉公案**, 布施大衆.")(『건중정국속등록(建中靖國續
燈錄)』 제2권 '원주양기산보통선원방회선사(袁州楊岐山普通禪院方會禪師))

상당하여 말했다. "나 양기는 한마디 말로써 부처를 꾸짖고 조사를
욕하지만, 눈 밝은 사람 앞에서 잘못 **말해서는** 안 된다."(上堂云 : "楊岐一
語, 呵佛叱祖, 明眼人前, 不得錯**擧**.")(『건중정국속등록(建中靖國續燈錄)』 제2권 '원주

양기산보통선원방회선사(袁州楊岐山普通禪院方會禪師))

"여러분에게 **부모가 낳기 이전의 구절(句節)을 말해 주겠다.**"("爲汝等諸
人, **舉箇父母未生底句.**")(『건중정국속등록(建中靖國續燈錄)』 제24권 '무주명초산문혜
선사(婺州明招山文惠禪師))

"**다시 옛사람의 공안(公案)을 말해 준다.**"("卻**舉箇古人公案.**")(『원오불과선
사어록(圓悟佛果禪師語錄)』 제7권 '상당'(上堂). 1133년 간행)

"지금 비록 **고칙공안 하나를 말하여,** 옛과 오늘의 언교(言敎)를 일
시에 밝힐 수 있다고 하여도, 바로 진흙에 빠지고 물에 들어가는 격이
다."("如今直饒**舉一則語,** 盡古今言敎一時明得, 正是和泥合水.")(『원오불과선사어록
(圓悟佛果禪師語錄)』 제7권 '소참'(小參))

상당(上堂)하여 **(이야기를 인용해) 말했다.** "한 승려가 법안혜초자(法眼慧
超咨) 화상에게 물었다. '무엇이 불법(佛法)입니까?' 법안이 말했다. '그대
는 혜초이다.'"

이어서 말했다. "알겠느냐? 병든 자가 양의(良醫)를 만나고, 굶주린
자가 임금의 밥상을 만난 것과 같다. 간장 속에서 소금을 얻고, 눈 속에
있는 사람에게 연탄을 보내 주는 것과 같다."(上堂**舉** : "僧問法眼慧超咨和尚
: 如何是佛法?' 眼云 : '汝是慧超.'" 師云 : "還委悉麼? 病遇良醫, 饑逢王膳. 醬裏得
鹽, 雪中送炭.")(『원오불과선사어록(圓悟佛果禪師語錄)』 제7권 '상당'(上堂))

대혜종고의 스승인 원오극근(圜悟克勤)의 어록에서는 위와 같이 〈법

238

당에 올라 옛 이야기를 인용하여 말하고, 이에 대한 자기의 의견을 말한다.)(上堂擧 : "…" 師云 : "…")는 형식이 나타나고 있으며, 이후 선어록(禪語錄)의 기록 방식에는 이러한 형식이 일반화되어 나타난다. 또한 원오 극근의 『벽암록(碧巖錄)』에서는 고칙공안(古則公案)을 인용할 때에 반드시 맨 앞에 '거(擧)'를 쓰고 있다.

이처럼 거(擧)는 이전의 이야기나 남의 말을 그대로 인용하여 타인에게 말해 줄 때에 사용하는 것으로서,462) '말하다' '(옛 이야기를) 말해 주다' '(말을) 끄집어내다' '(예화를 들어) 말하다'라는 뜻이다.

『대혜어록』에서 거(擧)의 사례를 보면 다음과 같다.

〈3〉 대혜어록에서의 사례

법당에 올라 이야기를 **인용하여 말했다.**

"반산(盤山)463)이 말하기를 '마음 달이 홀로 두루하여 그 빛이 삼라만상을 머금었는데, 빛이 경계를 비추는 것이 아니니 경계 역시 있지 않다. 빛과 경계가 모두 없다면, 다시 무슨 물건인가?'라고 하였는데, 동산(洞山)464)이 이에 대하여 말하기를 '빛과 경계가 아직 없어지지 않았을 때에는 다시 무슨 물건인가?'라고 하였다."

---

462) 거(擧)는 그 말을 하는 사람이 직접 말하는 경우가 아니라 제삼자가 그 말을 옮겨 적는 경우에 사용하는 말이고, 자신이 직접 말할 때에는 거(擧) 대신 기득(記得; 기억하다)이라는 용어를 사용한다는 주장도 있으나, 앞서 예로 든 운문(雲門)의 말에서처럼 자신이 말할 때에도 거(擧)를 사용하기도 하였다.
463) 반산(盤山) : 유주(幽州)의 반산보적(盤山寶積; 생몰연대 미상). 마조도일의 법사(法嗣).
464) 동산(洞山) : 동산양개(洞山良价; 807-869). 운암담성(雲巖曇晟; 782-842)의 법사(法嗣).

이에 대하여 대혜가 말했다.

"백로(白鷺)가 밭에 내려오니 한 무더기 눈이 내린 것 같고, 누른 꾀꼬리가 나무에 오르니 한 가지에 핀 꽃 같다."

(上堂擧: "盤山云: '心月孤圓光吞萬象, 光非照境境亦非存. 光境俱亡, 復是何物?' 洞山云: '光境未亡 復是何物?'" 師云: "白鷺下田千點雪, 黃鸝上樹一枝華.")(『대혜보각선사주경산능인선원어록(大慧普覺禪師住徑山能仁禪院語錄)』제1권)

어떤 사람은 정식(情識)과 경계(境界)를 벗어 버리고 고정된 형식을 세우지 않는 것을 드나드는 문(門)으로 삼아, 옛사람의 공안(公案)을 **말하기만 하면** 벌써 알아차려 버립니다. 혹시 사가(師家)가 묻기를 "마음도 아니고, 부처도 아니고, 물건도 아니니, 그대가 어떻게 알겠는가?"라고 하면, 곧 말하기를 "스님께서는 활짝 깨어 있음을 꺼리지 마십시오."라고 하기도 하고, 혹은 "스님께서는 어디에 갔다 오셨습니까?"라고 하기도 하고, 혹은 "화살 위에 다시 살촉을 더해선 안 됩니다."라고 하기도 하고, 혹은 "얼마나 많은 사람을 속였습니까?"라고 하기도 하고, 혹은 "마음도 아니고, 부처도 아니고, 물건도 아니다."라고 같은 말을 **다시 한 번 말하기도** 합니다. 저 옛사람들의 인연(因緣)을 물을 때마다, 모두 **말을 꺼내는** 곳에서 바로 받아들이고, 부싯돌 불꽃이나 번갯불처럼 번쩍 스치는 곳에서 알아차리고, **말을 하면** 바로 알아차립니다. 질문을 할 때마다 전혀 받아 들이지 않고는, 깨끗이 벗어나 자재하며 큰 안락을 얻었다고 합니다.(或者以脫去情塵, 不立窠臼爲門戶, 凡古人公案**擧了**, 早會了也. 或師家問: '不是心, 不是佛, 不是物, 爾作麼生會?' 便云: '和尙不妨惺惺.' 或云: '和尙甚麼處去來?' 或云: '不可矢上更加尖.' 或云: '謾卻多少人?' 或**再擧**一徧云: '不是心, 不是佛, 不是物.' 凡問他古人因緣, 皆向**擧起**處承當, 擊石火閃電光處會, **擧**

了便會了. 凡有所問皆不受, 喚作脫灑自在, 得大快樂.)(『대혜보각선사보설(大慧普覺禪師普說)』제14권. 3. 황덕용이 청한 보설)

남악(南嶽) 화상이 말했다. "비유하자면 소달구지가 있는데, 수레가 가지 않는다면, 수레를 때려야 옳은가? 소를 때려야 옳은가?" **마조는 이 말을 듣고서 문득 크게 깨달았다.**(南嶽和尙道∶'譬牛駕車, 車若不行, 打車卽是? 打牛卽是?' **馬祖聞擧**, 忽然大悟.)(『대혜보각선사보설(大慧普覺禪師普說)』제14권. 4. 진국태부인이 청한 보설)

비록 가까스로 말을 듣더라도 수긍하기 어려운 것처럼 느껴지니, 만약 자신이 오래 전부터 반야의 씨앗을 심지 않았다면,[465] **말하는 것을 듣자마자** 곧 눈을 크게 뜨고서 두리번두리번할 뿐입니다.(雖乍聞說, 似難承當, 若當人無始時來種得般若種子, **纔聞擧著**, 便兩眉卓豎, 眼睛定動矣.)(『대혜보각선사법어(大慧普覺禪師法語)』제22권. 19. 영녕군부인(永寧郡夫人)에게 보임)

내가 선사(先師)[466]께서 적수도인(寂壽道人)에게 "마음도 아니고 부처도 아니고 물건도 아니다."는 이야기를 **언급하신** 것을 **말해 주었는데,** 문득 화롯가에서 볶은 콩 한 개를 집어 먹었다.(吾擧先師爲寂壽道人擧不是心不是佛不是物話, 驀向火爐邊拾得一粒炒豆喫了.)(『대혜보각선사법어(大慧普覺禪師法語)』제24권. 38. 충밀선인(沖密禪人)에게 보임)

이전에 원오(圜悟) 노스님에게 간절히 청하였더니 노스님께서는 여섯

---

465) 문맥상 "심었다면"이 아니라, "심지 않았다면"이라고 해야 뜻이 통한다.
466) 선사(先師)는 곧 원오극근(圜悟克勤)을 가리킨다.

마디의 법어(法語)로써 가르쳐 주셨는데, 그 첫머리에서는 곧바로 이 일을 보이셨고, 뒤에는 조주(趙州)의 방하착(放下着)과 운문(雲門)의 수미산(須彌山)이라는 2개의 인연(因緣)을 **말씀하셔서** 둔근기(鈍根機)에게 공부를 시키셨습니다.(向者, 痛懇圜悟老師, 老師示以法語六段, 其初直示此事, 後**擧**雲門趙州放下著須彌山兩則因緣, 令下鈍工.)(『대혜보각선사서(大慧普覺禪師書)』제25권. 1. 증시랑(曾侍郎) 천유(天游)가 묻는 편지)

만약 힘 있는 대장부라면 **말하는**467) 것을 듣자마자 즉시 금강왕보검(金剛王寶劍)468)을 쥐고 한칼에 이 네 길469)의 갈등을 잘라내 버릴 것입니다.(若是箇有筋骨底, **聊聞擧著**, 直下將金剛王寶劍, 一截截斷此四路葛藤.)(『대혜보각선사서(大慧普覺禪師書)』제25권. 3. 증시랑(曾侍郎) 천유(天游)에 대한 답서(2))

제자백가(諸子百家)의 가르침을 **남이 말하는 한 글자라도** 듣기만 하면 곧 한 권을 모두 기억해 내어서는 하나라도 모르는 것이 있으면 부끄러워합니다.(諸子百家**纔聞人擧著**一字, 便成卷念將去, 以一事不知爲恥.)(『대혜보각선사서(大慧普覺禪師書)』제28권. 33. 여랑중(呂郎中) 융례(隆禮)에 대한 답서)

보통 총명한 사람은 **말하는 것을** 듣자마자 곧 심의식(心.意識)470)으로

---

467) 거착(擧著) : 말하다. 거(擧)와 같음. 착(著)은 동사 뒤에 붙어서 완료나 조건을 나타내는 조사.

468) 금강왕보검(金剛王寶劍) : 일체를 자유자재로 절단할 수 있는 지극히 견고한 칼인데, 온갖 번뇌를 부수는 반야지혜에 흔히 비유된다.

469) 네 길은 마음을 둠과 마음을 두지 않음, 말과 침묵이다.

470) 심의식(心.意識) : 심(心)은 범어 질다(質多)의 번역, 모여서 발생한다는(集起) 뜻. 의(意)는 범어 말나(末那)의 번역, 헤아려 생각한다는(思量) 뜻. 식(識)은 범어 비야남(毘若南)의 번역, 분별하여 알아차린다는(了別) 뜻. 분별심(分別心)을 말함.

이해하여 추측하고 헤아려 증거를 끌어들이며 당부한 곳이 있음을 말하려 합니다.(尋常聰明人, **纔聞擧起**, 便以心意識領會, 搏量引證, 要說得有分付處.)(『대혜보각선사서(大慧普覺禪師書)』 제29권. 41. 왕교수(王敎授) 대수(大受)에 대한 답서)

뒤에 원오(圜悟) 선사(先師)께서 "모든 부처님이 나타나는 곳에 따뜻한 바람이 남쪽으로부터 불어온다."라고 **하시는 말씀**을 듣고서 홀연 가슴에 걸려 있던 것이 내려갔습니다.(後因**聞先師擧**, "諸佛出身處熏風自南來." 忽然去却礙膺之物.)(『대혜보각선사서(大慧普覺禪師書)』 제29권. 46. 향시랑(向侍郎) 백공(伯恭)에 대한 답서)

(3) 거각(擧覺)

〈1〉 사전에서의 뜻

『한한대사전(漢韓大辭典)』

거각(擧覺) 항목은 없으나, 각(覺)은 다음과 같다.

• 각(覺) :

① 깨닫다. 이해하다. 알다.(『說文』「見部」, 覺, 悟也. 唐, 慧琳 『一切經音義』 24 覺, 知也.)

② 깨우치다. 계발하다. 일깨우다.(『說文』「見部」, 覺, 發也.「段玉裁注」 卽警覺人之意.『釋名』「釋姿容」, 覺, 告也. 宋, 葉適 『題陳壽老論孟紀蒙』 豈敬其師之所以覺我, 而謙于我之所以覺人歟.)

③ 느끼다. 감지하다.

④ 알아차리다. 발견하다.

⑤ 밝히다. 드러내다. 표명(表明)하다.(唐, 慧琳『一切經音義 45』覺, 明也.)

『중한대사전(中韓大辭典)』

거각(擧覺) 항목은 없으나, 각(覺)의 뜻은 다음과 같다.

• 각(覺):

① 느끼다.

② 깨닫다. 깨우치다.

③ 드러나다. 발각되다. 드러내다.

『신판선학대사전(新版禪學大辭典)』

• 거각(擧覺): 거(擧)는 거시(擧示), 각(覺)은 경각(警覺). 사가(師家)가 거시(擧示)하고 학인(學人)이 자각(自覺)함. 스승이 예를 들어 보여 주고, 학인이 스스로 깨닫는다.

• 거각상량(擧覺商量): 사가와 수행자가 서로 문답을 주고 받는 것.

『가산불교대사림(伽山佛敎大辭林)』

• 거각(擧覺): 거양경각(擧揚警覺)의 줄임말. 거(擧)는 스승이 공안(公案)을 말하거나 동작을 해 보이는 것, 각(覺)이란 그것으로 말미암아 학인이 깨닫는 것. 훈계의 말을 하여 자각(自覺)하게 하는 것.

• 거각상량(擧覺商量): 종사와 수행자가 서로 상대하여 문답을 주고 받는 것.

거각(擧覺)은 선학사전과 불교사전에만 항목이 있을 뿐 일반 사전에는 항목이 없음을 알 수 있는데, 사실 거각(擧覺)은 선어록(禪語錄)에서만 극히 한정되게 등장하는 단어이다. 앞에서 보았듯이 거(擧)는 '－라는 이야기를 말해 주다.'는 뜻이다. 각(覺)은 '① 깨닫다. 이해하다. 알다. ② 깨우치다. 계발하다. 일깨우다. ③ 느끼다. 감지하다. ④ 알아차리다. 발견하다. ⑤ 밝히다. 드러내다. 표명(表明)하다'는 뜻이다. 그러므로 이들을 조합해 보면, '① －라는 이야기를 말하여 알리다. ② －라는 이야기를 말하여 일깨우다. ③ －라는 이야기를 말해 주어 느끼게 하다. ④ －라는 이야기를 말해 주어 알아차리게 하다. ⑤ －라는 이야기를 말하여 드러내다'는 정도의 뜻이 될 것이다.

대혜 생존시를 전후한 송대(宋代) 선어록에서의 거각(擧覺)의 사례를 모아 보면 다음과 같이 매우 소수의 사례가 발견된다. 거각(擧覺)은 대혜어록에서 가장 많이 등장하고, 이후에 대혜어록을 인용하는 경우에도 등장한다.

〈2〉 당송대 선어록에서의 사례

하루는 말했다. "값을 따져[471] 무엇을 **말해 줄까?**" 스스로 대신 말했다. "소금은 비싸고 쌀은 싸다."(一日云: "商量**擧覺**箇什麽?" 代云: "鹽貴米賤.")(『운문광진선사광록(雲門匡眞禪師廣錄)』 중권(中卷)「수시대어(垂示代語)」)

어떤 노숙(老宿)이 상당하여 말했다. "만약 값을 따져 **말한다면**, 마치

---

471) 상량(商量) : 시장에서 물건을 사고팔 때에 저울로 달아 그 값을 따져 헤아리는 것을 말한다. 따지다. 상의하다. 의논하다. 상담하다. 이해하다. 값을 흥정하다. 값을 따지다. 값을 매기다. 헤아리다.

문 앞을 가로막은 날카로운 칼과 같아서, 한마디 말 아래에서 죽이고 살려야만 한다."(一老宿上堂云: "若是商量擧覺, 如當門利劍相似, 一句下須有殺活始得.")(『운문광진선사광록(雲門匡眞禪師廣錄)』하권(下卷)「유방유록(遊方遺錄)」)

만약 조계(曹溪) 문하의 선객(禪客)이라면, 곧장 해탈한 곳에 도달하여 다시는 두 번째 세 번째에 떨어지지 않을 것이다. 아직 **말을 하기** 이전에 벌써 두 번째 세 번째에 떨어졌는데, 하물며 어찌 **말을 하고** 언어로 설명하여 온통 실패(失敗) 속으로 **빠져** 들겠는가?(若是箇曹溪門下客, 直到解脫處, 更不落二落三. 未**擧覺**已前, 早是落二落三了也. 何況**擧覺**言詮總納敗闕?)(『원오불과선사어록(圓悟佛果禪師語錄)』제10권)

어떤 부류는 머리를 숙이고 생각에 잠기며 의식으로 헤아리니 육신(肉身) 앞에서 무수한 귀신을 보는 줄 전혀 모르는 것이다. 말해 보아라. 의식에 떨어지지 않고, 얻고 잃음에도 관계하지 않고, 문득 이렇게 **말한다면**, 어떻게 응대하겠느냐? 한번 말해 보아라.(有般底, 低頭佇思, 意根下卜度, 殊不知髑髏前見鬼無數. 且道. 不落意根, 不抱得失, 忽有箇恁麼**擧覺**, 作麼生祇對? 試擧看.)(『불과원오선사벽암록(佛果?悟禪師碧巖錄)』제4권 제36칙)

장경(長慶)과 보복(保福)은 설봉(雪峰)의 문하에서 늘 서로 **말을 하여** 값을 매기곤 하였다. 하루는 여느 때처럼 이와 같은 말을 하였다. "어찌 아라한에게는 삼독(三毒)이 있다고 말하면서 여래에게 두 종류의 말이 있다고는 말하지 않는가?"(長慶保福在雪峰會下, 常互相**擧覺**商量. 一日平常如此說話云: "寧說阿羅漢有三毒, 不說如來有二種語?"(『불과원오선사벽암록(佛果圜悟禪師碧巖錄)』제10권 제95칙)

또 어떤 부류는 서로 번갈아 전해 주고 **말을 하여** 값을 매기는 것을 기특하게 여겨, 마구 입을 놀리며 마음을 더럽히고 있다.(更有一般底, 遞相傳授, **舉覺**商量, 將爲奇特, 爛嚼細嚼, 垢汙心田.)(『연등회요(聯燈會要)』제28권 '동경정인도해선사(東京淨因道楷禪師)')

한 번 입실(入室)하여 고금의 인연을 **끄집어내어 말하고** 난해한 이야기[472]를 제시하여[473] 이익 얻기를 바란다.(入室一次, **舉覺**古今因緣, 提掇殽訛, 貴得有所滋益.)(『가태보등록(嘉泰普燈錄)』제25권 '태평불감근선사(太平佛鑒懃禪師)')

만약 진여실제(眞如實際)를 말한다면, 꼭 멀쩡한 살에 상처를 내는 것과 같다. 다시 조사의 뜻을 헤아린다면, 바로 헛것을 보고 진짜로 여기는 짓이다. 석가모니가 49년 동안 꿈 이야기한 것은 우선 놓아두고, 승당 안에서 교진여 상좌가 그대들에게 **말한** 것은 기억하느냐?(若道眞如實際, 大似好肉剜瘡. 更作祖意商量, 正是迷頭認影. 老胡四十九年說夢卽且止, 僧堂裡憍陳如上座, 爲你諸人**舉覺**底, 還記得麼?)(『오등회원(五燈會元)』제16권 '평강부묘담사니문조선사(平江府妙湛寺尼文照禪師)')

『신찬선학대사전』과 『가산불교대사림』에서는 거각(舉覺)을 거양경각

---

472) 효와(殽訛) : ① 글이 까다로워 이해하기 어려움. 글이 난삽하여 오해하기 쉬움. 일부러 어렵게 보이도록 비틀어 말함. ② 난잡하게 뒤섞임. 뒤흔들어 어지럽힘. 뒤섞여 잘못됨. =오아(聱牙), 효와(淆訛), 요와(譊訛), 오와(聱訛). 공안(公案)으로 제시된 것이나, 고금의 스님들이 불법에 관하여 언급한 이야기들을 가리킨다. 고금인연(古今因緣)과 같은 것.

473) 제철(提掇) : 제시(提示)하다. (의견이나 안건 따위를) 내놓다. 앞의 거각(舉覺)과 같은 뜻. 고금인연(古今因緣)과 효와(殽訛)도 같은 것을 가리킨다.

(舉揚警覺)의 줄임말로 보고, 거(舉)는 스승이 공안(公案)을 말하거나 동작을 해 보이는 것이고, 각(覺)이란 그것으로 말미암아 학인이 깨닫는 것이라고 설명하고 있으나, 위의 사례에서 보듯이 일반적으로는 그렇게 이해할 수 있는 것이 아니다. 오히려 '이야기를 꺼내어 말해 주다' '말하여 알려 주다' '말해 주다'는 정도의 뜻이다. 즉, 거각(舉覺)은 거(舉)와 별 차이가 없는 뜻으로 사용되고 있다.

그러나 일부러 거각(舉覺)이라고 쓴 것은 역시 각(覺)의 뜻을 부가하고 있다고 보아야 한다. 각(覺)은 '일깨우다' '깨우치다'는 뜻이므로 거각(舉覺)은 '일화 등을 말하여 일깨우다' '예를 들어 말하여 깨우치다' '공안이나 화두를 말하여 일깨우다'는 뜻이다. 『대혜어록』에서는 거각(舉覺)을 항상 제시(提撕)와 더불어 사용하고 있는데, 제시는 '언급하다' '끄집어내어 말하다' '제기(提起)하다' '제출하다'는 뜻인 제(提)와 '일깨우다' '깨우치다'는 뜻인 시(撕)가 합성된 말로서 '(무엇을) 끄집어내어 말하여 일깨우다' '(무엇을) 제시하여 깨우쳐 주다'는 뜻이다. 이처럼 거각과 제시는 뜻이 동일하지만, 다수의 사례에서는 거각(舉覺)은 거(舉)와 동일하게 '말하다' '말해 주다' '언급하다'는 뜻이고, 제시(提撕)는 시(撕)와 동일하게 '일깨우다' '깨우치다' '말하여 일깨우다'는 뜻으로 번역하는 것이 자연스럽다.

『대혜어록』에서의 사례들은 다음과 같다.

〈3〉 대혜어록에서의 사례

요즈음 총림에서는 삿된 법이 마구 일어나 중생의 눈을 어둡게 하는 일이 헤아릴 수 없이 많습니다. 만약 옛사람의 공안(公案)을 **끄집어내어 말**

하여 자신에게 일깨워 주지 않는다면, 곧 눈먼 사람이 손에서 지팡이를 놓쳐 버리는 것과 같아서, 한 걸음도 떼놓지 못합니다.(近世叢林, 邪法橫生, 瞎衆生眼者, 不可勝數. 若不以古人公案**擧覺**提撕, 便如盲人放卻手中杖子, 一步也行不得.)(『대혜보각선사법어(大慧普覺禪師法語)』제19권. 2. 동봉거사(東峰居士)에게 보임)

믿지 못하는 자가 있을까 염려하여, 세 번 네 번 일깨워 주고 **말해 주며** 진흙을 묻히고 물에 젖는 일을 마다하지 않습니다.(恐有信不及者, 不免再四提撕**擧覺**, 扗泥帶水.)(『대혜보각선사법어(大慧普覺禪師法語)』제19권. 2. 동봉거사(東峰居士)에게 보임)

이 도를 배움에, 아직 들어갈 곳을 얻기 전에는 굉장히 어려운 것처럼 느껴지는데, 종사(宗師)가 **말해 주는** 것을 듣고서는 더욱더 알기가 어렵다고 느낍니다.(學此道, 未得箇入頭處時, 覺得千難萬難, 聞宗師**擧覺**, 愈覺難會.) 『대혜보각선사법어(大慧普覺禪師法語)』제19권. 3. 지통거사(智通居士)에게 보임)

다만 하루 종일 가고 머물고 앉고 눕는 가운데 순간순간 자신에게 일깨워 주시고 순간순간 자신에게 **말해 주셔서**, "개에게도 불성이 있습니까?" "없다."를 일상의 삶에서 떼어놓지 마십시오.(但向十二時中四威儀內, 時時提撕, 時時**擧覺**, "狗子還有佛性也無?" 云 : "無." 不離日用.)(『대혜보각선사서(大慧普覺禪師書)』제26권. 13. 부추밀(富樞密) 계신(季申)에 대한 답서(1))

(4) 제시(提撕)

〈1〉 사전에서의 뜻

『한한대사전(漢韓大辭典)』

• 제시(提撕) :

① 잡아서 이끌어 줌.(『詩經』「大雅」'抑' 匪面命之, 言提其耳.「鄭玄箋」我非但對面語之, 親提撕其耳.)

② 교도(敎導)함. 깨우침.(北齊 顔之推 『顔氏家訓』「序致篇」業以整齊門內, 提撕子孫.)

③ 떨쳐 일으킴. 진작(振作)함.(唐 韓愈 『南內朝賀歸呈同官詩』 所職事無多, 又不自提撕.)

• 제(提) :

① 말을 꺼내다. 언급하다.(『西遊記』15回.『紅樓夢』10回)

② 제시(提示)하다.(『紅樓夢』62回)

③ 지적하다. 꼬집어내다.(唐 韓愈 『進學解』.『紅樓夢』46回)

④ 가지다. 꺼내다.(『尙書大傳』)

⑤ 틀어쥐다. 휘어잡다.(『周禮』.『史記』)

⑥ 들다. 손에 들다.(『國語』.『禮記』.『莊子』)

⑦ 당겨 올리다. 위로 잡아당기다.(『詩經』)

• 시(撕) :

① 일깨우다.(『廣韻』「齊韻」撕, 提撕也.『正字通』「手部」撕, 提撕警覺.『詩經』

250

「大雅」'抑' 匪面命之, 言提其耳.「鄭玄箋」我非但對面語之, 親提撕其耳. 北齊 顏之推
『顏氏家訓』「序致篇」業以整齊門內, 提撕子孫.)

② 손으로 얇은 물건 따위를 붙잡고 찢거나 쪼개다.(『集韻』「支韻」『正字
通』「手部」『紅樓夢』31回)

• 제기(提起) :

① 손에 잡다. 들어 올리다.(『水滸傳, 53回』)

② 말을 꺼내다. 언급하다.(明 高明 『(元本)琵琶記』)

• 제요(提要) : 요점을 제시함.

『송어언사전(宋語言詞典)』

• 제시(提撕) :

① 일깨우다. 깨우치다. 주의를 환기시키다. 제시(提示)하다. 계발(啓
發)하다.

② 탐구하다. 참구(參究)하다.

『중한대사전(中韓大辭典)』

• 제시(提撕) :

① 귀를 잡아당기다.

② 분발시키다.

③ 돌보다. 보살피다. 육성하다. =제휴(提携).

『신판선학대사전(新版禪學大辭典)』

• 제시(提撕):

① 제(提)와 시(撕) 모두 '손에 들다'는 뜻. 사가(師家)가 학인(學人)을 지도하고 이끄는 것.

② 고칙공안(古則公案) 등을 한마음으로 공부하는 것.

『선어사전(禪語辭典)』

• 제시(提撕): 종사가 학인을 지도하는 것. 『시경(詩經)』의 주(注)에 "나는 얼굴을 마주 보고 말해 줄 뿐만 아니라, 직접 그의 귀를 잡아당긴다(提撕)."라는 말에서 유래한다. 귀를 잡아당겨 입을 가까이 하여 깨우쳐 주는 것.

『선종사전(禪宗詞典)』

• 제시(提撕):

① 제시(提示)하다. 계발(啓發)하다.

② 탐구(探究)하다. 참구(參究)하다.

『주해어록총람(註解語錄總覽)』

제시(提撕): 잡들다. 眉訓提而振之也.(유학자(儒學者) 미암(眉巖) 유희춘(柳希春)은 '붙잡아 떨친다'라고 풀이하였다.)

『한한대사전(漢韓大辭典)』의 경우에 '제시(提撕)'에 대한 설명으로『시경(詩經)』「대아(大雅)」의 '억(抑)'에 나오는 "匪面命之, 言提其耳."라는 구절에 대한 정현(鄭玄; 127-200)의 주석서인『정현전(鄭玄箋)』에 있는 "我非

但對面語之, 親提撕其耳."라는 구절을 근거로 하여 제시의 뜻을 '잡아서 이끌어 준다'라고 정하고, 다시 『안씨가훈(顏氏家訓)』 「서치편(序致篇)」에 있는 "業以整齊門內, 提撕子孫."라는 구절을 근거로 하여 제시의 뜻을 '깨우치다, 교도하다'라고 정해 놓았다. 한편 '시(撕)' 항목에서는 『정현전』과 『안씨가훈』의 두 구절을 사례로 들면서 『광운(廣韻)』 「제운(齊韻)」의 "撕, 提撕也."라는 구절과 『정자통(正字通)』 「수부(手部)」의 "撕, 提撕警覺."이라는 구절을 근거로 하여 시의 뜻을 '일깨우다'로 정하였다. 『정자통』에서는 '제시(提撕)'와 '경각(警覺)'을 함께 써서 '일깨우다'는 뜻을 보다 분명히 하였다. 『선어사전(禪語辭典)』도 『정현전』에 근거하여 '제시'의 뜻을 '귀를 잡아당겨 입을 가까이 하여 깨우쳐 주는 것'이라고 규정하였다. 이로써 보면 '제시'는 '간곡히 말하여 일깨워 준다'는 뜻이다. '제(提)'에는 '말해 주다'는 뜻이 있고 '시(撕)'에는 '일깨워 주다'는 뜻이 있으니, '제시(提撕)'는 '말해 주다'는 뜻인 '거(擧)'와 '일깨우다'는 뜻인 '각(覺)'이 결합한 '거각(擧覺)'과 동일한 뜻이 된다.

당대(唐代) 불교 문헌 및 송대(宋代) 대혜 생존 전후 시기의 문헌을 살펴보면 제시(提撕)라는 문구가 선어록(禪語錄)뿐만 아니라 유교의 어록(語錄)에도 여러 곳에서 등장한다. 그 주요한 사례들을 살펴보면 다음과 같다.

〈2〉 당송대 불교 문헌에서의 사례

이름은 같으나 뜻이 다름을 허용하지 않는다면, 질문은 하나인데 답이 달라질 수는 없다. 이것이 떠오르면, 저것은 저절로 가라앉는다. 그와 같음을 아직 깨닫지 못했다면, 다시 **깨우쳐 준다.**(若名同不許義異, 則問一不得答殊. 此例旣昇, 彼並自沒. 如其未喻, 更爲**提撕**.)(『속고승전(續高僧傳)』 제3권)

(645년 간행)

　• 여기에서는 제시(提撕)를 '말하다'로 번역해도 뜻이 통한다.

　자비로운 마음으로 흥미를 가지고 깊은 문장의 숨은 뜻에 이르러서
는, 매번 정성을 다하여 반복하여 그의 귀에다 **말하여 깨우쳐 줄** 뿐이
었다. 오직 한스러운 것은 배우는 자가 재빨리 받아들이지 못하고, 읽
는 자가 충분히 받아들이지 못하는 것이었다.(情趣慈心至於深文隱義, 每丁
寧頻復**提撕**其耳. 唯恨學者受之不速, 覽者聽之不盡.)(『속고승전(續高僧傳)』제8권)

　• 여기에서는 제시(提撕)를 '말하다'로 번역해도 뜻이 통한다.

　마가다국에서 숲 속을 거닐다가 한 사미(沙彌)가 불경(佛經)을 외우고
있는 것을 보았는데, 그 문장과 구절이 잘못되고 문자가 어지러웠다. 아
난이 이를 듣고서 감동하여 사모하는 생각이 더하여 천천히 그곳을 찾
아가 **깨우쳐 주었다.**(在摩揭陀國, 於林中經行, 見一沙彌, 諷誦佛經, 章句錯謬, 文
字紛亂. 阿難聞 已, 感慕增懷, 徐詣其所, **提撕**指授.)(『大唐西域記』제7권)(646년 간행)

　물었다. "발을 들어 천길 계곡을 지나 원천(源泉)을 찾을수록 더욱 길
을 잃습니다. 그 속의 한 구절(句節)을 스님께서 **말씀해 깨우쳐 주시기**
바랍니다." 선사가 말했다. "천 년 된 그림자 없는 나무가 오늘 가지를
드러내는구나."(問: "擧步涉千谿, 尋源轉迷路. 箇中一句子, 請師爲**提撕**." 師云:
"千年無影樹, 今日見枝何?")(『천성광등록(天聖廣燈錄)』(1036년 간행) 제16권 '분주대중
사태자원사자선소선사(汾州大中寺太子院賜紫善昭禪師)')

　• 여기에서는 제시(提撕)를 '말하다'로 번역해도 뜻이 통한다.

254

스님이 지문산(智門山)에 이르러 30여 년이 지났는데, 매번 배우는 사람들이 가르침을 청할 때마다 싫어하지 않고 **깨우쳐 주었다.**(師到智門山三十餘年, 每有學者請益, 不倦**提撕**.)(『천성광등록』 제20권 '수주지문산법근상좌(隨州智門山法觀上座)')

- 여기에서는 제시(提撕)를 '말하다'로 번역해도 뜻이 통한다.

상당하자 한 승려가 물었다. "사부대중이 모두 보좌(寶座) 앞에 있으니, 스님께서 방편으로 **깨우쳐 주십시오.**" 선사가 말했다. "사천(四川)의 노래에 비록 운율이 있지만, 화답하는 사람이 드문 것이 염려스러울 뿐이다."(上堂, 僧問: "四衆齊臨於寶座, 請師方便爲**提撕**." 師云: "巴歌雖有韻, 祇恐和人稀.")(『천성광등록』 제24권 '담주운암산청조선사(潭州雲巖山淸眺禪師)')

- 여기에서는 제시(提撕)를 '말하다'로 번역해도 뜻이 통한다.

"발을 내딛어 천길 계곡을 건너 근원을 찾으니 더욱 길을 잃습니다. 그 속의 한 구절을 스님께서 방편으로 **깨우쳐 주시기** 바랍니다."("擧步涉千谿, 尋源轉路迷. 箇中一句, 子請師方便爲**提撕**.")(『분양무덕선사어록(汾陽無德禪師語錄)』 상권(上卷))(1020년 이전 초간. 1310년 중간)[474]

- 여기에서는 제시(提撕)를 '말하다'로 번역해도 뜻이 통한다.

밝음은 하늘과 땅을 뒤덮고, 뚜렷함은 예와 오늘에 걸쳤고, 천차만별을 꺾어 버리고 우뚝하게 솟으니, 천 명의 성인이라도 **일깨우지 못한**다. 이것이 납자(衲子)가 옷을 내려놓는 곳이다.(明明蓋天蓋地, 歷歷亘古亘

---

474) 분양선소(汾陽善昭)는 947-1024년 생존.

今, 坐斷千差壁立萬仞, 千聖**提撕**不到, 是衲子放下複子處.)(『원오불과선사어록(圓悟佛果禪師語錄)』제10권)(1133년 초간. 1404년 복간.)[475]

• 여기에서는 제시(提撕)를 '말하다'로 번역해도 뜻이 통한다.

수시(垂示)하여 말했다. "뜻으로 이르지 못하니 바로 **일깨우기**에 알맞고, 말씀으로 미치지 못하니 마땅히 재빨리 눈여겨보아야 한다."(垂示云: "意路不到, 正好**提撕**. 言詮不及, 宜急著眼.")(『불과원오선사벽암록(佛果圜悟禪師碧巖錄)』제7권)(1125년 이전 초간. 1300년 판본)

편지로써 말했다. "예전에 간절히 **일깨워 주신** 은혜를 입었으나, 늘 술에 취하여 꿈을 꾸는 것처럼 빛 속에서 어렴풋하였습니다. 아마도 의심이 없어지지 않고 목숨이 끊어지지 않았기 때문에, 절벽을 보고는 뒤로 물러설 뿐이었던 것입니다."(報以書曰: "往年嘗蒙, 苦苦**提撕**, 長如醉夢, 依俙在光影中. 蓋疑情不盡, 命根不斷. 故望崖而退耳.")(『오등회원(五燈會元)』제17권 '태사산곡거사황정견(太史山谷居士黃庭堅)')(1252년 간행)

"소양(韶陽)의 뚜렷한 구절(句節)을 알고자 하느냐? 오늘 얼굴을 마주하고 **깨우쳐 주겠다.**" 주장자를 내리치고는 자리에서 내려왔다.("要會韶陽親切句? 今朝覿面爲**提撕**." 卓拄杖, 下座.)(『오등회원』제18권 '평강부혜일묵암흥도선사(平江府慧日黙庵興道禪師)')

불감(佛鑑) 선사의 야참(夜參)[476]을 들었는데, 조주의 뜰 앞의 잣나무

---

475) 원오극근(圜悟克勤)은 1063-1125년 생존.

이야기를 하다가 각철자(覺鐵觜)가 "선사(先師)는 이런 말씀을 하시지 않았으니, 선사를 욕하지 않는 것이 좋을 것입니다."라고 하는 데에 이르자 크게 의심하게 되었다. 이 의심으로 말미암아 **일깨우기**를 오래 하였는데, 어느 날 저녁에 확 깨달았다.(聞佛鑑禪師夜參, 擧趙州柏樹子話, 至覺鐵觜云: '先師無此語, 莫謗先師好.' 因大疑. **提撕**旣久, 一夕豁然.)(『오등회원』 제19권 '상덕부문수심도선사(常德府文殊心道禪師)')

서촉(西蜀)으로 벼슬살이 나간 김에 남당정(南堂靜) 선사를 찾아 심요(心要)를 의논하였다. 남당 선사는 그에게 모든 곳에서 **일깨우도록** 하였는데, 변소에 갔다가 문득 악취에 급히 손으로 코를 막다가 드디어 깨달음이 있었다.(因官西蜀, 謁南堂靜禪師, 咨決心要. 堂使其向一切處**提撕**, 適如廁, 俄聞穢氣, 急以手掩鼻. 遂有省.)(『오등회원』 제20권 '막장상서(莫將尙書)')

"개에게는 불성이 없다."는 화두를 가지고, "**없다.**"는 글자를 말하여 **일깨웠다.** 어느 날 저녁공양 전에 불전(佛殿)의 기둥에 기대어 졸고 있는 사이에 자기도 모르게 입에서 "없다."는 말이 흘러나오자 문득 깨달았다.(以狗子無佛性話, **擧無字而提撕**. 一夕將三鼓, 倚殿柱昏寐間, 不覺無字出口吻, 忽爾頓悟.)(『오등회원』 제20권 '요주천복오본선사(饒州薦福悟本禪師)')

한 번은 억누르고 한 번은 띄우고, 한 번은 빼앗고 한 번은 놓아주며, 각자 한 손을 내밀어 이 일을 **일깨운다.** 말해 보아라. 무슨 일인가?(一抑一揚, 一奪一縱, 各出一隻手, **提撕**此事. 且道. 是什麼事?)(『굉지선사광록(宏智禪師

---

476) 야참(夜參) : 만참(晚參). 저녁에 조실이 대중에게 설법(說法)하는 것. 약식 설법으로서 소참(小參)이라고 함.

廣錄)』제1권)(1708년 판본)[477]

납승의 수단은 도리어 저 부모를 뺏어 버리는 재치이니 은혜를 알아야 은혜를 갚는다. 말씀 속에서 왔다갔다하며 긍정하는 듯 하지만 긍정하지 않고, 테두리 밖에서 **일깨우는** 것은 동산(洞山)의 것이다.(衲僧手段, 還他奪父之機, 知恩報恩. 句中宛轉, 似肯不肯, 量外**提撕**, 箇是洞山底.)(『굉지선사광록(宏智禪師廣錄)』제1권)

선사(先師) 노화상을 내가 오래도록 모셨을 때에 여러 번 간곡하게 **깨우쳐 주시는** 은혜를 입었으니, 그 은혜에 감사하는 정성을 어찌 잊겠습니까?(先師老和尙, 某奉侍日久, 多蒙苦口**提撕**, 追遠之誠, 何可忘也?)(『고존숙어록(古尊宿語錄)』제27권 '서주용문불안화상어록(舒州龍門佛眼和尙語錄)')(1403년 판본)[478]

물었다. "종승(宗乘) 속의 일을 스님께서 **깨우쳐 주십시오.**" 선사가 말했다. "무엇이라고?" 선사는 다시 그를 불러 가까이 오게 하고는 말했다. "이것이 **깨우쳐 주는** 것이다. 네가 종승 속의 일이라고 말한다면 옳지 않다." 학인이 말했다. "종승 속의 일은 어떤 것입니까?" 선사가 곧 한 방망이 때렸다.(問: "宗乘中事, 乞和尙**提撕**." 師云: "是什麼?" 師卻喚近前. "這箇是**提撕**, 汝喚作宗乘中事卽不得." 學云: "未審宗乘中事如何?" 師便打一棒.)(『고

---

477) 굉지정각(宏智正覺)은 1091-1157년 생존. 『굉지선사광록(宏智禪師廣錄)』의 초간은 굉지 사후 얼마되지 않았을 때일 것이다.

478) 용문불안(龍門佛眼)은 1067-1120년 생존. 『고존숙어록(古尊宿語錄)』은 1403년에 간행되었지만 1403년에 새로 쓰여진 것이 아니라, 모두 그 이전에 존재했던 어록들을 모아서 편집한 것이다. 그러므로 『고존숙어록』을 구성하는 각 어록의 내용은 그 이전의 내용을 그대로 담고 있다고 보아야 할 것이다.

존숙어록』 제37권 '고산선흥성국사화상법당현요광집(鼓山先興聖國師和尙法堂玄要廣集)')(1403년 판본)[479]

임금이 말했다. "공부하여 어떻게 투철하게 됩니까?" 선사가 말했다. "공부하는 것은 마음이 있는 것이고, 투철한 것은 마음이 없는 것입니다. 폐하께서는 다만 매일 생활 속 인연을 만나는 곳에서 늘 **일깨우십시오.**"(上曰: "做工夫如何得徹?" 師云: "做工夫是有心, 打徹是無心. 陛下但於日用應緣處, 常常**提撕**.")('고존숙어록』 제48권 '불조선사주대록(佛照禪師奏對錄)')(1403년 판본)[480]

선사가 말했다. "백척이나 되는 장대 위에 앉아 있을 때에 폐하께서는 어떻게 한 발 내딛겠습니까?" 수황제(壽皇帝)가 말을 못하고 머뭇거리자, 선사가 "악!" 하고 한 번 소리 질렀다. 수황제가 말했다. "스님의 **깨우쳐 주심**에 감사드립니다."(師云: "正坐在百尺竿頭, 陛下如何進步?" 壽皇擬議, 師嗯一聲. 壽皇云: "謝禪師**提撕**.")('고존숙어록』 제48권 '불조선사주대록(佛照禪師奏對錄)')(1403년 판본)

선사가 말했다. "폐하의 질문을 공손히 받드옵니다. 매일 가만히 앉아 있는 것 밖에 따로 무엇을 할까요? 폐하께서는 다만 가만히 앉아 있는 곳에서 '무엇인가?'[481] 하고 **일깨워** 보십시오. 만약 따로 있다면 그

---

479) 고산신안(鼓山神晏)은 ?–943년 생존.

480) 불조덕광(佛祖德光)은 1121–1203년 생존.

481) 시심마(是甚麼) : 시개심마(是箇甚麼) 혹은 시심마(是甚麼)는 흔히 '이뭣고?'(이것이 무엇인가?)라고 번역하지만, 정확한 번역은 '무엇인가?'이다. '시(是)'는 '이것'이라는 대명사가 아니라 '–이다'라는 뜻의 동사(動詞)이다. '심마(甚摩)'는 '무엇'이라는 뜻의 의문사이

것은 군더더기입니다."(師答云: "恭承至尊垂問. 每日止是塊坐, 別做得個什麼? 陛下但於塊坐處, **提撕**看是什麼? 若別有, 卽是剩法.")(「고존숙어록」 제48권 '불조선사 주대록(佛照禪師奏對錄)')(1403년 판본)

〈3〉 송대(宋代) 유교(儒敎) 문헌에서의 사례

주자학(朱子學)의 창시자 주희(朱熹; 1130-1200)가 문인지우(門人知友)들과 나눈 대화를 분류하여 엮은 책인 『주자어류(朱子語類)』는 1270년 여정덕(黎靖德)이 주자의 어록(語錄)과 어류(語類)를 함께 묶어 편찬한 것인데, 여기에 '제시(提撕)'라는 단어가 10군데 이상 등장하고 있다. 주자는 10대 후반에 대혜종고에게서 선(禪)을 배운 바 있는 유통판(劉通判; 1101-1147)[482] 자휘(子翬)를 스승으로 모시고 공부하였고, 대혜의 수좌인 도겸(道謙)에게 간화선을 지도받기도 하였다.[483] 유학(儒學)에서 주

가 아니라 '-이다'라는 뜻의 동사(動詞)이다. '심마(甚麼)'는 '무엇'이라는 뜻의 의문사이고, '개(箇)'는 헤아릴 수 있는 명사에 붙는 양사(量詞)이다. 그렇지만 우리의 어감(語感)으로는 그냥 '무엇인가?'라고 하기보다는 '이 무엇인가?' 혹은 '이것은 무엇인가?'라고 하는 것이 자연스러울지도 모르겠다.

482) 『대혜서(大慧書)』 23. 유통판(劉通判) 언충(彦冲)에 대한 답서(1), (2)에 등장하는 유통판이 바로 이 사람이다.

483) 대혜의 제자인 효영중온(曉瑩仲溫)이 지은 『운와기담(雲臥紀談)』 하(下)에 다음 이야기가 나온다 : 도겸(道謙)은 뒤에 건양(建陽)으로 돌아가 선주산(仙洲山)에 초가집을 짓고 살았는데, 그의 가풍을 들은 사람들이 좋아하며 그에게 귀의하였다. 중시랑(曾侍郎) 천유(天游), 여사인(呂舍人) 거인(居仁), 유보학(劉寶學) 언수(彦脩), 주제형(朱提刑) 원회(元晦; 주자)와 같은 사람들이 편지로 도를 묻기도 하고 때로는 산 속으로 찾아오기도 하였다. 주원회(朱元晦)에게 답한 편지가 있는데 그 대략을 말하면 이렇다. "하루 24시간 속에서 일이 있을 때에는 그 일을 처리하시고 일이 없을 때에는 곧 생각을 돌려 이 한순간 속에서 화두를 일깨워야 합니다. "개에게도 불성이 있습니까?" 조주가 말했습니다. "없다." 이 화두를 다만 일깨울 뿐이어야 하고, 생각으로 헤아리지도 마시고, 파고들며 따지지도 마시고, 지견(知見)을 내지도 마시고, 억지로 수긍하지도 마십시오. 마치 눈을 감고

자가 스승으로 모시는 정명도(程明道; 1032-1085)와 정이천(程伊川; 1033-1107)의 문집인『이정전서(二程全書)』나 주자에게 영향을 끼친 유학자들인 장재(張載; 1020-1077)의『정몽(正蒙)』과 주돈이(周敦頤; 1017-1073)의『주자전서(周子全書)』등의 문헌에서 '제시(提撕)'라는 단어가 전혀 등장하지 않는 것으로 보아, 주자가 사용하는 '제시(提撕)'라는 용어는 대혜종고에게서 배운 것이라고 보아야 할 것이다. 유통판은 비록 대혜종고에게서 지도를 받았으나 묵조선(黙照禪)을 좋아하여 주자에게도 간화선(看話禪)과 동시에 묵조선(黙照禪)도 가르쳤을 것이다. 그러나 묵조선의 주창자인 굉지정각(宏智正覺)의 어록인『굉지선사광록(宏智禪師廣錄)』에는 '제시(提撕)'가 불과 3번 정도 등장하고 있을 뿐으로서 별로 중요한 의미를 가진 말이 아니다. 따라서『주자어류』에 등장하는 '제시(提撕)'의 뜻을 살펴보는 것이 대혜종고의 '제시(提撕)'의 뜻을 이해하는 데에 도움이 될 것이다.『주자어류』에서 '제시(提撕)'가 등장하는 문장들은 다음과 같다.

대학(大學)의 "밝은 덕을 밝히는 데 있다."는 한 구절을 마땅히 늘 **일**

황하(黃河)를 뛰어넘는 것과 같아서, 뛰어넘을 수 있을지 없을지를 묻지 말고 자기의 온 힘을 다하여 한 번 뛰어넘어야 합니다. 만약 참으로 뛰어넘는다면, 이 한 번의 뛰어넘음으로써 곧 모든 것에 다 알맞게 될 것입니다. 만약 아직 뛰어넘지 못했다면, 다만 뛰어넘기만 할 뿐, 성공과 실패를 따지지 마시고, 위태로움도 돌아보지 마시고, 용맹하게 앞을 향할 뿐, 다시 머뭇거리지는 마십시오. 만약 머뭇거리며 생각해 본다면, 곧장 이 일과는 아무런 상관이 없게 될 것입니다."(謙後歸建陽, 結茅于仙洲山, 聞其風者, 悅而歸之. 如曾侍郎天游, 呂舍人居仁, 劉寶學彥脩, 朱提刑元晦, 以書牘問道, 時至山中. 有答元晦, 其略曰: "十二時中, 有事時, 隨事應變, 無事時, 便回頭, 向這一念子上提撕: '狗子還有佛性也無?' 趙州云: '無.' 將這話頭, 只管提撕, 不要思量, 不要穿鑿, 不要生知見, 不要强承當. 如合眼趂黃河, 莫問趂得過趂不過, 盡十二分氣力打一趂. 若眞箇趂得, 這一趂, 便百了千當也. 若趂未過, 但管趂, 莫論得失, 莫顧危亡, 勇猛向前, 更休擬議. 若遲疑動念, 便沒交涉也.")

깨워야 한다. 이와 같이 할 수 있으면, 나아갈 곳이 있게 될 것이니, 대개 그 근원은 이에서 발현되기 때문이다.(大學"在明明德."一句, 當常常**提撕**. 能如此, 使有進步處, 蓋其原自此發見.)(『주자어류(朱子語類)』제11권)

사람이 학문을 함에 수많은 갈래가 있겠지만, 어찌 본령(本領)이 없으리오? 이것이 정선생(程先生)이 '지경(持敬)'이라는 말을 둔 까닭이다. 다만 이 마음을 **일깨워** 저것(=지경(持敬))이 밝게 빛나도록 한다면, 일마다 드러나지 않음이 없을 것이고, 오래 한다면 저절로 강건(剛健)해져 힘이 있을 것이다.(人之爲學, 千頭萬緒, 豈可無本領? 此程先生所以有'持敬'之語. 只是**提撕**此心, 敎他光明, 則於事無不見, 久之自然剛健有力.)(『주자어류』제11권)

사람이 고요히 앉아 생각이 없을 때도 있고, 도리(道理)를 사량하는 때도 있지만, 어찌 그림 하나에 두 번 색칠을 하여 고요히 앉는 때와 독서할 때의 공부가 전혀 같지 않다고 말하겠는가? 마땅히 앉아서 함양(涵養)할 때에 바로 도리를 자세히 살펴 생각하여야 한다. 다만 이것이 곧 함양이니, **일깨우고 깨우침**에 도리를 가지고 저 삿된 망념(妄念)을 물리친다는 말은 아니다. 다만 스스로 도리를 사량할 때에는 저절로 삿된 생각이 일어나지 않는다.(人也有靜坐無思念底時節, 也有思量道理底時節, 豈可畫爲兩塗, 說靜坐時與讀書時工夫迴然不同! 當靜坐涵養時, 正要體察思繹道理. 只此便是涵養, 不是說**喚醒提撕**, 將道理去却那邪思妄念. 只自家思量道理時, 自然邪念不作.)(『주자어류』제11권)

- 여기에서는 환성(喚醒)과 제시(提撕)라는 동의어(同義語)가 반복 사용되고 있다. 환성(喚醒)은 '일깨우다. 비유를 들어 깨우치다' '불러서 잠을 깨우다'는 뜻으로서, 제시(提撕)와 동일한 의미이다.

밝은 덕은 전체의 묘(妙)를 가리키고 그 아래에 여러 절목(節目)이 있는데, 그 모두는 밝은 덕을 의지하여 행하는 것들이다. '밝은 덕을 밝힌다'에서 '밝힌다'는 다만 **일깨우는** 것이다.(明德是指全體之妙, 下面許多節目, 皆是靠明德做去. '明明德.' '明'只是**提撕**也.)(『주자어류』제14권)

* 여기에서는 제시(提撕)가 명(明)과 같은 뜻으로 사용되었다. 마음속의 밝은 덕을 '밝힌다'는 것은 곧 밝은 덕을 '일깨운다'는 것이다.

대학(大學)은 모름지기 격물(格物)로부터 들어가고, 격물은 사람을 공경하는 것이 가장 좋다. 단지 공경하기만 하면 곧 격물할 수 있다. 공경함은 곧 사물에 철저히 밝은 것이다. 오늘날 사람은 도리어 꼼짝하지 않고 앉아서 마치 혼미(昏迷)하고 피곤한 것 같으니, 반드시 **일깨워야** 한다. **일깨움**이 곧 공경이고, 혼미하고 피곤함이 곧 방자함이니, 방자함은 곧 공경하지 않는 것이다.(大學須自格物入, 格物從敬人最好. 只敬, 便能格物. 敬是個瑩徹底物事. 今人却塊坐了, 相似昏倦, 要須**提撕**著. **提撕**便敬, 昏倦便是肆, 肆便不敬.)(『주자어류』제14권)

* 여기에서는 제시(提撕)가 혼권(昏倦)의 상대어(相對語)로 사용되었다. 일깨움은 곧 혼미하고 피로함에 반대되는 뜻이다.

사람의 한마음은 본래 밝다. 늘 그것을 **일깨워** 일으키고, 물욕(物欲)에 가려 막히지 않도록 하라. 바로 이것으로써 본령(本領)을 행한 연후에 격물치지(格物致知)로 나아간다.(人之一心, 本自光明. 常**提撕**他起, 莫爲物欲所蔽. 便將這個做本領, 然後去格物致知.)(『주자어류』제15권)

하늘의 밝은 명령이 곧 하늘이 나에게 명령하는 까닭이고, 내가 덕을 행하는 까닭이다. 그러나 하늘이 나에게 준 것이 비록 지극히 선(善)하다고 하여도, 참으로 늘 **일깨우고** 밝게 살펴서 큰 작용을 전체로 남김없이 드러나게 하지 못한다면, 사람의 욕심은 더욱 불어나고 하늘의 도리는 더욱 어두워질 것이다.(天之明命, 是天之所以命我, 而我之所以爲德者也. 然天之所以與我者, 雖曰至善, 苟不能常**提撕**省察, 使大用全體昭晰無遺, 則人欲益滋, 天理益昏.)(『주자어류』 제16권)

- 여기에서는 제시(提撕)와 성찰(省察)이 유사한 뜻으로 나란히 사용되었다. 성찰(省察)은 '반성하여 살피다' '자세히 살피다'는 뜻이다.

'고시천지명명(顧諟天之明命)'을 옛 주(註)에서는 "늘 눈을 그것에 둔다."(常目在之)라고 하였는데, 이 말씀이 지극히 좋다. 이것은 한 물건을 늘 눈앞에 놓고서 볼 수 있다는 말이 아니라, 단지 이 마음을 늘 보존한다는 것이다. 이 도리를 밝게 알아 어둡지 않으면 바야흐로 고요히 앉아 사물과 접하지 않을 때에도 이 도리는 흔들림 없이 담연하고 맑으며, 일을 만나고 사물을 응대하더라도 이 도리는 역시 바로 그곳에서 드러난다. 사람이 늘 **일깨우고** 자세히 살펴 생각생각 잊지 않고 보존하고 기르기를 오래 하기만 한다면,[484] 이 도리는 더욱 밝아져서, 비록 잊고 싶어도 잊을 수 없는 것이다.('顧諟天之明命.' 古註云: "常目在之." 說得極好. 非謂有一物常在目前可見, 也只是長存此心. 知得有這道理光明不昧, 方其靜坐未接物也, 此理固湛然淸明, 及其遇事而應接也, 此理亦隨處發見. 只要人常**提撕**省察, 念念不忘, 存養久之, 則是理愈明, 雖欲忘之而不可得矣.)(『주자어류』 제16권)

- 여기에서도 제시(提撕)와 성찰(省察)이 유사한 뜻으로 나란히 사용되

---

484) 지요(只要) : ①-하기만 하면 (된다). ②만약 -라면.

264

었다.

묻는다. "'고시천지명명(顧諟天之明命)'을 '늘 눈을 그것에 둔다.'라고 하는데, 어떻습니까?" 답한다. "고시(顧諟)는 이것을 본다는 것이다. 목재(目在)는 눈이 그것을 가지고 있는 것과 같다는 것이니, 늘 이 도리를 아는 것이지, 직접 눈으로 본다는 말은 아니다. '서면 그 앞에 참여함을 보고, 수레에 있으면 그 멍에에 의지함을 본다.'[485]는 것이 바로 이러한 모습이다. 늘 여기에서 **일깨워** 어둠에 기대지 않도록 하기만 하면 된다."(問: "'顧諟天之明命.' 言'常目在之.' 如何?" 曰: "顧諟, 是看此也. 目在, 是如目存之, 常知得有此理, 不是親眼看. '立則見其參於前, 在輿則見其倚於衡.' 便是這模樣. 只要常常**提撕**在這裏, 莫使他寄昧了.")(『주자어류』 제16권)

• 여기에서 제시(提撕)는 어둡지 않도록 한다는 뜻이다.

마치 북을 그렇게 치면 저절로 사람들로 하여금 일어나 춤추게 하는 것과 같다. 그처럼 백성이 감동하는 까닭도 그 근본에 이러한 도리가 있기 때문이다. 뛰어난 사람이 이미 스스로 그 밝은 덕을 밝혀서 늘 **일깨우고** 경계하여 채찍질을 한다면, 못난 사람들은 그 모습을 우러러 보고 감동하여 각자 그와 같은 선한 마음을 일으키기에 마지않을 것이다.(如擊鼓然, 自然使人跳舞踴躍. 然民之所以感動者, 由其本有此理. 上之人旣有以自明其明德, 時時**提撕**警策, 則下之人觀瞻感發, 各有以興起其同然之善心, 而不能已耳.)(『주자어류』 제16권)

---

485) 『논어(論語)』에 나오는 구절이다. 서 있으면 앞에 솔선해서 참여한 것을 볼 수 있고, 수레를 타고 가면 멍에에 의지하는 것을 본다는 것은 솔선수범하는 모습을 말한다. 이렇게 솔선수범하는 자세가 되어야 행실이 옳게 행해진다는 뜻이다.

• 여기에서는 제시(提撕)가 경책(警策)과 통하는 뜻으로서 나란히 쓰였다.

이 하나의 마음을 모름지기 매일 **일깨워야** 한다. 지금 늘 각성(覺醒)해 있다가 잠시라도 느긋하게 풀어놓는다면, 곧 사물을 따라 흘러가서 다시 수습(收拾)하기가 어렵다.(此一箇心, 須每日 **提撕**. 今常惺覺, 頃刻放寬, 便隨物流轉, 無復收拾.)(『주자어류』제16권)

• 여기에서는 제시(提撕)가 성각(惺覺) 곧 각성(覺醒)과 통하는 뜻으로 사용되었다.

다만 하나의 경(敬)을 유지한다고 하여도 쉽게 병(病)이 들 수 있다. 만약 단지 경(敬)만 유지한 채 늘 **일깨우지** 않는다면, 역시 쉽게 정신이 몽롱하며 피곤하게 된다. 모름지기 **일깨워서** 사욕(私欲)의 생각이 일어나는 것을 보자마자 바로 물리쳐야 한다. 삼가 지키고 있다가 거듭 삿된 생각이 일어나면 다시 물리쳐야 한다. 늘 **일깨우면** 삿된 뜻은 당연히 사라질 것이다.(只一箇持敬, 也易得做病. 若只持敬, 不時時 **提撕**著, 亦易以昏困. 須是 **提撕**, 才見有私欲底意思來, 便屛去. 且謹守著, 到得復來, 又屛去. 時時 **提撕**, 私意自當去也.)(『주자어류』제18권)

• 여기에서는 제시(提撕)의 상대어로서 혼곤(昏困), 즉 정신이 몽롱하고 피곤함을 말하고 있다.

하숙경(何叔京)에게 답하는 편지에서 말했다. "양심(良心)이 나타나는 기미가 보일 때에 맹렬하게 살피고 **일깨워서** 마음이 어둡지 않도록 한다면, 이것이 공부하는 근본입니다."(答何叔京書曰: "因良心發見之微, 猛省提撕, 使心不昧, 則是做工夫底本領.")(『심경부주(心經附註)』제4권)

• 여기에서는 제시(提撕)와 통하는 뜻으로서 맹성(猛省), 즉 맹렬하게 살피는 것을 말하고, 제시(提撕)함으로써 마음이 어둡지 않도록[심불매(心不昧)] 만든다고 말한다.

〈4〉 대혜어록에서의 사례

단지 옛사람의 말씀을 한 번 **말해 주기**만 하면, 말씀 위에 있지 않으니 "뜰 앞의 잣나무" "발우를 씻어라" "삼 서 근"486)과 같은 부류들은 만약 하나를 통과할 때에는 나머지 것들도 항복할 것이니 다시는 힘을 들이지 않게 된다고 합니다.(只是以古人言句**提撕**一徧, 喚作不在言句上, 如柏樹子 · 洗鉢盂 · 麻三斤之類, 若過得一箇時, 餘者撥牌子過, 更不費力.) …… 혹은 "무엇이 조사가 서쪽에서 온 뜻인가?" "뜰 앞의 잣나무다."를 물으면, 곧 말하기를 "한 가지는 남쪽을 향하고, 한 가지는 북쪽을 향한다."라 하거나, 혹은 "삼라만상의 주인이 되어 네 계절을 따라 시들지 않는다."라 하기도 합니다. 이상은 모두 눈을 부릅뜨거나 **말해 주는** 곳에 머무는 것이며, 그런 뒤에 그럴듯한 말을 하고서 기특하다고 여기는 것입니다. 바보 같은 놈들입니다! 눈을 부릅뜰 때에 곧 선(禪)이 있는 것도 아니고, 눈을 부릅뜨지 않을 때에 곧 선이 없는 것도 아니며, **말할** 때에 곧 선이 있는 것도 아니고, **말하지** 않을 때에 곧 선이 없는 것도 아닙니다.(或問 : '如何是祖師西來意?' '庭前柏樹子.' 卽下語云 : '一枝南, 一枝北.' 或云 : '能爲萬象主, 不逐四時凋.' 已上盡在瞠眉努眼**提撕**處, 然後下合頭語, 以爲奇特. 癡漢! 不可瞠眉努眼時便有禪, 不瞠眉努眼時便無禪也; 不可**提撕**時便有禪, 不**提撕**時便無禪也.) …… 어떤

---

486) '뜰 앞의 잣나무' '발우를 씻어라'는 조주종심(趙州從諗)의 말이고, '삼 서 근'은 동산수초(洞山守初)의 말인데, 모두 화두(話頭)로 사용된다.

사람은 나의 이와 같은 말을 듣고서, 곧 잘못 알아차리고는 말합니다. **"말할** 때에도 옳고, **말하지** 않을 때에도 옳으니, 다시 두 가지가 없다." 이와 같은 부류의 사람들은 다시는 구제(救濟)할 수가 없습니다.[487](或者 見雲門如此說, 便又錯會云 : **提撕**時也是, 不**提撕**時也是, 更無兩般.' 似這般底, 更是 救不得.)(『대혜보각선사보설(大慧普覺禪師普說)』제14권. 3. 황덕용이 청한 보설)

- 여기에서의 제시(提撕)는 '말하다' '말해 주다'의 뜻이다.

오늘 한 번 함께 모여 법을 들음에, 모름지기 사람마다 가지고 있는 이 하나의 대사인연(大事因緣)은 옛날이나 지금이나 변동이 없음을 잘 알아서, 잊어버리지도 말고 의식하고 있지도 말고, 다만 스스로 순간순 간 (대사인연(大事因緣)을) **일깨워야** 한다.(今日一會, 同此聽法, 須知人人有此一 段大事因緣, 亙古亙今, 不變不動, 也不著忘懷, 也不著著意, 但自時時**提撕**.)(『대혜보 각선사보설(大慧普覺禪師普說)』제17권. 12. 전계의가 청한 보설)

- 여기에서 제시(提撕)는 '(대사인연에) 주의를 환기하다' '(대사인연을) 일깨 우다'라는 뜻이다.

허망한 생각이 일어날 때에도 의도적으로 눌러 막지 않아야 한다. "움직임을 멈추어 멈춤으로 돌아가면, 멈춤이 더욱 심하게 움직인다." [488] 다만 움직이고 멈추고 하는 곳에서 한 개 화두(話頭)를 살펴보면, 곧 석가 노인과 달마대사가 출현하는 것이 다만 이것이다. 어떤 스님이 조 주에게 묻기를 "개에게도 불성이 있습니까?" 하니, 조주가 말하길 "없 다."라 하였다. 그대들 조대가들은 흔히 파고들기를 좋아하여 말하길

---

487) 모두 이치로 이해하여 말하기 때문이다.
488) 삼조승찬의 「신심명(信心銘)」의 한 구절.

"이것은 있다 · 없다 할 때의 없다가 아니고 참으로 없는 것이니, 세간에서 말하는 텅 비어서 없는 것에 속하지는 않는다."라고 한다. 이렇게 말할 때에 저 삶과 죽음에 맞설 수 있겠는가? 저 삶과 죽음에 맞설 수 없다면, 아직 옳지 않은 것이다. 아직 옳지 않다면, 모름지기 움직일 때에도 (화두를) **일깨우고**, 앉아 있을 때에도 (화두를) **일깨우고**, 즐거울 때나 성날 때나 기쁠 때나 슬플 때에나 일을 하거나 사람을 대할 때나 모두 (화두를) **일깨우는** 때이어야 한다. (화두를) **일깨우고** 또 **일깨우다** 보면 맛이 없어져 마음이 마치 뜨거운 쇳덩이 하나를 놓아둔 것과 같아지는데, 그러한 때가 곧 좋은 때이니 놓아 버리면 안 된다. 문득 마음 꽃이 밝게 피어 온 우주를 비추면, 털끝 하나에서 보왕(寶王)의 국토[489]를 드러내고 티끌 먼지 속에 앉아 커다란 법(法)의 바퀴를 굴리게 될 것이다.(妄念起時, 亦不得將心止遏. 止動歸止, 止更彌動. 只就動止處看箇話頭, 便是釋迦老子 · 達磨大師出來, 也只是這箇. 僧問趙州: '狗子還有佛性也無?' 州云: '無.' 你措大家多愛穿鑿說道: '這箇不是有無之無, 乃是眞無之無, 不屬世間虛豁之無.' 恁麼說時, 還敵得他生死也無? 旣敵他生死不得, 則未是在. 旣然未是, 須是行也**提撕**, 坐也**提撕**, 喜怒哀樂時, 應用酬酢時, 總是**提撕**提撕時節. **提撕**提撕來, **提撕**去, 沒滋味, 心頭恰如頓一團熱鐵相似, 那時便是好處, 不得放捨. 忽然心華發明, 照十方刹, 便能於一毛端現寶王刹, 坐微塵裏轉大法輪.)(『대혜보각선사보설(大慧普覺禪師普說)』제17권. 12. 전계의가 청한 보설)

- 여기에서 제시(提撕)는 '(화두를) 말해 주다' '(화두를) 일깨워 주다'라는 뜻이다.

---

489) 보왕찰(寶王刹) : 부처님의 국토, 즉 불국토(佛國土). 보왕(寶王)은 부처님, 찰(刹)은 찰토(刹土) 즉 국토(國土)를 뜻함.

조주가 말한 "개에게는 불성이 없다."는 화두(話頭)를 기뻐하고 성내고 고요하고 시끄러운 곳에서 또한 **일깨워야** 합니다. 무엇보다 신경을 써서 깨달음을 기다리면 안 됩니다. 만약 신경을 써서 깨달음을 기다린다면, "나는 지금 어리석다."고 스스로 여기는 것입니다. 어리석음을 붙잡고 깨달음을 기다린다면, 헤아릴 수 없는 세월이 지나도 깨달을 수 없습니다. 다만 화두를 (속으로) 말할 때에 잠시 정신을 차리고 "무슨 도리인가?" 하고 살펴보십시오.(趙州狗子無佛性話, 喜怒靜鬧處, 亦須**提撕**. 第一不得用意等悟. 若用意等悟, 則自謂我即今迷. 執迷待悟, 縱經塵劫, 亦不能得悟. 但舉話頭時, 略抖擻精神, 看是箇甚麼道理?)(『대혜보각선사법어(大慧普覺禪師法語)』제19권. 1. 청정거사(淸淨居士)에게 보임)

• 여기서 제시(提撕)는 화두를 속으로 말하고서 "무슨 도리인가?" 하고
   살펴보는 일과 통한다.

요즈음 총림에서는 삿된 법이 마구 일어나 중생의 눈을 어둡게 하는 일이 헤아릴 수 없이 많습니다. 만약 옛사람의 공안(公案)을 **말하고 일깨우지** 않는다면, 곧 눈먼 사람이 손에서 지팡이를 놓쳐 버리는 것과 같아서, 한 걸음도 떼놓지 못할 것입니다. 옛 스님이 도에 들어간 인연을 각 문파별로 분류하고는 말하기를 "이들 몇몇은 도안(道眼) 인연이고, 이들 몇몇은 소리와 색을 벗어난 인연이고, 이들 몇몇은 정식(情識)을 잊는 인연이다."라 하면서, 하나하나 차례차례 모범을 따라 따지고 헤아려서 값을 매깁니다.(近世叢林, 邪法橫生, 瞎衆生眼者, 不可勝數. 若不以古人公案**舉覺提撕**, 便如盲人放卻手中杖子, 一步也行不得. 將古德入道因緣各分門類云 : "這幾則是道眼因緣, 這幾則是透聲色因緣, 這幾則是亡情因緣." 從頭依次第逐則搏量卜度, 下語商量.)(『대혜보각선사법어(大慧普覺禪師法語)』제19권. 2. 동봉거사(東

峰居士)에게 보임)

- 여기에서의 제시(提示)는 거각(擧覺)과 함께 사용되어서, '말하여 일깨우다' '말하여 알리다' '말하여 드러내다'는 뜻이다.

　믿지 못하는 자가 있을까 염려하여, 세 번 네 번 **일깨워 주고 말해 주며** 진흙을 묻히고 물에 젖는 일을 마다하지 않으니, 대개 일찍이 가출하여 방탕한 나그네 생활을 했기 때문에 나그네를 특별히 가엾게 여기기 때문입니다.(恐有信不及者, 不免再四**提撕擧覺**, 拕泥帶水, 蓋曾爲浪子偏憐客爾.)(대혜보각선사법어(大慧普覺禪師法語) 제19권. 2. 동봉거사(東峰居士)에게 보임)

　요즈음은 이 도가 쇠미합니다. 높은 자리에 앉아서 남의 스승 노릇하는 자가 다만 옛사람의 공안(公案)을 칭찬하기도 하고 비난하기도 하고 밀실(密室)에서 전해 주기도 하는 것을 선도(禪道)로 삼기도 하고, 묵묵히 말없는 것으로 위음나반(威音那畔)이요, 공겁이전(空劫已前)의 일로 삼는 것을 선도(禪道)로 삼기도 하고, 눈으로 보고 귀로 듣는 것을 **말하여 깨우쳐 주는** 것을 선도로 삼기도 하고, 미쳐 날뛰는 헛된 행동으로 부싯돌 불이 일고 번갯불이 일 듯이 말을 꺼내기만 하면 곧장 이해하고는 모든 것을 싹 없애 버리는 것을 선도로 삼기도 합니다.(近年已來, 此道衰微. 據高座爲人師者, 只以古人公案或褒或貶, 或密室傳授爲禪道者; 或以黙然無言, 爲威音那畔空劫已前事爲禪道者; 或以眼見耳聞, **擧覺提撕**爲禪道者; 或以猖狂妄行, 擊石火閃電光, 擧了便會了, 一切撥無爲禪道者.)(『대혜보각선사법어(大慧普覺禪師法語)』제19권. 3. 지통거사(智通居士)에게 보임)

　이미 흥미가 있다면, "개에게는 불성이 없다."는 화두를 남몰래 느긋

이 **일깨우면** 됩니다.(旣有箇趣向, "狗子無佛性."話, 冷地裏驀**提撕**則箇.)(『대혜보
각선사법어(大慧普覺禪師法語)』제20권. 7. 공혜도인(空慧道人)에게 보임)

　　이와 같은 자들이 곳곳에 흔하게 있지만, 아직 끝내지 못한 일 하나
를 진실로 일로 삼는 사람은 한 사람도 없습니다. 낮 세 때 밤 세 때, 쉼
없이 부지런히 일할 때, 차 마시고 밥 먹을 때에, 기쁠 때나 성날 때, 깨
끗한 곳이나 더러운 곳, 처자식들과 함께 있는 곳, 손님을 접대하는 곳,
관청의 일을 처리하는 곳, 집안의 시집장가는 일을 처리하는 곳, 이
들이 모두 (끝내지 못한 일 하나를 자신에게) **일깨워 주고 말해 주는** 공부를
하기에 가장 좋은 때입니다.(似這般底, 比比皆是, 無一人眞實把做一件未了底
事. 晝三夜三, 孜孜矻矻, 茶裏飯裏, 喜時怒時, 淨處穢處, 妻兒聚頭處, 與賓客相酬酢
處, 辦公家職事處, 了私門婚嫁處, 都是第一等做工夫**提撕舉覺**底時節.)(『대혜보각선
사법어(大慧普覺禪師法語)』제21권. 13. 서제형(徐提刑)에게 보임)

　　다만 가고 · 머물고 · 앉고 · 눕고 하는 생활 속에서 순간순간 "개에
게도 불성이 있습니까?" "없다."를 자신에게 **일깨워 주십시오. 일깨워
주는** 것이 익숙해져서, 입으로 따질 수도 마음으로 생각할 수도 없고
마음속이 안절부절못하여 마치 무쇠로 만든 말뚝을 물어뜯듯이 맛이
없을 때에 절대로 물러나지 마십시오. 이러한 때가 되면 도리어 좋은
소식입니다.(但行住坐臥時時**提撕** "狗子還有佛性也無?" "無." **提撕**得熟, 口議心思
不及, 方寸裏七上八下, 如咬生鐵橛, 沒滋味時, 切莫退志. 得如此時, 卻是箇好底消
息.)(『대혜보각선사법어(大慧普覺禪師法語)』제21권. 16. 여기의(呂機宜)에게 보임)

　　그때 법좌에 올라서 거듭 **말하여 일깨워 주는데**, 무착(無著)이 말을

272

듣고서 문득 깨달았습니다만, 법좌에서 내려간 뒤에는 소식을 전해 오지 않았습니다.(是時陞座纔再**提撕**, 無著於言下忽然省悟, 下座後亦不來通消息.) …… 비록 일찍이 삿된 스승에게 인가를 받은 적도 있었지만, 도리어 물러나 잘못됨을 알고는 결정적으로 깨달음을 원칙으로 삼았기 때문에, 선지식이 **일깨워 주는** 말을 듣자마자 곧 그 말을 듣고서 완전히 들어맞게 된 것입니다.(及雖嘗被邪師印破面門, 卻能退步知非, 決定以悟爲則, 故纔見善知識**提撕**, 便於言下千了百當.)(『대혜보각선사법어(大慧普覺禪師法語)』 19. 영녕군부인(永寧郡夫人)에게 보임)

이 일은 마음을 가지고 구할 수도 없고, 마음을 버리고 얻을 수도 없고, 언어로써 도달할 수도 없고, 침묵으로써 통할 수도 없습니다. 이 4구절에서 마음 쓸 곳이 없어야 비로소 이 소식(消息)을 **일깨울** 수 있습니다.(此事不可以有心求, 不可以無心得, 不可以語言造, 不可以寂黙通. 於此四句無用心處, 方始可以**提撕**此箇消息也.)(대혜보각선사법어(大慧普覺禪師法語) 제22권. 21. 장태위(張太尉)에게 보임)

다시 덧없이 흘러가는 세월 속에 삶과 죽음의 일이 크다는 사실을 순간순간 자신에게 **일깨워 주시고**, 일이 없을 때에는 모름지기 성인(聖人)의 글을 읽어야 자기의 근성(根性)과 심식(心識)[490]에 보탬이 됩니다.(更以無常迅速, 生死事大, 時時**提撕**, 無事亦須讀聖人之書, 資益性識.)(『대혜보각선사법어(大慧普覺禪師法語)』 제22권. 22. 증기의(曾機宜)에게 보임)

---

490) 성식(性識) : 중생의 근성(根性)과 심식(心識). 심의식(心意識)과 같은 말.

백수는 다만 매일매일 행동하는 곳과 임금님을 모시는 곳에서 순간 순간 끊임없이 언제나 (뜰 앞의 잣나무를 자신에게) **일깨우시고** 늘 말해 주십시오. 갑자기 잣나무 위에서 심의식(心意識)이 죽어 버리면, 곧 철두철미한 곳입니다.(伯壽但日用行住坐臥處, 奉侍至尊處, 念念不間斷, 時時**提撕**, 時時舉覺. 驀然向柏樹子上心意識絕氣息, 便是徹頭處也.)(『대혜보각선사법어(大慧普覺禪師法語)』제23권. 29. 태허거사(太虛居士)에게 보임)

삶과 죽음에 속박되지 않으려면, 다만 늘 마음속을 텅 비워 버리고, 단지 태어날 때 오는 곳을 알지 못하고 죽을 때 가는 곳을 알지 못하는 마음을 언제나 인연을 만나는 곳에서 **일깨우십시오. 일깨우는** 것이 익숙해져서 오래되면 저절로 탁 트여서 걸림이 없을 것입니다.(要得不被生死縛, 但常敎方寸虛豁豁地, 只以不知生來, 不知死去底心, 時時向應緣處**提撕**. **提撕**得熟久久, 自然蕩蕩地也.)(『대혜보각선사법어(大慧普覺禪師法語)』제23권. 30. 묘명거사(妙明居士)에게 보임)

만약 결정적인 뜻이 있다면, 다만 '노(露)' 자(字)를 보시되, 세간의 일을 사량하고 분별하는 마음을 붙잡아 '노' 자 위로 옮겨 놓고서 걸어갈 때나 앉아 있을 때나 이 '노' 자를 **일깨우십시오.** 일상생활 속의 기쁘거나 노엽거나 좋거나 나쁜 인연을 만나는 곳, 어른을 모시는 곳, 친구와 사귀는 곳, 성인(聖人)의 경사(經史)를 읽는 곳이 모두 **일깨울** 때입니다. 갑자기 자기도 모르는 사이에 '노' 자 위에서 소식이 끊어져 버리면, 삼교(三敎)[491]의 성인이 말씀하신 법을 하나하나 남에게 물어볼 필요 없이

---

491) 삼교(三敎) : 부처의 가르침인 불교(佛敎), 공자와 맹자의 가르침인 유교(儒敎), 노자와 장자의 가르침인 도교(道敎).

저절로 하나하나 위에서 분명하고 사물사물 위에서 드러납니다.(若有決
定志, 但只看箇露字, 把思量分別塵勞中事底心, 移在露字上, 行行坐坐, 以此露字**提
撕**. 日用應緣處, 或喜或怒, 或善或惡, 侍奉尊長處, 與朋友相酬酢處, 讀聖人經史處,
盡是**提撕**底時節. 驀然不知不覺, 向露字上絕卻消息, 三敎聖人所說之法, 不著一一問
人, 自然頭頭上明, 物物上顯矣.)(『대혜보각선사법어(大慧普覺禪師法語)』제24권. 31.
성기의(成機宜)에게 보임)

또 편지에 보니, 방거사의 두 마디 말로써 가고 · 머물고 · 앉고 · 누울
때에 좌우명(座右銘)으로 삼는다고 하시니, 더 이상 좋을 수가 없습니다.
만약 시끄러운 때에 싫어하는 생각을 내면, 이것은 스스로 마음을 어지
럽히는 것일 뿐입니다. 생각이 꿈틀거릴 때에는 다만 방거사의 두 마디
말을 (자신에게) **일깨워 주십시오.** 마치 열 날 때에 해열제 한 봉지를 먹는
것과 같을 것입니다.(又承, 以老龐兩句, 爲行住坐臥之銘箴, 善不可加. 若正鬧時生
厭惡, 則乃是自擾其心耳. 若動念時, 只以老龐兩句**提撕**. 便是熱時一服淸涼散也.)(『대
혜보각선사서(大慧普覺禪師書)』제25권. 5. 증시랑(曾侍郞) 천유(天游)에 대한 답서(4))

이 한 글자는 수많은 잘못된 지식과 잘못된 깨달음을 물리치는 무기
(武器)입니다. 이 '무(無)' 한 글자는 유(有)니 무(無)니 하고 이해해서도 안
되고, 도리(道理)로서 이해해서도 안 되고, 생각으로 사량하고 헤아려서
도 안 되고, 눈썹을 찡그리고 눈을 깜박이는 곳에 빠져 있어도 안 되고,
언어 위에서 살아갈 궁리를 해서도 안 되고, 일 없는 곳으로 달려들어
가서도 안 되고, 말을 꺼내는[492] 곳에서 바로 인정해서도 안 되고, 문자

---

492) 거기(擧起) : 거(擧)와 같음. 기(起)는 동사의 뒤에 붙어서 동작이 아래에서 위로 행해짐
　　을 나타내는 조사. 말을 꺼내다. 거기화두(擧起話頭)=이야기를 꺼내다.

속에서 증거를 끌어와서도 안 됩니다. 다만 하루 종일 가고 머물고 앉고 눕는 가운데 순간순간 자신에게 **일깨워 주시고** 순간순간 자신에게 말해 주셔서, "개에게도 불성이 있습니까?" "없다."를 일상의 삶에서 떼어놓지 마십시오. 한번 이와 같이 공부해 보십시오. 한 달이나 열흘쯤 지나면 문득 스스로 볼 수 있을 것입니다. 그때에는 한 개 군(郡)의 천리(千里)에 걸친 일도 전혀 거리낄 것이 없습니다.(此一字子, 乃是摧許多惡知惡覺底器仗也. 不得作有無會, 不得作道理會, 不得向意根下思量卜度, 不得向揚眉瞬目處垜根, 不得向語路上作活計, 不得颺在無事甲裏, 不得向擧起處承當, 不得向文字中引證. 但向十二時中四威儀內, 時時提撕, 時時擧覺, "狗子還有佛性也無?" 云 :"無." 不離日用. 試如此做工夫看. 月十日便自見得也. 一郡千里之事 都不相妨.)(『대혜보각선사서(大慧普覺禪師書)』 제26권. 13. 부추밀(富樞密) 계신(季申)에 대한 답서(1))

님께서 만약 산승(山僧)을 믿으신다면, 시끄러운 곳에서 한번 "개에게는 불성이 없다."는 화두를 살펴보시되, 아직 깨달았느냐 깨닫지 못했느냐는 말하지 마십시오. 가슴이 어수선한 바로 그때에, 느긋하게 스스로에게 **일깨워 주고** 스스로에게 말해줘 보십시오. 고요함을 느낍니까? 힘을 얻음을 느낍니까? 만약 힘을 얻음을 느낀다면, 곧 놓지 말아야 합니다.(左右若信得山僧及, 試向鬧處看'狗子無佛性話', 未說悟不悟. 正當方寸擾擾時, 謾提撕擧覺看. 還覺靜也無? 還覺得力也無? 若覺得力, 便不須放捨.)(『대혜보각선사서(大慧普覺禪師書)』 제26권. 13. 부추밀(富樞密) 계신(季申)에 대한 답서(3))

적음과 많음 · 얻음과 잃음 · 고요함과 시끄러움을 한꺼번에 묶어서 다른 곳으로 보내 버리고, 일상생활 속에서 많음도 아니고 적음도 아니며, 고요함도 아니고 시끄러움도 아니며, 얻음도 아니고 잃음도 아닌

바로 그곳에서 "무엇인가?" 하고 잠시 자신에게 **일깨워** 보십시오.(少與
多得與失靜與鬧, 縛作一束, 送放他方世界, 却好就日用非多非少, 非靜非鬧, 非得非
失處, 略**提撕**看. "是箇甚麼?")(『대혜보각선사서(大慧普覺禪師書)』제27권. 23. 유통판
(劉通判) 언충(彦冲)에 대한 답서(1))

일상생활의 여러 가지 행동 속에서 다만 막힘없게 하며, 고요한 곳과
시끄러운 곳에서 늘 "똥 닦는 막대기."를 자신에게 **일깨워 주십시오.**
날이 가고 달이 가면 수고우(水牯牛)[493]가 저절로 더욱 익숙해질 것입니
다.(日用四威儀中, 但常放敎蕩蕩地, 靜處鬧處常以"乾屎橛."**提撕**, 日往月來水牯牛
自純熟矣.)(『대혜보각선사서(大慧普覺禪師書)』제28권. 33. 여랑중(呂郎中) 융례(隆禮)
에 대한 답서)

옛날에 다행히 이와 같은 모범(模範)이 있으니, 여기에서 "무엇인가?"
하고 느긋하게 자신에게 **일깨워** 보십시오. 다만 이렇게 **일깨우는** 사람
도 또한 다른 사람이 아니라 그저 어둡고 우둔함을 알 수 있는 이 사람
일 뿐이며, 어둡고 우둔함을 알 수 있는 사람도 또한 다른 사람이 아니
라 바로 이보문(李寶文) 본인일 뿐입니다.(古來幸有恁麼牓樣, 謾向這裏**提撕**
看"是箇甚麼?" 只這**提撕**底, 亦不是別人, 只是這能知昏鈍者耳, 能知昏鈍者, 亦不是
別人, 便是李寶文本命元辰也.)(『대혜보각선사서(大慧普覺禪師書)』제29권. 45. 이보문
(李寶文) 무가(茂嘉)에 대한 답서)

원컨대 거사(居士)께서는 "다만 모든 있는 것을 비워 버릴지언정 모든

---

493) 수고우(水牯牛) : 본래는 물소의 일종으로 암컷 또는 거세된 소를 가리키는 말이지만, 선
사들은 마음을 가리키는 말로 사용하였다.

없는 것을 결코 진실이라고 여기지 말라."는 방거사(龐居士)의 말을 시험 삼아 느긋하게 스스로에게 **일깨워 주십시오.**(願居士試將老龐語謾提撕. "但願空諸所有, 切勿實諸所無.")(『대혜보각선사서(大慧普覺禪師書)』제29권. 46. 향시랑(向侍郎) 백공(伯恭)에 대한 답서)

다만 삶과 죽음이라는 두 글자를 콧마루[494] 위에 붙여 놓아 잊어버리지 말고, 순간순간 화두(話頭)를 자신에게 **일깨워 주십시오. 일깨워 주고 또 일깨워 주면,** 낯선 곳은 저절로 익숙해지고 익숙한 곳은 저절로 낯설어집니다.(但把生死兩字, 貼在鼻尖兒上, 不要忘了, 時時提撕話頭. 提來提去, 生處自熟 熟處自生矣.)(『대혜보각선사서(大慧普覺禪師書)』제29권. 49. 황지현(黃知縣) 자여(子餘)에 대한 답서)

이 밖에 순간순간 조주(趙州)의 무자(無字)를 스스로에게 **일깨워 주십시오.** 오래오래 하여 익숙해지면, 문득 자기도 모르게 칠통(漆桶)[495]을 쳐부수게 될 것이니, 여기가 바로 철두철미한 곳입니다.(此外時時以趙州無字提撕. 久久純熟, 驀然無心撞破漆桶, 便是徹頭處也.)(『대혜보각선사서(大慧普覺禪師書)』제29권. 54. 루추밀(樓樞密) 중훈(仲暈)에 대한 답서(1))

한 승려가 조주에게 묻되 "개에게도 불성이 있습니까?" 하니, 조주

---

494) 비첨아(鼻尖兒) : 코끝. 콧마루. 비공(鼻孔)과 마찬가지로 자신의 본심(本心), 본성(本性), 본래면목(本來面目)을 가리킨다.

495) 칠통(漆桶) : 칠통(漆桶)은 가구에 칠하는 새까만 옻나무의 진액을 넣은 통. 아주 까맣고 또는 아주 캄캄하여 아무것도 알 수 없다는 뜻. 타파칠통(打破漆桶)이라고 할 때에 칠통(漆桶)은 앞을 가로막은 은산철벽(銀山鐵壁)이나 사방을 가로막은 금강권(金剛圈)과 같은 말. 의단(疑團)과도 같은 말.

가 말하길 "없다."고 하였습니다. 다만 이 '무(無)' 한 글자를 당신이 가진 모든 솜씨를 다하여 짜 맞추어 보고 헤아려 보십시오. 사량하고 헤아리고 짜 맞출 수 있는 곳은 없습니다. 다만 가슴속이 갑갑하고 마음이 괴로움을 느낄 때가 바로 좋은 때이니, 제8식(第八識)이 거의 작용하지 않을 것입니다. 이와 같음을 느낄 때에는 놓아 버리려고 하지 마시고, 단지 바로 이 무자(無字)에서 (스스로를) **일깨우십시오. 일깨우고 또 일깨우면**, 낯선 곳이 저절로 익숙해지고 익숙한 곳은 저절로 낯설어질 것입니다.(僧問趙州 : "狗子還有佛性也無?" 州云 : "無." 只這一字, 儘爾有甚麼伎倆, 請安排看 請計較看. 思量計較安排, 無處可以頓放. 只覺得肚裏悶心頭煩惱時, 正是好底時節, 第八識相次不行矣. 覺得如此時, 莫要放却, 只就這無字上**提撕**. **提撕來 提撕去**, 生處自熟 熟處自生矣.)(『대혜보각선사서(大慧普覺禪師書)』제30권. 57. 영시랑(榮侍郎) 무실(茂實)에 대한 답서(1))

다만 스스로에게 **일깨워 주고** 스스로에게 말해 주기만 할 뿐이어야 하고, 왼쪽으로 가도 옳지 않고 오른쪽으로 가도 옳지 않습니다. 또 의도적으로 깨달음을 기다려서도 안 되고, 말을 꺼내는 곳에서 인정해서도 안 되고, 현묘(玄妙)하다고 이해해서도 안 되고, 있음과 없음으로 따져서도 안 되고, 참된 없음이라고 헤아리려도 안 되고, 일 없는 방 안에 머물러 있어서도 안 되고, 부싯돌 불꽃이 튀고 번갯불이 치는 곳에서 알아차려서도 안 됩니다. 곧장 쓸 마음이 없고 마음 갈 곳이 없을 때에, 공(空)에 떨어질까 봐 두려워하지 마십시오. 여기가 도리어 좋은 곳이니, 문득 쥐가 소의 뿔 속으로 들어가 바로 멈추는 것과 같습니다.(只管 **提撕**擧覺, 左來也不是, 右來也不是. 又不得將心等悟, 又不得向擧起處承當, 又不得作玄妙領略, 又不得作有無商量, 又不得作眞無之無卜度, 又不得坐在無事甲裏, 又不得

向擊石火閃電光處會. 直得無所用心, 心無所之時, 莫怕落空. 這裏却是好處, 驀然老鼠入牛角, 便見倒斷也.) …… 잘 들으십시오. 다만 조주의 '무자(無字)' 하나를 일상생활 속에서 스스로에게 **일깨워 주어** 끊이지 않게 하십시오.(千萬相聽. 只以趙州一箇'無字' 日用應緣處**提撕**, 不要間斷.)(『대혜보각선사서(大慧普覺禪師書)』제30권. 61. 장사인(張舍人) 장원(狀元)에 대한 답서)

다만 늘 마음을 텅 비우고 활짝 열어서 일상생활 속에서 응당 해야 할 일이라도 분수에 따라 내버리고, 경계에 부딪치고 인연을 만남에 순간순간 화두를 자신에게 **일깨워 주되**, 빠른 효과를 바라지는 마십시오. 지극한 이치를 캐려 한다면 깨달음을 본보기로 삼아야 합니다. 그러나 무엇보다도 마음먹고 일부러 깨달음을 기다려서는 안 됩니다. 만약 마음먹고 일부러 깨달음을 기다린다면, 기다리는 마음이 도리어 도(道)를 보는 눈을 가로막아 버려 급하게 하려 할수록 더욱 늦어집니다. 다만 화두를 자신에게 **일깨워 주다가** 문득 **일깨워 주는** 곳에서 생사심(生死心)이 끊어지면, 이것이 바로 집으로 돌아가 편안히 앉는 것입니다. 이러한 곳에 이르게 되면 저절로 옛사람들의 다양한 방편을 꿰뚫게 되니, 여러 가지의 다른 이해가 저절로 생겨나지 않습니다.(但常令方寸虛豁豁地, 日用合做底事, 隨分撥遣, 觸境逢緣, 時時以話頭**提撕**, 莫求速效. "研窮至理, 以悟爲則." 然第一不得存心等悟. 若存心等悟, 則被所等之心障却道眼, 轉急轉遲矣. 但只**提撕**話頭, 驀然向**提撕**處, 生死心絶, 則是歸家穩坐之處, 得到恁麼處了, 自然透得古人種種方便, 種種異解自不生矣.)(『대혜보각선사서(大慧普覺禪師書)』제30권. 62. 탕승상(湯丞相) 진지(進之)에 대한 답서)

이런 사례에서 보듯이 제시(提撕)는 거각(擧覺)과 함께 사용되든 단독

280

으로 사용되든 그 뜻이 '말하다' '말해 주다' '(말하여) 깨우치다' '(말하여) 일깨우다' '(말하여) 주의를 환기시키다' '자세히 살피다' '각성(覺醒)하다'이다. 즉, 간화선(看話禪)에서 '화두(話頭)를 제시(提撕)한다'고 하는 것은 '화두를 말하여 일깨우다' '화두를 말하여 화두에 주의를 돌리다'는 뜻이다. 이때에 상대에게 제시(提撕)할 경우에는 화두를 소리내어 말하여 일깨우는 것이고, 자신에게 제시(提撕)할 때에는 속으로 화두를 상기(想起)하여 일깨우는 것이다.

이처럼 거각(擧覺)의 경우와 같이 제시(提撕)도 제(提)와 시(撕)의 합성어로서의 의미가 있다고 보아야 한다. '말을 꺼내다' '끄집어내어 말하다' '언급하다' '제시(提示)하다' '제출하다'는 뜻인 제(提)와 '일깨우다' '깨우치다'는 뜻인 시(撕)가 합성된 말이다. 그러므로 제시(提撕)는 '(무슨 말을) 끄집어내어 말하여 일깨우다' '(무슨 말을) 제시하여 깨우쳐 주다' '(무슨 말을) 언급하여 주의를 환기시키다'는 뜻이다.

『대혜어록』에서 대혜가 화두(話頭)를 취급하는 말로서 언급하는 용어는 간(看)·거(擧)·거기(擧起)·제철(提掇)·거각(擧覺)·제시(提撕) 등이다. 이 가운데 거(擧)·거기(擧起)·제철(提掇)은 모두 화두를 '말하다' '말해 주다' '제기하다' '제출하다' '언급하다'라는 뜻이고, 거각(擧覺)과 제시(提撕)는 이러한 뜻에 '일깨우다' '깨우치다'라는 뜻이 부가된 것이지만, 이들은 기본적으로 동일한 행위를 가리키고 있다.

이 책에서는 거(擧)·거기(擧起)·제철(提掇)은 문맥에 따라서 화두를 '끄집어내다' '말해 주다' '제기하다' '제출하다' '기억해 내다'라고 번역한다. 거각(擧覺)과 제시(提撕)는 둘 다 '말해 주어 일깨우다'는 뜻이지만, 거각(擧覺)은 거(擧)에 초점을 두어 '말해 주다' '제시하다'로 주로 번역하고,

제시(提撕)는 시(撕)에 초점을 두어 '일깨우다'로 번역한다. 그러나 문맥에 따라 거각(擧覺)과 제시(提撕)를 모두 '말해 주어 일깨우다' '기억해 내어 일깨우다' '제시하여 일깨우다' 등 적절한 번역어를 찾아서 번역하였다.

(5) 참(參)

〈1〉 사전에서의 뜻

『한한대사전(漢韓大辭典)』

• 참(參) :

① 참가하다. 간여하다.(『정자통(正字通)』 사부(厶部). 당(唐) 무원형(武元衡) 『추일서회(秋日書懷)』)

② 헤아리다. 따지다. 곰곰이 생각하다.(『집운(集韻)』 담운(覃韻). 『후한서(後漢書)』 낭의전(郎顗傳), 〈이현주(李賢注)〉)

③ 견주어 보다. 검토하다. 참고하다.(송(宋) 목수(穆修) 『당유선생집후서(唐柳先生集後序)』)

④ 마주하다. 곧바로 향하다.(『논어(論語)』 위령공, 〈유보남정의(劉寶楠正義)〉)

⑤ 찾아뵙다.(『옥편(玉篇)』 사부(厶部). 송(宋) 오증(吳曾) 『능개재만록(能改齋漫錄)1』)

⑥ 안부를 묻다. 문안하다.

『송어언사전(宋語言詞典)』

• 참(參) :

① 찾아뵙다. 알현하다.

② 탐구(探究)하다. 사색(思索)하다.

『중한대사전(中韓大辭典)』

• 참(參) :

① 가입하다. 참가하다. 참여하다.

② 참고하다.

③ 찾아뵙다. 알현하다.

『신판선학대사전(新版禪學大辭典)』

• 참(參) :

① 직접 스승을 만나뵙고 불법(佛法)을 탐구하는 것. 또는 좌선(坐禪)하는 것도 말한다.

② 남들과 섞이다. 남들 사이에 끼다.

③ 참여하다. 관여하다.

④ 선종(禪宗)에서는 수시(垂示)나 법어(法語)의 끝에 할(喝)이나 돌(咄)이나 노(露) 등의 문자(文字)와 같은 형태로 사용하여, 그 자리에 있는 사람들에게 거듭 더욱더 말 밖의 현지(玄旨)에 참(參)해야 함을 권하는 말. 또는 훈계(訓戒)하는 말. 일자관(一字關)의 하나.

⑤ 소참(小參), 만참(晚參)의 약어(略語).

『선어사전(禪語辭典)』

• 참(參) : 입문(入門)하여 가르침을 받는 것. 또는 수어(垂語)의 결말에 사용하여 참구(參究)를 재촉하는 성격의 말.

• 참학(參學) : 참선학도(參禪學道)의 약어(略語).

『선종사전(禪宗詞典)』

• 참(參) :

① 찾아뵙다. 알현하다.

② 탐구(探究)하다. 사색(思索)하다.

지금은 일반적으로 '화두를 참구(參究)한다'라고 표현하는 경우가 많지만, 당송(唐宋)시대의 선승(禪僧)들은 주로 '참(參)'이라고 하였지 '참구(參究)'라는 표현은 거의 사용하지 않았다. 당시의 문헌을 조사해 보면, '참구(參究)'라는 말은『조당집』0번,『경덕전등록』1번,『천성광등록』0번,『오등회원』4번(南嶽下十三世부터 나타남),『분양무덕선사어록』0번,『황룡혜남선사어록』0번,『양기방회화상어록』0번,『법연선사어록』0번,『원오불과선사어록』2번,『대혜어록』1번 등으로 거의 사용되지 않았고, 화두(話頭) 혹은 선(禪)을 공부하라는 의미에서 했던 말은 주로 '참(參)'이라는 표현이었다. 참(參)에는 기본적으로 '(어떤 것, 일, 행사에) 참여하다.'와 '(윗사람을) 만나뵙다.'의 두 가지 의미가 있다. 참선(參禪; 선에 참여하다), 참구(參究; 탐구에 참여하다), 참학(參學; 배움에 참여하다), 참상(參詳; 자세히 밝힘에 참여하다), 참당(參堂; 법당의 법회에 참여하다) 등의 단어에서는 '참여하다'(동참(同參)하다)는 뜻으로 사용되었고, 참례(參禮; 만나뵙고 인사하다), 참견(參見; 만나뵙다), 참문(參問; 만나뵙고 묻다), 자참(咨參; 물어보려고 찾아뵙다), 래참(來參; 와서 만나뵙다) 등의 단어에서는 '만나뵙다'는 뜻으로 사용되었다. 화두(話頭)를 참(參)한다고 하는 경우에, '참(參)'은 참선(參禪)이나 참학(參學)과 마찬가지로 '참여하다' '동참하다'는 뜻이라고 보아야 하고, 이 뜻은 결국 간화(看話)에 동참하여 간화(看話)를 행하라는 뜻이다.

『대혜어록』에서 참(參)을 말하는 부분을 모아 보면 다음과 같다.

〈2〉 대혜어록에서의 사례

법당에 올라 말했다. "정월 대보름 밤은 좋은 시절이니 함께 즐기는데, 곳곳마다 모두 헤아릴 수 없이 등(燈)이 달렸구나. 불빛이 반짝여 얼굴을 뜨겁게 달구지만, 야신(夜神)은 문득 추위로 인한 두통을 앓는구나. **참(參)하라!**"(上堂 : "元宵佳節同歡樂, 處處咸然無盡燈. 火光爍破勝熱面, 夜神忽患冷頭疼. **參!**")(『대혜보각선사주경산능인선원어록(大慧普覺禪師住徑山能仁禪院語錄)』제1권.)

• 참구(參究)하라는 뜻.

여러분들은 모두 말하기를 여기에 와서 **참선(參禪)**한다고들 하는데, 내가 그대들에게 묻겠다. **"선(禪)에 어떻게 참(參)하는가?"** 무상한 세월은 빠르게 흐르고, 죽고 사는 일은 큰데, 자기의 일을 아직 밝히지 못했다면, 스승을 찾아 결판을 내어야 한다. 자기의 마음을 밝혀서 안락(安樂)을 얻고자 바라는 것은 어린애 장난이 아니다. 지금 사람들은 각자 "나는 죽음이 두려워 **참선(參禪)**을 한다."고 말하며, **참(參)하고 또 참하여** 날이 가고 달이 가면, 분별망상 속에 푹 빠져서, 다만 한바탕 쓸데없는 말을 지껄이는 솜씨를 얻어서, 자기가 서 있는 곳에 약간의 시끄러움을 더할 뿐이니, 도리어 선원(禪院)에 들어오기 이전에 여러 가지 일이 없는 것만 못하다.(諸人總道來這裏**參禪**, 我且問你 : '**禪作麼生參?**' 旣爲無常迅速, 生死事大, 己事未明, 求師決擇. 要得自己明白心地安樂, 不是兒戲. 而今人箇箇道 : '我怕死**參禪.**' **參來參去**, 日久月深, 打入葛藤窠裏, 只贏得一場口滑, 於自己分上添得些兒狼藉, 返不如未入衆時卻無許多事.)(『대혜보각선사보설(大慧普覺禪師普說)』제13권 2. 정광대사(定光大師)가 청한 보설)

• 참여(參與)한다는 뜻.

묘도 상좌는 이미 대장부의 기개를 갖추고서, 결정코 **선(禪)에 참(參)하고자 하니, 다만 이렇게 참(參)하여라.** 모름지기 활짝 깨달아 즉시에 무심(無心)하여야, 비로소 안락할 것이다. 만약 깨닫지 못했는데도, 단지 입으로 몇 번 "무(無)! 무(無)!" 하고 말하고는, 다시 옛사람이 "무(無)"라고 말한 곳을 끌어와 잘못된 증거로 삼고서, 곧 말하기를 "나는 쉬었다. 그대에게 묻노니, 그대는 쉬었는가?"라고 한다면, 이것은 곧 의도적으로 마음을 없애는 것이다.(道上座旣具大丈夫志氣, 決定要**參禪, 但恁麽參**. 須是豁然悟去, 直下無心, 方得安樂. 若不悟, 只是口頭道得幾箇無無, 更引些古人說無處, 錯證據了, 便道: '我得休歇. 我且問你, 還歇得也未?' 乃是將心無心.)(『대혜보각선사보설(大慧普覺禪師普說)』제13권」2. 정광대사(定光大師)가 청한 보설)

• 참여(參與)한다는 뜻.

매일 사대부들과 함께 서너 번 입실(入室)[496]하였는데, 노스님께서는 다만 "있다는 구절과 없다는 구절은 마치 등나무 덩굴이 나무에 기대어 있는 것과 같다."라는 말씀을 하셨는데, 내가 입을 열자마자 노스님께서는 곧 "아니다."라고 말씀하셨다. 반년 동안 나는 단지 **이와 같이 참(參)하였다.**(每日同士大夫須得三四回入室, 只擧 '有句無句, 如藤倚樹.' 纔開口, 便道: '不是.' **如是**半年間, **只管參**.)(『대혜보각선사보설(大慧普覺禪師普說)』제17권 10. 예시자 단칠이 청한 보설)

• 참여(參與)한다는 뜻.

순원은 여기에 이르러 **어떻게 참(參)해야 할까요?** 다만 이 **어떻게 참(參)하는** 것도 둘 곳이 없게 된 연후에는 이 말 역시 받아들이지 못하니

---

496) 입실(入室) : 학인이 방장이나 조실의 방에 들어가 공부를 점검받는 것.

다.(舜元到這裏合作麼生參? 只這作麼生參亦無著處, 然後此語亦不受.)(『대혜보각선
사법어(大慧普覺禪師法語)』제21권 16. 여기의(呂機宜)에게 보임)

- 참여(參與)한다는 뜻.

여기에서 의문(疑問)이 부서지지 않았다면 **다만 여기에 참(參)하고 있
을 뿐**, 다시 스스로 가지와 잎을 만들지는 마십시오. 만약 저를 믿으신
다면, **다만 이렇게 참(參)할 뿐**, 따로 사람에게 가르쳐 줄 불법(佛法)은
없습니다.(這裏疑不破, 只在這裏參, 更不必自生枝葉也. 若信得雲門及, **但恁麼參**,
別無佛法指示人.)(『대혜보각선사서(大慧普覺禪師書)』제25권 4. 증시랑(曾侍郎) 천유
(天游)에 대한 답서(3))

- 참여(參與)한다는 뜻.

원컨대 공은 **다만 궁금한 심정[497)이 해소되지 못한 곳에 참(參)하시
되**, 가고 머물고 앉고 눕는 일상생활 속에서 놓아 버려서는 안 됩니다.
어떤 스님이 조주 스님에게 묻되 "개에게도 불성이 있습니까?" 하니 조
주 스님은 "없다."[무(無)]고 말했습니다. 이 한 글자는 곧 생사(生死)에 대
한 의심을 부수어 버리는 칼입니다.(願公只向疑情不破處參, 行住坐臥不得放
捨. 僧問趙州："狗子還有佛性也無?"州云："無."這一字子, 便是箇破生死疑心底刀
子也.)(『대혜보각선사서(大慧普覺禪師書)』제26권 17. 진소경(陳少卿) 계임(季任)에 대
한 답서(1))

- 참여(參與)한다는 뜻.

다만 "개에게도 불성이 있습니까?" "없다."만 살펴보시되, 절대로 생

---

497) 의정(疑情) : 의문(疑問). 궁금함. 궁금한 심정(心情). 의단(疑團)과 같음.

각으로 헤아리려서는 안 되고, 말로써 설명하려고 해서도 안 되고, 입을 여는 곳에서 긍정해서도 안 되고, 번개처럼 번쩍 스치는 곳에서 이해해서도 안 됩니다. **"개에게도 불성이 있습니까?" "없다."에 다만 이렇게 참(參)할 뿐,** 의도적으로 깨달음을 기다리거나 쉬기를 기다려서는 안 됩니다.(但只看 "狗子還有佛性也無?" 趙州云 : "無." 切不可向意根下卜度, 不可向言語上作活計, 又不得向開口處承當, 又不得向擊石火閃電光處會. **"狗子還有佛性也無?" "無." 但只如此參,** 亦不得將心待悟待休歇.)(『대혜보각선사서(大慧普覺禪師書)』 제26권 17. 진소경(陳少卿) 계임(季任)에 대한 답서(1))

- 참여(參與)한다는 뜻.

(6) 여지시애(與之廝崖)

〈1〉 사전에서의 뜻

『한한대사전(漢韓大辭典)』

- 시(廝) : 시(厮)라고도 씀. 상(相)과 같은 뜻. ① 서로. 상호. ② 한쪽이 다른 한쪽에게 행위, 작용함을 나타낸다.
- 시애(廝捱) : =시애(厮崖). 시(廝)는 시(厮)와 같고, 애(捱)는 애(崖)라고도 씀. 서로 맞서 버팀.(宋, 羅大經『鶴林玉露 14』朱文公以書曉之云, 吾人所學, 正要此處呈驗, 已展不縮, 已進不退, 只得硬脊梁與他廝捱, 看如何.)

『중한대사전(中韓大辭典)』

- 시애(廝挨) : 서로 맞붙어 버티다. 시(廝)는 상(相)과 같이 '서로'라는 뜻. 애(挨)는 애(捱)와 같다.

288

『주해어록총람(註解語錄總覽)』

- 시애(厮捱) : (『주자어록(朱子語錄)』) 厮相也. 捱或作崖. 疑相抗之意. 或作

  睚.(시(厮)는 상(相)이다. 애(捱)는 혹 애(崖)라고도 쓴다. '서로 버티어 저항한다'는

  뜻으로 여겨진다. 애(捱)는 애(睚)라고도 쓴다.) 犬欲噬也. 相持相距不聽順之意

  也.(개가 입으로 씹고자 하는 것이다. 서로 지탱하고 서로 겨루어서 순순히 따라가

  지 않는다는 뜻이다.)

이로써 보면 애(崖), 애(捱), 애(挨)는 '버티다' '저항하다' '지탱하다'는
뜻으로 서로 바뀌어 쓰이는 글자이고, 애(睚), 애(睚)라고 쓸 경우도 있
다. 시(厮)와 시(廝)는 같은 글자로서 '서로'라는 뜻이다. 그러므로 여지
시애(與之廝崖)는 '−와 서로 버티다' '−와 서로 지탱하다' '−와 서로 겨루
어서 순순히 끌려가지 않는다'는 뜻이다. 물론 여지시애(與之廝崖)는 여
지시애(與之廝捱)나 여지시애(與之廝挨)로 쓸 수 있고, 여지시애(與之厮崖)
라고도 쓸 수 있다.

〈2〉 대혜어록에서의 사례

태어나도 온 곳을 알지 못하고 죽어도 갈 곳을 알지 못하는 의심을
아직 잊지 않았다면, 삶과 죽음이 뒤얽힐 것입니다. 다만 이렇게 뒤얽
힌 곳에서 한 개 화두(話頭)를 살펴보십시오. 승려가 조주에게 물었습니
다. "개에게도 불성이 있습니까?" 조주가 말했습니다. "없다." 다만 이
태어나도 온 곳을 알지 못하고 죽어도 갈 곳을 알지 못하는 의심을 "없

---

498) 『사법어록』〈동산숭장주송자행각법어(東山崇藏主送子行脚法語)〉에 "晝三夜三애 與他
厮睚언졍"이라는 표현이 나온다.

다."는 글자 위에 옮겨온다면, 뒤얽힌 마음이 사라질 것입니다. 뒤얽힌 마음이 사라지고 나면, 오고 가는 삶과 죽음에 대한 의심이 끊어질 것입니다. 다만 끊고자 하나 아직 끊어지지 않은 곳에서 **맞붙어 버티다가** 때가 되어 갑자기 단번에 확 깨달으면, 곧 경전에서 말하는 "마음의 삶과 죽음을 끊고, 마음의 선(善)하지 못함을 멈춘다."[499]는 것이 마음의 무성한 번뇌망상을 잘라 내고, 마음의 더러움과 혼탁함을 씻어 내는 것임을 알 것입니다.(疑生不知來處, 死不知去處底心未忘, 則是生死交加. 但向交加處看箇話頭：僧問趙州和尙："狗子還有佛性也無?" 州云："無." 但將這疑生不知來處, 死不知去處底心移來無字上, 則交加之心不行矣. 交加之心旣不行, 則疑生死來去底心將絶矣. 但向欲絶未絶處**與之廝崖**, 時節因緣到來, 驀然噴地一下, 便了敎中所謂："絶心生死, 止心不善." 伐心稠林, 浣心垢濁者也.)(『대혜보각선사법어(大慧普覺禪師法語)』제23권. 30. 묘명거사(妙明居士)에게 보임)

천 가지 만 가지 의문(疑問)이 다만 하나의 의문일 뿐입니다. 그러므로 화두 위에서 의문이 부서지면 천 가지 만 가지 의문이 일시에 부서집니다. 화두가 부서지지 않았으면 우선 바로 그 화두에서 화두와 **맞붙어 버티고 계십시오.** 만약 화두를 버리고 도리어 다른 문자 위에서 의문을 일으키거나, 경전의 가르침 위에서 의문을 일으키거나, 옛사람의 공안(公案) 위에서 의문을 일으키거나, 매일 경계를 상대하는 피곤함 속에서 의문을 일으킨다면, 이것은 모두 삿된 마구니의 권속들입니다.(千疑萬疑, 只是一疑. 話頭上疑破, 則千疑萬疑一時破. 話頭不破, 則且就上面**與之廝崖**. 若棄了話頭, 却去別文字上起疑, 經敎上起疑, 古人公案上起疑, 日用塵勞中起疑, 皆是邪魔眷屬.)(『대

---

499) 『화엄경』(80권) 제63권 「입법계품」 제39-4에 나오는 구절.

혜보각선사서(大慧普覺禪師書)』제28권. 32. 여사인(呂舍人) 거인(居仁)에 대한 답서)

조주의 "개에게는 불성이 없다."라는 화두는 님에게는 마치 사람이
도둑을 체포함에 이미 숨어 있는 곳을 알면서도 아직 붙잡지 못하고 있
는 것과 같습니다. 부디 심혈을 기울여 한순간도 끊임없이 가고 · 머물
고 · 앉고 · 눕는 곳에서 순간순간 살펴보십시오. 경서(經書)와 사서(史
書)를 읽는 곳과 인의예지신을 닦는 곳과 윗사람을 모시는 곳과 학자를
가르치는 곳과 죽을 먹고 밥을 먹는 곳에서 화두와 **맞붙어 버티고 있으
면**, 문득 분별망상의 장애가 사라지게 될 것이니, 다시 무슨 말을 하겠
습니까?(趙州"狗子無佛性."話, 左右如人捕賊已知窩盤處但未捉著耳. 請快著精彩,
不得有少間斷, 時時向行住坐臥覷看. 讀書史處, 修仁義禮智信處, 侍奉尊長處, 提誨
學者處, 喫粥喫飯處, **與之廝崖**, 忽然打失布袋, 夫復何言?)(『대혜보각선사서(大慧普
覺禪師書)』제28권. 37. 왕장원(汪狀元) 성석(聖錫)에 대한 답서(2))

만약 털끝만큼이라도 힘을 써서 지탱한다면, 이것은 반드시 사법(邪法)
이지 불법(佛法)이 아닙니다. 다만 길고 멀리 보는 마음을 갖추고서 "개에
게는 불성이 없다."라는 화두와 **맞붙어 버티십시오. 버티고 또 버티다가**
마음 갈 곳이 없어지면, 문득 자다가 꿈에서 깨어난 듯 하고, 연꽃이 피는
듯 하며, 구름을 헤치고 해가 나온 듯 할 것입니다. 이러한 때에 도달하면
저절로 한 덩어리가 됩니다. 다만 매일 뒤죽박죽 혼란스러운 일상 속에서
'무자(無字)'만 살펴보시되, 깨닫고 깨닫지 못하고 철저하고 철저하지 못하
고 하는 것에는 상관하지 마십시오.(若用一毫毛氣力支撐, 定是邪法, 非佛法也.
但辦取長遠心, **與**"狗子無佛性."話廝崖. 崖來崖去, 心無所之, 忽然如睡夢覺, 如蓮華
開, 如披雲見日. 到恁麼時自然成一片矣. 但日用七顚八倒處 只看箇'無字', 莫管悟不

悟徹不徹.)(『대혜보각선사서(大慧普覺禪師書)』제28권. 38. 종직각(宗直閣)에 대한 답서)

　　만약 무상(無常)한 세월이 재빨라서 죽고 사는 일이 큰데도 아직 자기의 일을 밝히지 못했다면, 사람이 의지하고 있는 삶과 죽음이라는 소굴(巢窟)을 부술 수 있는 한 사람의 본분작가(本分作家)[500]를 마땅히 한마음 한 뜻으로 찾아서, 그와 함께 죽기를 각오한 공부에 착수하여 **맞붙어 버티다가** 문득 칠통(漆桶)을 때려부수면 바로 철저히 깨달은 곳이 됩니다.(若以無常迅速生死事大己事未明, 當一心一意, 尋一本分作家, 能破人生死窠窟者, 與伊著死工夫厮崖, 忽然打破漆桶, 便是徹頭處也.)(『대혜보각선사서(大慧普覺禪師書)』제30권. 60. 손지현(孫知縣)에 대한 답서)

(7) 애장거(挨將去)

〈1〉사전에서의 뜻

『한한대사전(漢韓大辭典)』

- 애장거(挨將去) : 느린 걸음으로 나아가다(朝鮮『註解語錄總覽』「朱子語錄」挨將去, 如緩步向前去.) 비벼져겨 나아가다.
- 애(挨) : 애(捱)와 같다. 견디어 내다. 애써 지탱하다. 시간을 끌다.
- 애(捱) : 안간힘을 다하여 버티다. 근근히 버티어 나가다.
- 애거(捱去) : 근근이 지탱하여 나아감.

---

500) 본분작가(本分作家) : 자신의 본분(本分) 즉 본성(本性)을 찾아서 언제나 본분에서 벗어나지 않고 남까지도 본분으로 이끌어 줄 수 있는 능력 있는 사람.

292

『중한대사전(中韓大辭典)』

- 장(將) : 조기(早期) 백화(白話)에서 동사와 방향보어 중간에 쓰여 그 동작의 지속성이나 개시(開始) 등을 나타냄.
- 거(去) : 동사 뒤에 쓰여 동작이 화자(話者)가 있는 곳에서 다른 곳으로 옮겨감을 나타내는 방향보어, 혹은 동사 뒤에 쓰여 동작 따위가 지속됨을 나타냄.

『선어사전(禪語辭典)』

- 애(崖) : 애(捱)와 같다. 애(挨)라고 쓰는 경우도 있다.

『주해어록총람(註解語錄總覽)』

- 애장거(挨將去) : (『주자어록(朱子語錄)』) 如緩步向前去.(느린 걸음으로 나아가다.) 비벼져겨 나아가다.
- 애거(捱去) : (『주자어록(朱子語錄)』) 견디어 가다.
- 애거(挨去) : (『주자어록(朱子語錄)』) 애(挨)와 애(捱)는 같다.

이로써 보면, 애(崖), 애(捱), 애(挨)는 '버티다' '저항하다' '지탱하다'는 뜻으로 서로 바꾸어 쓰이는 글자이고, 장(將)은 조기(早期) 백화(白話)에서 동사와 방향보어 중간에 쓰여 그 동작의 지속성이나 개시(開始) 등을 나타내고, 거(去)는 동사 뒤에 쓰여 동작이 화자(話者)가 있는 곳에서 다른 곳으로 옮겨감을 나타내는 방향보어, 혹은 동사 뒤에 쓰여 동작 따위가 지속됨을 나타내는 조사이다. 그러므로 애장거(崖將去)는 '지속적으로 버티어 나아가다' '물러나지 않고 지탱하여 나아가다'는 뜻이다. 물론 애장거(崖將去)를 애장거(挨將去) 혹은 애장거(捱將去)로도 쓸 수 있다.

⟨2⟩ 대혜어록에서의 사례

공(公)께서는 깊이 생각하셔서, 다만 이와 같이 **버티고 계십시오**. 언제나 고요함 속에서도 "수미산"과 "방하착" 두 마디 말을 절대로 잊어버려선 안 됩니다.(公深思之, 但如此崖將去. 時時於靜勝中, 切不得忘了須彌山放下著兩則語.)(『대혜보각선사서(大慧普覺禪師書)』제25권. 2. 증시랑(曾侍郎) 천유(天游)에 대한 답서(1))

만약 아직 목숨을 버리지 못했다면 우선 다만 궁금한 심정이 해소되지 못한 곳에서 **버티고 계십시오**. 문득 스스로 기꺼이 목숨을 한 번 놓아 버리면 바로 끝납니다.(若捨性命不得, 且只管在疑不破處崖將去. 驀然自肯捨命一下便了.)(『대혜보각선사서(大慧普覺禪師書)』제26권. 17. 진소경(陳少卿) 계임(季任)에 대한 답서(1))

세간의 잡다한 일들에 생각을 빼앗길 때마다 애써 배척할 필요는 없습니다. 다만 생각하는 곳에서 화두(話頭)만 살살 놀리십시오. 그러면 무한한 힘을 덜게 될 것이며 또한 무한한 힘을 얻게 될 것입니다. 청컨대 공(公)께서는 다만 이와 같이 **버티고 계시되**, 일부러 깨달음을 기다리지는 마십시오. 그러면 문득 저절로 깨달을 것입니다.(纔覺思量塵勞事時, 不用著力排遣. 只就思量處, 輕輕撥轉話頭. 省無限力, 亦得無限力. 請公只如此崖將去, 莫存心等悟. 忽地自悟去.)(『대혜보각선사서(大慧普覺禪師書)』제26권. 19. 조대제(趙待制) 도부(道夫)에 대한 답서)

다만 당장 **버티고 있다가** 죽으면 바로 쉬게 됩니다. 앞뒤를 생각하지도 마시고, 또 번뇌를 일으키지도 마십시오. 번뇌는 도(道)에 장애가 됩니다.(但從脚下崖將去, 死便休. 不要念後思前, 亦不要生煩惱. 煩惱則障道也.)(『대혜보각선사서(大慧普覺禪師書)』제26권. 20. 허사리(許司理) 수원(壽源)에 대한 답서(1))

공께서도 역시 다만 이와 같이 공부하십시오. 공부가 점차 익어 가면 매일 24시간 속에서 바로 수월함을 느낄 것입니다. 수월함을 느낄 때 공부를 느슨하게 놓지 마십시오. 다만 수월한 곳에서 **버티고 계십시오. 버티고 또 버티어서** 이 수월한 곳과 잘 어울리게 되면, 또한 때를 알지도 못하고 꼬치꼬치 따지지도 않을 것입니다. 다만 무자(無字) 하나를 살펴보시되, 얻고 얻지 못하고에는 상관하지 마십시오.(願公亦只如此做工夫. 做得工夫漸熟, 則日用二六時中便覺省力矣. 覺得省力時, 不要放緩. 只就省力處崖將去. 崖來崖去, 和這省力處, 亦不知有時, 不爭多也. 但只看箇無字, 莫管得不得.)(『대혜보각선사서(大慧普覺禪師書)』제27권. 28. 왕내한(汪內翰) 언장(彦章)에 대한 답서(1))

(8) 거기(擧起), 제철(提掇), 처포(覷捕)

① 거기(擧起)

〈1〉 사전에서의 뜻

거(擧)와 같음. 기(起)는 동사의 뒤에 붙어서 동작이 아래에서 위로 행해짐을 나타내는 조사.

〈2〉 대혜어록에서의 사례

말을 꺼내는 곳에서 바로 받아들여서도 안 된다.(不得向**擧起**處承當.)(『대혜보각선사보설(大慧普覺禪師普說)』제13권. 2. 정광대사(定光大師)가 청한 보설)

한 구절을 만들어 보라는 말을 듣자마자 곧장 말을 끄집어내는 곳에서 이해하지 말지니, **말을 하자** 곧장 이해한다면 전혀 이 도리(道理)가 아니다.(莫見道作一句看, 便向**擧起**處會, **擧**了便會了, 且不是這箇道理.)(『대혜보각선사보설(大慧普覺禪師普說)』제14권. 4. 진국태부인이 청한 보설)

옛사람들의 여러 가지 다양한 뜻을 가진 인연들에 이르면 심성(心性)은 현묘(玄妙)한 듯하지만, 대법이 밝으면 **말을 꺼내자마자** 곧 알아차리니 마치 자석이 쇠를 만난 것처럼 살짝 한 번 잡아당기면 곧 움직인다.501) 모름지기502) 하나를 **말하면** 셋에 밝아서 맨눈으로도 미세한 저울눈을 읽고503) 남쪽을 건드려 북쪽을 움직여야만, 말을 끄집어낼 때에 곧장 밝을 수 있다.(以至古人差別異旨因緣, 心性玄妙, 大法若明, 纔**擧起**時便會得, 恰如磁石見鐵相似, 輕輕一引便動. 須是**擧**一明三, 目機銖兩, 點著南邊動北邊, **擧起**時便明得.)(『대혜보각선사보설(大慧普覺禪師普說)』제15권. 5. 전계의가 청한 보설)

담당(湛堂) 스님에게 물었을504) 때, **이 이야기를 하자마자** 담당 스님

---

501) 둘로 나누어지지 않는다.

502) 수시(須是) : 반드시 − 해야 한다.

503) 목기수량(目機銖兩) : 눈이 밝다는 뜻. 수(銖)와 양(兩)은 옛날의 무게 단위로서, 24수(銖)가 1량(兩)이고, 16량(兩)이 1근(斤)이다. 맨눈으로 수(銖)와 양(兩)의 세밀한 차이를 읽어낼 수 있다는 뜻이니 눈이 밝다는 뜻.

께서 말씀하셨다.(因請益湛堂和尙, **纔擧起此話**, 湛堂曰:)(대혜보각선사보설(大慧普覺禪師普說) 제15권. 5. 전계의가 청한 보설)

이 도리는 남에게 말해 줄 수 없고, 오직 깨달아 밝힌 자만이 **말을 꺼내면** 곧 귀결점을 압니다.(這箇道理, 說似人不得, 唯證悟者, **擧起**便知落處.)(『대혜보각선사법어(大慧普覺禪師法語)』 제20권. 8. 확연거사(廓然居士)에게 보임)

다만 한 승려가 조주에게 "개에게도 불성이 있습니까?" 하고 물으니 조주가 "없다."[무(無)]고 한 것만 **말씀하십시오. 이 한 글자[무(無)]를 말하기만 하면,** 세간의 감정이나 생각은 저절로 고요해집니다.505)(但只擧僧問趙州: "狗子還有佛性也無?" 州云: "無." **纔擧起這一字**, 世間情念自帖帖地矣.)(『대혜보각선사법어(大慧普覺禪師法語)』 제21권. 12. 악수(鄂守) 웅사부(熊祠部)에게 보임)

보통 총명한 사람은 **말하는 것을 듣자마자** 곧 심의식으로 이해하여 추측하고 헤아려 증거를 끌어들이며 당부한506) 곳이 있음을 말하려 하니,(尋常聰明人, **纔聞擧起**, 便以心意識領會, 搏量引證, 要說得有分付處.)(『대혜보각선사서(大慧普覺禪師書)』 제29권. 41. 왕교수(王敎授) 대수(大受)에 대한 답서)

---

504) 청익(請益) : 가르침을 받고서 모르는 부분에 대하여 거듭 질문하는 것.
505) 첩첩지(帖帖地) : 조용한, 고요한.
506) 분부(分付) : ① 맡기다. 당부하다. ② 주다. 공급하다.

② 제철(提掇)

〈1〉 사전에서의 뜻

『한한대사전(漢韓大辭典)』

① 의견이나 안건 따위를 내놓다.(明 王守仁『傳習錄』中)

② 손잡아 이끌다.(明 高明『琵琶記』)

③ 끌어올리다.(『壇經』「行由品」)

④ 일으켜 세우다. 떨쳐 일으키다.(『朱子語類』44)

『송어언사전(宋語言詞典)』

선가(禪家)에서 어떤 문제를 제출하여 탐구하는 것.

『중한대사전(中韓大辭典)』

① 서로 돕다.

② 발탁하다.

③ 제멋대로 행동하다.

『신판선학대사전(新版禪學大辭典)』

제(提)는 손에 들다는 뜻, 철(掇)은 주워 올리다는 뜻. 제시(提示)하는 것. 염제(拈提), 거기(擧起)와 같음.

『선어사전(禪語辭典)』

손 위에 올려놓고서 무게를 헤아리는 것.

『주해어록총람(註解語錄總覽)』

『주자어록(朱子語錄)』 잡드려, 掇亦提也.(철(掇)도 제(提)와 같다.)

〈2〉 대혜어록에서의 사례

다만 의심을 없애지 못한 곳에서 한 개 화두(話頭)를 살펴보십시오. "한 승려가 조주(趙州)에게 물었다. '개에게도 불성이 있습니까?' 조주가 말했다. '없다![무(無)!]'"를 가고 · 머물고 · 앉고 · 누울 때에 다만 순간순간 (자신에게) **말해 주십시오.** 갑자기 단번에 확 깨달으면, 비로소 부모가 낳은 코가 바로 얼굴 위에 있음을 알 것입니다.(只教就未拔處看箇話頭. 僧問趙州: "狗子還有佛性也無?" 州云: "無." 行住坐臥, 但時時**提掇.** 驀然噴地一發, 方知父母所生鼻孔只在面上.)(『대혜보각선사법어(大慧普覺禪師法語)』 제21권. 13. 서제형(徐提刑)에게 보임)

공께서 급류처럼 흐르는 일상 속에서 순간순간 스스로 이와 같이 (자신에게) **말해 주는데도** 만약 도업(道業)이 성취되지 못한다면, 불법(佛法)에 영험(靈驗)이 없는 것입니다.(公能向急流中, 時時自如此**提掇,** 道業若不成就, 則佛法無靈驗矣.)(『대혜보각선사서(大慧普覺禪師書)』 제25권. 6. 증시랑(曾侍郎) 천유(天游)에 대한 답서(5))

③ 처포(覰捕)

〈1〉 사전에서의 뜻

『한한대사전(漢韓大辭典)』
• 처(覰) :
① 보다.
② 엿보다. 주시하다.
③ 망보다.
④ 노리다. 겨누다.
⑤ 눈을 가늘게 뜨고 자세히 살피다.

• 포(捕) :
① 붙잡다. 사로잡다.
② 찾아내다.

그러므로 처포(覰捕)는 '엿보며 찾다' '자세히 살펴보며 찾다'는 뜻이다.

〈2〉 대혜어록에서의 사례

임제(臨濟)는 승려가 문으로 들어오는 것을 보면 곧 고함을 질렀는데, 이미 양손으로 나누어 준 것이니 다시 **살펴보며 찾으려 한다면** 눈동자는 이미 땅에 떨어졌다.(臨濟見僧入門便喝, 已是兩手分付, 擬欲**覰捕**, 則眼睛落地了也.)(『대혜보각선사보설(大慧普覺禪師普說)』 제18권. 13. 정성충이 청한 보설)

이미 세월은 재빠르고 살고 죽는 일이 크다면, 곧장 위없는 깨달음을 얻겠다는 뜻을 확실히 가지고, 세간의 여러 가지 허망하고 진실하지 못한 일들을 단번에 내려놓고,[507] 도리어 취할 수 없고 버릴 수 없는 곳에서 "있는가? 없는가?" 하고 느긋이 **살펴보며 찾아** 보십시오.(旣爲無常迅速, 生死事大, 決定有志直取無上菩提, 世間種種虛妄不實底事, 一筆勾下, 卻向不可取不可捨處, 謾**覷捕**看, 是有是無?)(『대혜보각선사법어(大慧普覺禪師法語)』제24권. 31. 성기의(成機宜)에게 보임)

일찍이 이와 같이 살펴보며 **찾았는지** 모르겠군요. 이것이 바로 가장 수월하게 공부하는 곳입니다.(不識曾如此**覷捕**否? 這箇便是第一省力做工夫處也.)(『대혜보각선사서(大慧普覺禪師書)』제27권. 29. 왕내한(汪內翰) 언장(彦章)에 대한 답서(2))

원컨대, 공(公)께서는 다만 믿을 수 있는 곳에서 **살펴보며 찾기를** 오래 하면 저절로 뚫고 벗어날[508] 것입니다.(願公只向信得及處, **覷捕**久久, 自透脫矣.)(『대혜보각선사서(大慧普覺禪師書)』제29권. 56. 조태위(曹太尉) 공현(功顯)에 대한 답서)

다만 일상생활 속[509]에서 순간순간 **살펴보며 찾되**, "내가 남에게 옳고 그름과 바르고 굽음을 결단해 줄 수 있는 것은 누구의 은혜로운 힘

---

507) 일필구하(一筆勾下) : 단번에 내려놓다. 단번에 내버리다.
508) 투탈(透脫) : 돌파하여 벗어남. 뚫고 지나가다. 깨달음을 가로막는 장애를 뚫고 벗어나 깨달음에 이른다는 말. =투득(透得), 투과(透過), 투출(透出), 투취(透取).
509) 일용응연처(日用應緣處) : 일상생활 속에서 경계와 만나는 곳. 일상생활하는 곳. 일상생활 속.

을 입은 것이며 결국 어느 곳에서 나오는 것인가?" 하고 **살펴보며 찾고 또 살펴보며 찾으면**, 평소에 생소하던 길이 저절로 익숙해질 것입니다.(但向日用應緣處, 時時**覷捕**, '我這510)箇能與人決斷是非曲直底, 承誰恩力, 畢竟從甚麼處流出?' **覷捕來覷捕去**, 平昔生處路頭自熟.)(『대혜보각선사서(大慧普覺禪師書)』제30권. 57. 영시랑(榮侍郞) 무실(茂實)에 대한 답서⑴)

---

510) '저(這)'는 궁내본과 덕부본에서 모두 '차(遮)'로 되어 있다.

4. 간화(看話) 관련 용어의 번역어 정리

이상 살펴본 용어들을 다시 정리하면 다음과 같다. 이 책에서의 한글 번역(飜譯) 역시 이에 따라 번역하였다.

① 간(看) : (화두를) '살펴본다'

② 거(擧) : '말하다' '(옛 이야기를) 말해 주다' '(말을) 끄집어내다' '(예화를 들어) 말하다' '-라고 말하다' '거론(擧論)하다'

③ 거각(擧覺) : 거(擧)와 같음. '말하다' '말해 주다' '화두를 말하여 일깨우다' '거론(擧論)하여 깨우치다'

④ 제시(提撕) : '말하다' '말해 주다' '일깨우다' '깨우치다' '주의를 환기시키다' '말해 주어서 일깨우다' '제시(提示)하여 일깨우다'

⑤ 참(參) : (간화(看話)에) '참여(參與)하다' '동참(同參)하다' '참구(參究)하다'

⑥ 여지시애(與之廝崖) : '-와 서로 버티다' '-와 서로 지탱하다' '-와 서로 겨루어서 순순히 끌려가지 않다'

⑦ 애장거(崖將去) : '지속적으로 버티어 나아가다' '물러나지 않고 지탱하여 나아가다' (여지시애(與之廝崖)와 같음.)

⑧ 거기(擧起) : 거(擧)와 같음.

⑨ 제철(提掇) : '제시(提示)하다' '(의견이나 안건 따위를) 내놓다' (거(擧), 거기(擧起)와 같은 말로서 간화선(看話禪)에서 '화두(話頭)를 제철(提掇)하라'고 할 때에는 '화두를 자신에게 말해 주라'는 뜻이다.)

⑩ 처포(覷捕) : '엿보며 찾다' '자세히 살펴보며 찾다' (간(看)과 통함.)

5. '화두를 든다'는 말에 관하여

우리나라의 간화선(看話禪)에서는 '화두를 살펴본다'고 하지 않고, '화두를 든다' 혹은 '화두를 잡는다'고 말한다. 여기에서 '든다'나 '잡는다'는 거(擧)·제시(提撕)를 번역한 것인데 정확한 번역이 아니다. 거(擧)·제시(提撕)에서 거(擧)와 제(提)라는 글자에는 본래 (물건을 손으로) '든다' 혹은 '잡는다'라는 뜻이 있으나, 위에서 살펴본 바와 같이 송대(宋代)의 백화문(白話文)에서 거(擧)·제시(提撕)는 '말하다' 혹은 '일깨우다'는 뜻을 가진다. 특히 그 대상이 화두(話頭) 즉 말인 경우에는 '든다'거나 '잡는다'는 뜻보다는 '말하다' '일깨우다'는 뜻이 확실히 옳다.

그러면 우리는 왜 화두를 '말하다'라거나 '일깨우다'라고 하지 않고, '든다'거나 '잡는다'라고 하는가? 아마도 애초에 우리나라에 간화선의 문헌이 소개되었을 때에 우리의 조상들이 그런 뜻으로 번역하고 읽었던 것이 지금까지 전승되어 내려왔을 것이다. 과거 우리나라에 간화선이 도입된 이후에 이들 용어들이 어떻게 번역되어 읽혀졌는지는 문헌을 통하여 확인해 볼 수 있다.

간화선(看話禪)에 관련된 선서(禪書)들은 고려의 보조지눌(普照知訥) 이후에 많이 도입되었지만, 훈민정음(訓民正音) 창제(1443년) 이전에는 한글 번역이 없었으므로 어떻게 번역하여 발음하였는지를 알 수 없다. 훈민정음 창제 뒤에 한문(漢文)으로 쓰여진 몇몇 불서(佛書)들이 언해(諺解)라는 이름으로 한글로 번역되었는데, 다행히 이 언해본(諺解本) 불서 가운데에 간화선(看話禪)을 가르치는 선서(禪書)인『몽산화상법어약록(蒙山和尚法語略錄)』과『사법어록(四法語錄)』이 들어 있다.『몽산화상법어약록』과『사법어록』은 모두 중국 원대(元代)의 임제종(臨濟宗) 선사(禪師)인 몽산덕이(蒙山德異; 1231-1308)[511]와 관련된 선어록(禪語錄)으로서 조선 세조(世祖) 때의 승려 혜각존자(慧覺尊者) 신미(信眉; 1403?-1480?)가 역해(譯解)한 것이다.

여기에서는『몽산화상법어약록』언해본은 1459년경에[512] 간행된 원간본(原刊本)인 간경도감본(刊經都監本)과 1517년에 간행된 고운사본(孤雲寺本)을 조사하였고,『사법어록』언해본은 1467년 간행된 원간본인 간경도감본과 1517년 간행된 고운사본(孤雲寺本) 및 1577년 간행된 송

---

511) 몽산덕이(蒙山德異)에 관해서는 중국 쪽에는 기록이 거의 남아 있지 않고 우리나라에 주로 기록이 남아 있는데, 몽산은 고려 말기 이후 우리나라 불교에 간화선(看話禪)이 정착하는 데에 커다란 영향을 끼친 임제종 소속 선승(禪僧)이다. 고려 충렬왕(忠烈王) 때에는 왕실과 관련된 승속(僧俗) 수십 명이 양자강 하류 근방에 있는 그의 암자 휴휴암(休休庵)을 찾아가 그에게 귀의하였고, 또 고려 수선사(修禪社) 승려 요암원명(了庵元明) 장로의 요청으로 충렬왕의 회갑을 축하하는 보설(普說)을 행하기도 하였으며, 그의 어록『몽산화상법어』와 저서『직주도덕경(直註道德經)』및 그가 편집한『육조법보단경(六祖法寶壇經)』등을 비롯한 여러 서적들이 고려에서 간행되었고, 그의 사후 제자인 철산소경(鐵山紹瓊)은 고려의 요청으로 3년 동안 고려를 방문하여 고려 불교의 승속을 막론한 여러 유명인사들과 교유하기도 하였다. 이리하여 고려와 조선의 선불교(禪佛敎)는 몽산이 가르친 간화선에 크게 영향을 받게 되었는데, 현재까지도 우리나라의 간화선은 보조지눌(普照知訥)이 도입한 대혜종고(大慧宗杲)의 간화선이 아니라 몽산덕이의 간화선의 특색을 드러내고 있다.

512)『역주몽산화상법어약록언해』김무봉 역주(서울. 세종대왕기념사업회. 2002)의 역주해제에 따름.

광사본(松廣寺本)을 조사하였다. 고운사본이나 송광사본은 원간본인 간경도감본을 그대로 베껴서 판각하거나 필사하였기 때문에 내용에 차이는 없었다.

『몽산화상법어약록』언해본과『사법어록』언해본에 나타난 화두 관련 용어의 번역을 살펴보면 다음과 같다.

(1)『몽산화상법어약록』언해본의 번역[513]

〈시고원상인(示古原上人)〉

한문(漢文)= **提**話頭一二聲

언해(諺解)= 話頭를 흔 두 소리를 **擧**호야「**擧**는 **ᄆᅀᅡ**매 연저 가져실 **씨라**」

현대역= 話頭를 한 두 소리를 擧하여「擧는 마음에 얹어 가지어 있는 것이다」

한문= 不用心**提**話頭 …… 夢中亦記得話頭

언해= **ᄆᅀᅡ**ᄆᆞᆯ ᄡᅥ 話頭를 **擧**티 아니ᄒᆞ야도 …… ᄭᅮ메도 ᄯᅩ 話頭를 연즈리니

현대역= 마음을 써 話頭를 擧하지 아니하여도 …… 꿈에도 또 話頭를 얹을 것이니

---

513)『몽산화상법어약록』언해본의 현대 한글 번역은 김무봉 교수가 역주한『역주몽산화상법어약록언해』(2002년 세종대왕기념사업회 간행)을 참고하여 필자가 하였다.

한문= 提話頭

언해= 話頭를 **擧ᄒ야**

현대역= 話頭를 擧하여

한문= 若涉用力**擧**話時

언해= ᄒ다가 히믈 뼈 話頭를 **擧ᄒ매** 干涉ᄒ ᄠᅵᆫ

현대역= 만약 힘을 써서 話頭를 擧함에 干涉하는 때에는

〈시각원상인(示覺圓上人)〉

한문= 單單**提**箇無字

언해= 다믄다믄 無ᄒ字를 **자바**

현대역= 다만 無字를 잡아

한문= 疑得重, 話頭**不提**, 自然現前

언해= 疑心이 重ᄒ면 話頭를 **擧티 아니ᄒ야도** 自然히 알픠 나 ᄃ리니

현대역= 疑心이 重하면 話頭를 擧하지 아니하여도 自然히 앞에 나 타날 것이니

한문= 只管**提**箇無字看.

언해= 오직 無ᄒ字를 **擧ᄒ야** 보리라.

현대역= 오직 無字를 擧하여 볼 것이다.

한문= 正好提撕

언해= 正히 됴히 **잡드롫디니**

현대역= 正히 좋게 잡들을 것이니[514]

한문= 若着力提撕

언해= ᄒᆞ다가 힘 두어 **잡들면**

현대역= 만약 힘주어 잡들면[515]

〈시유정상인(示惟正上人)〉

한문= 却提撕他是阿誰

언해= 쏘 ᄂᆞᄆᆞᆫ 뉘어뇨 호믈 **擧ᄒᆞ야**

현대역= 또 남은 누구냐 함을 擧하여[516]

한문= 惺惺密密提撕

언해= 솗ᄉᆞᆯ비 隱密히 話頭를 **잡드러 ᄒᆞ면**

현대역= 또렷하고 隱密히 話頭를 잡들어 하면[517]

한문= 保持得話頭, 有疑提撕

언해= 話頭를 便安히 디녀 疑心을 **잡들면**

---

514) 김무봉은 '정히(바르게) 좋게 붙들 것이니'로 번역하였다.
515) 김무봉은 '만약 힘 두어 붙들면'이라고 번역하였다.
516) 김무봉은 '또 남은 누구인고? 함을 거하여'로 번역하였다.
517) 김무봉은 '깨닫게 은밀히 화두를 붙들면'이라고 번역하였다.

현대역= 話頭를 便安히 지녀 疑心을 잡들면[518)

한문= 但**提**話頭看
언해= 오직 話頭를 **擧ᄒ야** 보리라
현대역= 오직 話頭를 擧하여 볼 것이다

〈시총상인(示聰上人)〉

한문= 單單**提**箇話頭
언해= 다ᄆᆫ 다ᄆᆫ 話頭를 **자바**
현대역= 다만 話頭를 잡아

한문= **提擧**一二聲話頭
언해= ᄒᆫ두 소릿 話頭를 **擧ᄒ면**
현대역= 한두 번 소리내어 話頭를 擧하면[519)

〈시각오선인법어(示覺悟禪人法語)〉

한문= 須盡力**提起**話頭
언해= 모로매 히믈 ᄀᆞ장ᄒ야 話頭를 **擧호리니**
현대역= 모름지기 힘을 다하여 話頭를 擧하리니[520)

---

518) 김무봉은 '화두를 편안히 지녀 의심을 붙들면'이라고 번역하였다.
519) 김무봉은 '한두 소리의 화두를 거하면'으로 번역하였다.
520) 김무봉은 '모름지기 힘을 다(크게) 하여 화두를 거할 것이니'로 번역하였다.

(2) 『사법어록』 언해본의 번역[521]

〈환산정응선사시몽산법어(皖山正凝禪師示蒙山法語)〉

한문= 單單**提**箇無字

언해= 오직 다민다민 無字를 **드러**

현대역= 오직 다만 無字를 들어

한문= 黙黙**提**介無字

언해= 괴외히 無字를 **잡드러**

현대역= 고요히 無字를 잡아들어

〈동산숭장주송자행각법어(東山崇藏主送子行脚法語)〉

한문= **提起**一介無字

언해= 無字를 **잡드라**

현대역= 無字를 잡아들어

한문= 依前**提起**

언해= 아릿양ᄋᆞ로 **잡들면**

현대역= 앞서처럼 잡아들면[522]

---

521) 『사법어록』 언해본의 현대 한글 번역은 정우영 교수가 역주한 『역주목우자수심결언해 · 사법어언해』(2009년 세종대왕기념사업회 간행)을 참고하여 필자가 하였다.

522) 정우영은 '전에 한 것과 같은 모양으로 잡아들면(=붙들면)'이라고 번역하였다.

(3) 신미 번역의 문제점

이상을 다시 정리해 보면 다음과 같다.

提= 擧하다.(6회) 잡다.(2회) 들다.(1회) 잡들다.(1회)

擧= 擧하다.(1회)

提撕= 잡들다.(4회) 擧하다.(1회)

提擧= 擧하다.(1회)

提起= 잡들다.(2회) 擧하다.(1회)

이로써 보면 화두(話頭)를 다루는 신미(信眉)의 번역어는 '擧하다'(총10회) '잡들다'(총7회) '잡다'(총2회) '들다'(총1회) 등으로 정리된다. 또한 신미는 '提, 擧, 提撕, 提擧, 提起' 등에 모두 공통으로 '擧하다'라는 번역어를 사용하고 있다. 우리는 보통 '擧'라는 한자(漢字)를 '들다'로 훈독(訓讀)한다. 그러므로 결국 '화두를 든다'는 말은 '話頭를 擧하다'라는 말에서 온 것임을 알 수 있다. 또 '提, 提撕, 提起'가 모두 '잡들다'로 번역되었는데, '잡들다'는 '잡다'와 '들다'가 합한 말이므로, '화두를 잡다'라거나 '화두를 들다'라는 말도 자연스럽게 사용되었을 것이다.[523]

이처럼 신미는 화두를 다루는 대표적인 번역어를 '擧하다'로 하고는 다시 이를 주석(註釋)하기를 「擧논 ᄆᅀᆞ매 연저 가져실씨라」라고 한다. 현대어로 만들면, 'ᄆᅀᆞ매'는 '마음에'이고, '연저'는 '얹어'이고, '가져실씨라'는 '가지어 있는 것이다'라는 뜻이다. 그러므로 '화두를 거한다'는

---

523) 『주해어록총람(註解語錄總覽)』에 보면 '提'는 '잡다'로, '提撕'는 '잡들다'로, '提起'는 '잡들다 또는 들어 일키다'로 번역되어 있다.

'화두를 마음에 얹어 가지어 있는 것이다'라는 뜻이다.

'마음에 얹어 가진다'는 무슨 말일까? 신미는 〈시고원상인(示古原上人)〉에서 '記得話頭'를 '話頭를 연즈리니'로 번역하고 있다. 여기의 '연즈리니'는 'ᄆᆞᅀᆞ매 연저 가져실씨라'의 '연저'와 같은 말이다. '연즈리니'는 '記得'의 번역어인데, '記得'은 '기억하다'라는 뜻이다. 그러므로 '연즈리니'는 '기억하다'라는 뜻이고, '연저' 역시 '기억하다'라는 뜻이다. 이로써 보면 'ᄆᆞᅀᆞ매 연저 가져실씨라' 즉 '마음에 얹어 가지어 있는 것이다'는 말은 '연저' 즉 '기억하다'는 뜻을 보다 상세히 말한 것임을 알 수 있다. 따라서 신미가 번역한 '話頭를 擧한다'는 말은 결국 '화두를 기억한다'는 뜻이다.

'擧話頭'를 '화두를 기억하다'로 번역하는 것은, 앞서 보았듯이 『대혜어록』에서 화두에 대하여 사용된 '擧, 擧起, 擧覺, 提撕' 등의 뜻과는 다르다. 또 '提話頭一二聲'을 '話頭를 흔 두 소리를 擧ᄒᆞ야'라고 할 경우 '擧ᄒᆞ야'는 '말하여'로 번역하는 것이 더욱 자연스러운데도, 신미는 일부러 「擧는 ᄆᆞᅀᆞ매 연저 가져실씨라」라고 주석하고 있다. 『한한대사전(漢韓大辭典)』이나 『중한대사전(中韓大辭典)』 및 『한어대사전(漢語大詞典)』, 『대한화사전(大漢和辭典)』 등 어디에도 '거(擧)' 항목에 '기억하다'라는 뜻은 없다.

그러면 왜 신미는 '擧'를 이렇게 무리하게 해석하고 있을까? 그 단서는 『몽산화상법어약록』의 몇몇 곳에서 확인할 수 있다. 『몽산화상법어약록』에서 몽산덕이는 다음과 같이 '忘話頭' 즉 '화두를 잊는' 것에 대하여 경고(警告)하고 있다.

〈시각원상인(示覺圓上人)〉

能善用心, 忽然入得定時, 却不可貪定而**忘話頭**.
마음을 잘 사용하여 문득 선정(禪定)에 들어갈 때에는, 도리어 선정에 집착하여 화두를 잊어서는 안 된다.

若**忘却話頭**, 則落空去, 無有妙悟.
만약 화두를 잊어버리면, 공(空)에 떨어져서 묘한 깨달음이 없을 것이다.

〈시유정상인(示惟正上人)〉

不可太緩, 緩則**忘却話頭**, 入昏沈掉擧去也.
아주 늦추어서는 안 되니, 늦추면 화두를 잊어버리고 혼침(昏沈)과 도거(掉擧)에 들어가게 된다.

定中, 却要話頭現前, 不可貪定而**忘話頭**.
선정(禪定) 속에서는 도리어 화두가 앞에 나타나도록 해야 하고, 선정에 탐착하여 화두를 잊어서는 안 된다.

忘則落空, 反被定迷, 無有是處.
화두를 잊으면 공(空)에 떨어져 도리어 선정으로 말미암아 어둡게 될 것이니, 이런 경우가 있어서는 안 된다.

314

〈시총상인(示聰上人)〉

或忘話頭, 沈空滯寂, 不得大悟, 反爲大病.

만약 화두를 잊고서 공(空)에 빠지고 고요함에 머물면, 큰 깨달음은
얻지 못하고 도리어 큰 병이 된다.

『몽산화상법어약록』에 의하면, 간화선(看話禪)을 공부하는 사람은 선
정(禪定) 속에서나 어디에서나 언제든 화두를 잊어선 안 된다. 즉 공부
란 언제나 화두를 잊지 않고 기억하는 것이다. 이로써 왜 신미가 '擧話
頭'를 '화두를 기억하다'로 번역하였는지를 알 수 있다. 즉, 신미가 '擧
話頭'를 '화두를 기억하다'로 번역한 것은『몽산화상법어약록』에 나타나
몽산덕이의 간화선의 가르침에 따른 것이었다.

보통 사람들은 '擧話頭'를 '화두를 기억하다'로 말하지 않고, '화두를
든다'고 말하지만, 실제로 현재 간화선을 공부하는 사람들에게 '화두를
든다'가 무슨 뜻인지 물어보면, 대개는 화두를 기억하여 잊지 않는 것
으로 이해하고 있음을 볼 수 있다. 그러나 위에서 살펴보았다시피 '擧
話頭'를 '화두를 기억하다'로 번역하는 것은 본래 대혜가 가르쳤던 내
용은 아니다. '擧'를 '든다'고 발음하고 '기억하다'로 이해한 것은 신미가
잘못 번역한 것이지만,[524] 이 오역의 원인은 바로 몽산덕이의 간화선

---

524) 혜각존자 신미가 번역한 『몽산화상법어약록(蒙山和尙法語略錄)』과 『사법어록(四法語
錄)』의 언해본을 읽어 보면, 신미가 당시 중국의 백화문(白話文)을 잘 알았던 것은 아닌
것으로 판단된다. 일례로 아래와 같은 몇몇 어색하거나 잘못된 번역들을 지적할 수 있다.
① 纔覺眼皮重하거든 便著精彩하야 提話頭一二聲하야(又 눉 두베 므거본 둘 아라든
믄득 又ᄆ지 ᄒᆞ야 話頭를 ᄒᆞᆫ 두 소리를 擧ᄒᆞ야) 여기서 '著精彩'를 '又ᄆ지'(깨끗이)로 번
역하였으나, '著精彩'는 '정신을 가다듬다' '주의를 기울이다'로 번역하여야 맞다. (『몽산화

의 특색에 있음을 알 수 있다.

　다시 말하여 대혜종고의 간화선과 몽산덕이의 간화선은 많이 다르다. 현재 우리나라 간화선에서는 대혜종고의 『서장(書狀)』과 몽산덕이의 『몽산법어』를 가장 주요한 지침서로 삼고 있다. 그런데 문제는 우리나라 간화선에서는 이 두 사람의 가르침이 마치 동일한 간화선을 가르치는 것처럼 인식되고 있다는 사실이다. 이처럼 현재 우리나라 간화선이 안고 있는 하나의 중요한 문제는 대혜종고의 가르침과 몽산덕이의 가르침을 동일하게 보고 있는 혼동과 혼란이다. 대혜종고의 간화선이 육조혜능(六祖慧能) 이래 남종(南宗)의 교수법(敎授法)과 종지(宗旨)를 충실하게 계승하고 있는 반면, 몽산덕이의 간화선은 그렇지 않다. 예컨대, "활동하면서 영혼을 가진 것들은 모두 불성이 있는데 조주는 무슨 까닭에 개에게는 없다고 말하였는가?"라고 의심하라거나,[525] 단정히 앉아서 화두를 들라고 하거나,[526] 앉은 가운데 다시 선정(禪定)의 힘을 빌어

상법어약록』〈시고원상인(示古原上人)〉)

　② 看來看去하며 疑來疑去하야(옳제 보며 갏제 보며 옳제 疑心ᄒ며 갏제 疑心ᄒ야) 여기서 '-來-去'를 '옳제 - 갏제 -'(올 때에 - 갈 때에 -)로 번역하고 있으나, '-來-去'는 '-하고 또 -하다'로 번역되어야 맞다. '-來-去'는 같은 동사 또는 같은 뜻을 가진 2개의 동사 뒤에 붙어서 동작이 끊임없이 반복됨을 나타내는 말이다.(『몽산화상법어약록』〈시각원상인(示覺圓上人)〉)

　③ 直如老鼠咬棺材하야 只管提箇無字看호리라.(바ᄅ 늘근 쥐 골 너흐로 믈ᄀ티 ᄒ야 오직 無ᄆ字ᄅ 擧ᄒ야 보리라.) 여기서 '老鼠'를 '늘근 쥐'(늙은 쥐)로 번역하고 있으나, '老鼠'는 그냥 '쥐'로 번역하여야 한다.(『몽산화상법어약록』〈시각원상인(示覺圓上人)〉)

　④ 晝三夜三애 與他廝睚 언명(낫 세 삑와 밤 세 삑 뎌와 볼디언명) 여기서 '與他廝睚'는 '여지시애(與之廝崖)'와 마찬가지로 '그와 서로 맞붙어 버티다'는 뜻인데도, '애(睚)'를 '보다'로 잘못 번역하고, '시(廝)'는 번역하지도 않았다.(『사법어록』〈동산숭장주송자행각법어(東山崇藏主送子行脚法語)〉)

525) 蠢動含靈, 皆有佛性, 趙州因甚道無?(『몽산법어』〈시각원상인(示覺圓上人)〉, 〈무자십절목(無字十節目)〉)

야 화두 공부가 묘하게 된다거나,[527] 쥐가 관(棺)의 나무를 이빨로 물어 뜯는 것처럼 무자(無字)를 들라고[528] 하는 등의 말은 대혜가 말하는 취지와는 매우 다르다. 여기에 관해서는 본문 '제3장. 몽산법어와 한국의 간화선'에서 자세히 밝혔다.

---

526) 更要坐得端正.(『몽산법어』〈시고원상인(示古原上人)〉) 於坐中最易得力, 初坐時, 抖擻 精神, 放敎身體端正, 不可背曲.(『몽산법어』〈시유정상인(示惟正上人)〉)

527) 於坐中, 更加定力相資, 爲妙.(『몽산법어』〈시고원상인(示古原上人)〉) 若於坐中, 得妙 定力資, 正好提撕.(『몽산법어』〈시각원상인(示覺圓上人)〉)

528) 直如老鼠咬棺材, 只管提箇無字看.(『몽산법어』〈시각원상인(示覺圓上人)〉)

제2장 간화선의 계승

부록 – 간화(看話) 용어의 번역에 관하여